ULLSTEIN

DAS BUCH

»Wenn jemals eine Pflanze all das ausdrücken kann, was wir angesichts der Feinheit, der Poesie und der Linienführung einer chinesischen Zeichnung empfunden haben, dann ist *Rosa moyesii* diese Pflanze. Wir könnten ihr auf einer chinesischen Tapete begegnen, mit einem grünen Papagei, der ganz unproportioniert auf ihren schlanken Zweigen sitzt. Ein Künstler braucht sie nicht erst zu stilisieren, das hat die Natur schon zur Genüge getan. Wir sehen sie oft aus englischen Rasen steigen oder über unsere Flüsse hängen – doch sie bleibt der Inbegriff von China. Mit der seltsamen Anpassung des wahren Genies ist sie überall zu Hause und fühlt sich in England ebenso wohl wie auf den Felsen im asiatischen Hochland.«
Die englische Schriftstellerin Vita Sackville-West 81882–1962) gilt Wals ›Inbegriff einer begnadeten Gärtnerin‹, wie ihr Garten von Sissinghurst Castle beweist. Die hier vorliegende Auswahl ihrer Anregungen und Vorschlage für Gartenliebhaber ist durch den sehr persönlichen Stil der Autorin besonders reizvoll. Originalität und Schönheit der Sprache leuchtet durch alle Fachkenntnisse und Naturbeobachtungen hindurch.

DIE AUTORIN

Vita Sackville-West (1892–1962) ist vor allem bekannt als Autorin von Romanen, in denen sich Frauen der englischen Aristokratie – zu der auch sie selbst gehörte – mit den Problemen der Selbstverwirklichung auseinandersetzen.
1913 heiratete sie Harold Nicolson, einen jungen Diplomaten. Die andere wichtige menschliche Beziehung war die Freundschaft mit Virginia Woolf. Ehe, Mutterschaft, Liebesaffären, in den dreißiger Jahren die Renovierung des halbverfallenen Schlößchens Sissinghurst Castle in Kent, das sich die Nicolsons als Familienbesitz gekauft hatten, die Anlage eines heute in England berühmten Gartens – vor diesem Hintergrund ist Victoria Sackville-Wests literarisches Schaffen zu sehen.
In unserem Hause sind von Vita Sackville-West außerdem lieferbar: *Die Ostergesellschaft* und *Pepita*.

Vita Sackville-West

AUS MEINEM GARTEN

Einfälle und Ratschläge

Ullstein

Ullstein Taschenbuchverlag 2000
Der Ullstein Taschenbuchverlag ist ein Unternehmen
der Econ Ullstein List Verlag GmbH & Co. KG, München

13. Auflage 2000

Auswahl aus der englischen Originalausgabe
In your Garden
Übersetzung und Vorwort von Claudine
Umschlagkonzept: Lohmüller Werbeagentur
GmbH & Co. KG, Berlin
Umschlaggestaltung: DYADEsign, Düsseldorf
Titelabbildung: Tony Stone
Druck- und Bindearbeiten: Clausen & Bosse, Leck
Printed in Germany
ISBN 3-548-34330-9

VERZEICHNIS DER MONATSNAMEN

Die Monatsseiten führen die einzelnen Artikel auf und lassen im übrigen Platz für persönliche Notizen und Einfälle

Schon lange bevor ich Victoria Sackville-West zu meiner Freude persönlich kennenlernte, war sie für mich der Inbegriff einer begnadeten Gärtnerin. Nie versäumte ich, ihre Artikel in der englischen Wochenzeitung »Observer« zu lesen, in denen sie aufs köstlichste von ihren Erfahrungen und Erlebnissen im Garten berichtete. Aus den gesammelten Bänden dieser Artikelfolge, die unter dem Titel »In Your Garden« erschienen, ist das vorliegende Buch entstanden.

Weit entfernt davon, ein Lehrbuch der Gartenwissenschaft zu sein, ist es viel mehr als ein solches: sehr persönlich, sehr unorthodox, vielleicht auch manchen Widerspruch herausfordernd. Aber es sind Aufzeichnungen eines echten Amateurs, was nichts anderes heißt als »Liebhaber«, und deshalb für alle anderen Amateure von hohem Reiz. Ganz abgesehen davon, daß die starke dichterische Ader der Autorin, ihre Originalität und ihr Humor durch alle ernsthafte Pflanzenkenntnis und genaue Naturbeobachtung immer wieder durchbrechen, so daß eine schöne Einheit entsteht.

Victoria Sackville-West, von ihren Freunden Vita genannt, ist einer jener seltsam begabten Sprosse uralten englischen Adels, die sich nicht nur ihren Reichtum, sondern auch ihre Talente erhalten haben. Sie ist eine Dichterin reinen Geblüts, wovon ihre

Bücher »Pepita«, »The Edwardians«, »All passion spent«, um nur die wichtigsten zu nennen, ein schönes Zeugnis geben. Annette Kolb nennt sie einmal »die Bukolikerin klassischen Zuges«, und wirklich spricht aus all ihren Büchern die leidenschaftliche Liebe zur heimischen Landschaft. Nicht gar so erstaunlich, wenn man weiß, daß sie in einem der schönsten Schlösser Englands aufgewachsen ist, einem immensen Palast, der sich wohl bescheiden »Knole House« nennt, jedoch mit seinen dreihundertfünfundsechzig Zimmern den Rahmen eines Herrenhauses weit überschreitet. Nachdem dieser Besitz, wie so viele andere, an den Staat übergegangen war, kauften Victoria Sackville-West und ihr Mann, Sir Harold Nicolson (der bekannte Schriftsteller und Literaturkritiker) Sissinghurst Castle, ein Schloß, das eigentlich nur noch Fragment ist. Doch welch herrliches Fragment!

Ein lichter Junitag führt uns in zweistündiger Fahrt von London in die liebliche Grafschaft Kent, berühmt wegen ihrer Milde und Fruchtbarkeit. Durch einen hohen Turmbogen betreten wir den seltsam schönen Besitz, der einst (er wurde 1550 erbaut) eine riesige Residenz gewesen sein muß, heute aber nur noch aus vereinzelten Türmen und Gebäuderesten besteht. Doch gerade das macht wahrscheinlich seinen Reiz aus, den Reiz auch der großen Gärten, die immer wieder durch alte, noch erhalten gebliebene Mauern getrennt und beschützt werden. In zwei hohen, schlanken Türmen wohnt die Dichterin ganz für sich allein, im südlichen Cottage der Hausherr, der meist nur übers Wochenende kommt; das Speisezimmer steht wiederum separat, und der Wohnraum riesigen Ausmaßes wurde aus drei

nebeneinanderliegenden Ställen erbaut. Ein verödeter Keller ergab den in England so beliebten »sunk garden«, ein metertief versenktes Stück Land, den schutzbedürftigsten Pflanzen reserviert. Grauer Stein überall, sanfteste Folie für alles Wachsende. Die Gärten sind schön wie ein Märchen, und wie einer alten Sage entstiegen erscheint mir auch die Herrin dieses Zauberlandes. Wir treffen sie im Rondellgarten, eine hohe, imponierende Gestalt, halb moderne Norne, halb Gutsbesitzerin, in uralte Manchestersachen gekleidet, mit flatternden grauen Haaren. Sie stützt sich, einer Rückenverletzung wegen, nicht etwa auf einen Stock, sondern auf einen langen Dreizack, ein Gartengerät, das sehr malerisch zu ihr paßt. »Sie müssen meinen Kräutergarten sehen«, ruft sie sogleich und führt uns mit langen Schritten nach dem entlegensten, sonnigsten Teil des Parks, einem streng eingeteilten Quadrat voll seltener Pflanzen, um eine antike Skulptur angeordnet. – »Meine ersten Jahre hier«, sagt sie, »waren eigentlich nur dem Roden gewidmet, dem Aufbau eingestürzter Mauern, dem Freimachen von Fenstern, die unter dichten Massen von Gestrüpp verborgen waren.« Heute ist es ein Paradiesgarten, der sich so selbstverständlich um die einzelstehenden Gebäude legt, als wäre es von jeher so geplant.
Wir wandern dem Herzstück entlang, einem wohl dreißig Meter langen, lichten Erlenhain, unter dem ein farbglühender Teppich liegt, gewoben aus Primeln, Aurikeln, Narzissen, dicht und prunkvoll blühend in samtenen Tönen, braun, blau, sonnengelb, purpurrot, weiß und rosa – ein Bild, das man nie vergißt.
Da die Besitzerin dieser Herrlichkeiten ihren Gar-

ten, wie es in England üblich ist, gegen geringes Entgelt sehen läßt, wird sie zwischendurch immer wieder angesprochen, nach einzelnen Pflanzen befragt, um Nam' und Art gebeten. Sie antwortet offenbar nicht ungern, kehrt aber liebenswürdigerweise immer wieder zu uns zurück: »Sie haben meinen weiß-silbernen Garten noch nicht gesehen ... drüben liegt der blaue ... und hier (ein großes Viereck, von hohem Gemäuer umhegt) der ›Garten des Sonnenuntergangs‹: alle gelben, orangefarbenen, roten Töne der Sonnenbrände sind hier versammelt.« Ihre besonderen Lieblinge sind die Pfingstrosen. Sie blühen gerade, und sie besitzt ganze Wälder davon. Die einfachen cremefarbenen hat sie in fünfjähriger Geduldsarbeit selbst aus Samen gezogen. Das schönste Exemplar aber ist ein übermannshoher Busch, besteckt mit tiefdunkelroten, fast schwarzen Blüten.
Später dann sitzt sie im Gärtnerschuppen und diskutiert mit ihren Gehilfen die demnächst stattfindenden Pferderennen und die dafür abzuschließenden Wetten. So selbstverständlich, als wäre sie selbst ein Gärtnerbursch. Wieder später geht sie uns voran in den riesigen Wohnraum, der von ehrwürdigen Büchern rings umsäumt ist. Die Sonne wirft warmgoldenes Licht über die kostbaren, auf breiten Simsen ausgelegten Jade- und Bernstein-Sammlungen, auf erhöhtem Podest liegt das mit illustren Namen gefüllte Gästebuch aufgeschlagen ...
Hat man diesen großangelegten Besitz vor Augen und die großzügige Frau dazu, die wohl nie anderes gekannt hat als Reichtum und Erfüllung aller Wünsche, so wird man in diesem ihrem Buch erstaunt und fast ein wenig gerührt feststellen, wie sehr ihr

daran liegt, auch dem bescheidenen Kleingärtner zu raten und zu helfen. Sorgfältig geht sie auf seine Probleme ein, versetzt sich in seine Verhältnisse, wird nicht müde, Fragen zu beantworten und aus schwierigen Lagen Auswege zu finden. Sie tut das mit der ihr eigenen leidenschaftlichen Intensität, mit der sie auch jedem Besucher ungeteilt zur Verfügung steht.

Der Gartenfreund, der dieses Buch zur Hand nimmt, mag vorsichtshalber daran erinnert werden, daß einige der Anregungen und Vorschläge natürlicherweise dem englischen Klima angepaßt sind, das unsere oft harten Winter kaum kennt. Doch hat unsere Auswahl weitgehend Rücksicht auf die klimatischen Unterschiede genommen. Dies vorausgesetzt, wird jeder berührt sein nicht nur von der Fülle des Wissens, sondern auch von der dichterischen Schönheit, mit der die Verfasserin preist, was da wächst und lebt. Mit Recht nennt man sie also Vita — das Leben.

Claudine

Januar

Düfte

Winterliche Blüten

Chimonanthus, der Duftende

Jasmin im Zimmer

Krokus und Zeitlose

Berauschende Kataloge

Nelken-Geschichte

Umstrittener Rosenschnitt

Allgemeines über das Schneiden

Der ideale Kompost

Schattenpflanzen

Hamamelis mollis – die Zaubernuß

Düfte

Es scheint mir nicht schlecht, das Jahr mit einer Betrachtung über Düfte zu beginnen. Dieses geheimnisvolle und verlockende Thema wurde mir durch das merkwürdige Benehmen zweier persischer Zyklamen eingegeben, die ich aus Samen einer speziell süßriechenden Art gezogen hatte. Im Treibhaus dufteten sie köstlich, und triumphierend trug ich sie ins Haus. Dort verschwand jede Spur von Duft, was ich auf die veränderte Temperatur zurückführte, auf den Feuchtigkeitsgrad der Luft oder sogar auf einen relativen Mangel an Licht. Zwei Tage später war plötzlich das ganze Zimmer parfümiert, doch – wohlgemerkt – der Duft strömte nur von einem der beiden Töpfe aus. Am nächsten Tag war die Situation umgekehrt: die bisher geruchlose Pflanze tat nun alles, was von ihr erwartet werden konnte, und die andere tat nichts.

So ging es weiter. Eineiige Zwillinge konnten kaum unter gleichartigeren Bedingungen leben, und doch fuhren die beiden Zyklamen fort, verschiedene Tage und verschiedene Stunden für ihre Darbietung zu wählen. Warum?

Unsere Freude an Blumendüften verdanken wir bestimmten in Zellen enthaltenen ätherischen Ölen, die in einem nie ganz erklärbaren Prozeß verströmt werden. Die ätherischen Öle sind das, was wir Blumenessenzen nennen (Rosenessenz wird den meisten Leuten bekannt sein). Die chemische Zusammensetzung dieser Essenzen ist analysiert worden, und jedermann wäre erstaunt zu hören, welch alltägliche Substanzen wir entdecken würden, wenn wir einige unserer liebsten Blumen zerzupften: Alkohol, Essig, Benzin – aber ich bin kein Chemiker, und sicher würde ich blamable Schnitzer begehen, wenn ich das Thema weiterführte.

Ich bin nur eine gewöhnliche Gärtnerin und erfreue mich an unnützen, aber reizenden Wissens-Fragmenten, wie etwa solchen, daß gewisse Schmetterlinge und Falter den gleichen Duft ausströmen wie die Blumen, die von ihnen aufgesucht werden; daß die weißen Blumen unter den duftenden Arten am zahlreichsten sind vor den roten, gelben und violetten (in dieser Reihenfolge, während die blaue Farbe den fünften Rang einnimmt); daß Blumen, die durch Vögel befruchtet werden, geruchlos sind, weil Vögel keinen Geruchssinn haben; daß bei dunkelhaarigen Menschen dieser Sinn am höchsten entwickelt ist, wogegen er den Albinos meist gänzlich fehlt; daß gewisse Blumen morgens anders riechen als abends. Doch nichts von alledem erklärt das seltsame Benehmen meiner Zyklamentöpfe.

Winterliche Blüten

Stellen Sie sich einmal vor, Sie hätten von einem großzügigen Freund zu Weihnachten einen Pflanzen-Gutschein bekommen und fragten sich nun – so wie ich mich frage –, wie er am besten anzulegen wäre. Ein Pflanzen-Gutschein ist ein wahres Geschenk des Himmels; er ermöglicht eine Extravaganz, die man sich selbst nur zögernd leisten würde – einen Luxus, etwas Besonderes, einen Genuß. Er läßt uns auch keine Wahl, denn, ungleich einem Scheck, kann man ihn nicht tugendhaft zur Verminderung seiner Schulden verwenden; man kann nichts anderes damit tun, als eine Pflanze zu kaufen.

Könnte man Besseres wählen als die herbstblühende Kirsche *Prunus subhirtella autumnalis?* Hierzulande, wo sie ihre Blüten nicht vor Januar-Februar öffnet, würde man sie wohl besser als Winterblüher bezeichnen, doch in ihrer japanischen Heimat beginnt die Blüte viel früher: deshalb der herbstliche Name. Wenn wir sie in der Knospe schneiden und in ein warmes Zimmer oder ins Treibhaus stellen, entfalten sich die ersten weißen Blüten sechs Wochen vor Weihnachten, und bis in den März hinein folgen ihnen weitere, falls die Knospen nicht allzu starkem Frost ausgesetzt werden.

Vielleicht ist sie zu alltäglich, um den Kenner zu reizen, eine Form von Snobismus, den ich bei Gärtnern kaum verstehen kann –, doch die weißen Zweige wirken am Baum oder in einer Vase so zart und anmutig, daß sie schon aus diesem Grund nicht verschmäht werden sollten. Die Kirsche ist leicht zu kultivieren, zufrieden mit jedem normalen Boden und kann als Hochstamm oder Busch gezogen werden; mir ist der Busch lieber, weil die Blüten dann in Augenhöhe sind statt einige Meter über unseren Köpfen – obwohl sie hoch oben, gegen das blasse Blau eines Winterhimmels, sehr lieblich und rührend aussehen können.

Chimonanthus, der Duftende

Wie kostbar sie sind, die Blumen des Hochwinters! Nicht die Treibhaus-Gewächse, auch nicht die getriebenen Fliederzweige, die meist aus Holland kommen, sondern die echten, zähen, die aus seltsamen Gründen es vorziehen, sich in dieser Jahreszeit draußen zu entfalten. Die Winterblüte, Chimonanthus, öffnet ihre gelben Sterne an einer Mauer, und die krausen Bänder der Zaubernuß, *Hamamelis*, entwirren sich auf ihren blätterlosen Zweigen.

Chimonanthus fragrans, 1766 aus China eingeführt, verdient einen Ehrenplatz. Man sieht ihn nicht oft, außer in älteren Gärten; um ehrlich zu sein, muß ich die Käufer von jungen Pflanzen wissen lassen, daß sie erst nach fünf oder sechs Jahren zu blühen beginnen. Aber das Warten lohnt sich. Den ganzen Januar und Februar hindurch können wir die langen Zweige schneiden, die sogar in der Kälte draußen wunderbar süß duften; die eigenartig braungelben Blüten halten sich zwei bis drei Wochen im Wasser, vor allem, wenn wir die Zweig-Enden mit dem Hammer zerschlagen: ein Rat übrigens, der für alle Hartholzgewächse gilt. Der Chimonanthus wird drei Meter hoch oder höher; am glücklichsten ist er an einer schützenden Mauer, aber ich habe ihn auch schon als großen Busch gesehen – leider nicht in meinem Garten!

Die Gartenbücher empfehlen, ihn sofort nach Beendigung des Blühens bis auf das alte Holz zurückzuschneiden. Jahrelang beherzigte ich diesen Rat, mit dem Erfolg, daß ich nichts als armselige Krüppel besaß, worauf ich rebellierte, so wie alle guten Gärtner rebellieren sollten, wenn sie bemerken, daß ihre eigenen Erfahrungen den Büchern zuwiderlaufen. Ich ließ also meine Winterblüte ein Jahr lang unbeschnitten und wurde reich belohnt, indem ich längere Zweige fürs Haus schneiden konnte. Nun bilde ich mir ein, daß dies alles ist, was die Pflanze braucht.

Die Gartenliebhaber, die ihre Jungpflanzen am liebsten selbst aus Samen ziehen, lassen einige der kürbisförmigen Früchte ausreifen und säen den Samen in einen Topf oder in eine Schale. Er ist ein sehr dankbarer Keimer.

Jasmin im Zimmer

Fast zögere ich, meine Leser durch die Empfehlung einer so wohlbekannten Pflanze zu beleidigen, wie es der winterblühende Jasmin ist, *Jasminum nudiflorum*, der im Jahre 1844 aus China eingeführt wurde. Wir alle lieben ihn seit langem. Am 4. Dezember schnitt ich große Zweige davon ab; alle Knospen öffneten sich im Wasser und blieben einige Wochen frisch. Im Freien sind die Blüten nicht immer gegen Frost gefeit; deshalb ein Rat: Man pflanzt den Jasmin in einen großen Blumentopf, läßt ihn den ganzen Sommer und Herbst über draußen und stellt ihn im November in einer Zimmerecke auf den Boden, nachdem man die Triebe um ein paar Bambusstäbe geleitet hat. Nicht vergessen, ihn zu gießen und einen großen Teller oder Untersatz darunter zu stellen, damit der Teppich keinen Schaden leidet. Dann kann man zuversichtlich den goldenen Springbrunnen erwarten, der, vom

Wetter unberührt, während zwei oder drei Monaten blühen wird.

Krokus und Zeitlose

Jetzt ist es Zeit, an die Bestellung der im Herbst blühenden Krokusse zu denken. Die Samenhandlung wird sie uns zwar nicht vor dem Sommer oder sogar erst im August schicken, aber es ist ratsam, sie schon jetzt zu bestellen, um der erste in der Reihe zu sein für den Fall, daß zu wenig Zwiebeln vorhanden sind.

Wir sind so sehr daran gewöhnt, Krokus mit Frühling gleichzusetzen, daß es für manche Leute eine Überraschung sein wird, von einigen Sorten zu hören, die von September bis in den November blühen. *Crocus speciosus* zum Beispiel sollte jetzt bestellt werden. Er ist nicht teuer; ich kaufte letztes Jahr ein Dutzend, und wie lieblich waren sie: Abendmahl-Kelche in der Farbe des Parmaveilchens erfreuten mein herbstliches Herz, als sie im September sproßten und unerwartet den Herbst in Frühling verwandelten. *C. speciosus cassiopea* blüht später, im Oktober-November; *C. speciosus globosus* im November, als letzter von allen.

Dann der Safran-Krokus, *Crocus sativus*, in rötlich-lila Tönen. Wie schwer sind seine Farben zu beschreiben! Er blüht im Oktober und ist etwas kostspieliger.

Wer sich etwas Ungewöhnliches wünscht, halte sich an *C. asturicus atropurpureus*, in dunklem Violett, der in milden Wintern bis in den Dezember blüht.

Schade, daß diese kleinen Dinger solch gigantische Namen zu tragen haben; doch wenn wir genauer hinsehen, finden wir, daß Crocus asturicus atropurpureus lediglich bedeuten soll: ein sehr dunkelpurpurner Krokus aus der Provinz Asturien im nördlichen Spanien.

Die Liste ist noch längst nicht erschöpft; ich habe noch nicht einmal an das *Colchicum autumnale* gerührt, das von vielen Leuten mit dem herbstblühenden Krokus verwechselt wird. Wer sich um botanische Unterscheidungen kümmern möchte: der Krokus gehört zur Familie der *Iridaceae* (Iris) und das Colchicum zur Familie der *Liliaceae* (Lilien). Die Verwirrung wird noch vergrößert durch die Tatsache, daß das Colchicum autumnale als Wiesen-Safran und der *Crocus sativus* als Safran-Krokus bekannt ist. Das einzig Gemeinsame besteht darin, daß beide jetzt bestellt werden sollten, damit sie im August geliefert werden.

Eine Gruppe Colchicum, vor allem im Gras, sieht im September und Oktober wunderschön aus. Man sollte sie aber nicht in den gepflegten Rasen pflanzen, weil die großen Blätter, die im Frühling oder Frühsommer erscheinen, störend wirken; auch wo Schafe oder Kühe weiden, dürfen sie nicht gepflanzt werden, da sie für Tiere giftig sind. Der ideale Platz ist ein Obstgarten, wo ihre rosa oder lila Schalen unter den darüberhängenden Äpfeln leuchten. Wenn das Gras zu lang ist, muß man rechtzeitig daran denken, es zu schneiden, bevor die Blüten aufbrechen, sonst geht uns ihr Anblick verloren. Ende August ist die richtige Zeit für diese Arbeit.

Gegen leichten Schatten, wie ihn Obstbäumc werfen, haben sie nichts einzuwenden, aber genau so glücklich sind sie in voller Sonne. Es klingt erstaunlich, daß eine Zwiebel, die im Juli oder August gepflanzt wird, so bald danach aufblühen soll, und noch erstaunlicher ist es, daß die Zwiebeln, wenn sie in ihren Tüten bei uns eintreffen, schon einen weißlichen Trieb zeigen. Keine Sorge: man macht ein fünf bis sieben Zentimeter tiefes Loch in die Erde, läßt die Zwiebeln hineinfallen, stampft die Erde darüber fest und läßt sie dann tun, was die Natur mit ihnen vorhat.

Colchicum speciosum und autumnale sind beides gute Varianten von rosiger Färbung. Es gibt auch weiße Sorten: *C. bornmulleri* und *byzantinus* sind herrlich, und eine der schönsten ist die Hybride *Lilac Wonder*. Das gefüllte *C. autumnale roseum plenum* schätze ich weniger, denn in meinen Augen liegt die Schönheit eines Colchicum oder eines Krokus, abgesehen von der Farbe, in der reinen Linie seiner kelchartigen Form.

Ein praktischer Rat: am besten streut man einen Kreis von Schneckentod um jede Gruppe, sobald die bleichen Nasen sich zeigen, und zwar rasch, denn die bleichen Nasen von heute sind die vollerblühten Blumen von morgen. Sonst wird man sich fragen, wie jemand ein so lumpiges, zerfetztes Ding überhaupt habe empfehlen können.

Berauschende Kataloge

Januar ist tote Saison; man kann im Garten nichts Aktives tun. So beschränkt man sich darauf, im Lampenschein Kataloge zu studieren und wird da-

durch verführt, viel mehr Pflanzen oder Samen zu bestellen, als man sollte.
Ich habe eine sommerblühende Tamariske bestellt, *Tamarix pentandra.* Sie wird hoffentlich im August blühen, in dem Monat, in dem blühende Büsche selten sind. Wir pflanzen nicht genug Tamarisken; sie wirken so anmutig, so leicht, heiter und federig, wenn sie von ihren rosaroten Blüten bedeckt sind. Die frühblühende Sorte heißt *Tamarix tetrandra purpurea;* sie blüht von April bis Mai in kurzen Ähren am alten Holz.
Samenkataloge sind mein Verderben! Nach jahrelangem Gärtnern bin ich weise geworden und bestelle nicht mehr so kühn drauflos, den gleißnerischen Beschreibungen erliegend, die jede einjährige Blume so einfach zu ziehen, so glanzvoll wie einen Filmstar erscheinen lassen. Jetzt weiß ich, daß das Gärtnern etwas anders vor sich geht. Trotzdem lasse ich mich immer wieder verlocken, einige Paketchen *Roggli-Stiefmütterchen* und *Chabaud-Nelken* zu bestellen, da ich aus Erfahrung weiß, wie gut sie sich bezahlt machen. Die »Pensées«, im März unter Glas gesät, werden kaum diesen Sommer blühen, jedenfalls nicht vor September. Aber zwölf Monate später sollten es schon stattliche Pflanzen sein, die im Mai zu blühen beginnen und bis zu den ersten Herbstfrösten nicht mehr damit aufhören. Die einjährigen Nelken jedoch, im Februar unter Glas gesät, sollen während des kommenden Sommers die leeren Plätze ausfüllen, so hübsch und wohlriechend, wie man sich's nur wünschen kann. Es gibt einfarbige, geflammte oder gestreifte, wie die Nägelein auf alten Blumenbildern; in ihrem altväterischen Kleid passen sie ausgezeichnet zu den Damaszener

Rosen, den Gallischen und Bauern-Rosen. »Nelke« ist vielleicht ein mißverständlicher Ausdruck, denn für die meisten Leute, mich eingeschlossen, bedeutet die Nelke eine Treibhauspflanze der Malmaison-Art, die teure Knopflochblume für den Dandy. Die Chabaud-Nelke aber ist genau so, wie wir uns die Nägelein unserer Großmütter vorstellen.

Nelken-Geschichte

Monsieur Chabaud war ein Botaniker aus Toulon, der ungefähr 1870 diese Hybride aus der alten perennierenden und der einjährigen Nelke züchtete. Es gibt zwei Sorten, die einjährigen und die mehrjährigen. Erstere sind eingeteilt in *Giant Chabaud, Enfant de Nice* und *Compact Dwarf*. Man sollte sie im Februar oder März in Kistchen mit gutgemischter Lauberde und scharfem Sand aussäen. Wärme brauchen sie nicht, nur bei frostigem Wetter wollen sie geschützt sein. Nicht zuviel gießen, eher trocken halten. Wenn sie groß genug sind, pflanzen wir sie an einen sonnigen Platz in durchlässige Erde. (Ich persönlich finde sie am schönsten in einem eigenen Beet, nicht zwischen andern Blumen.) Die Farbskala ist groß: gelb, weiß, rot, violett, rosa und gestreift. Sie sind unglaublich blühfreudig und sollten von Juli an blühen, wenn sie im Februar gesät wurden. Wer sich die Mühe machen will, kann sie im Oktober herausheben und in Töpfe pflanzen; sie blühen auf dem Fensterbrett, gesichert vor Frost, bis in den Winter hinein.

Die perennierende Sorte, völlig winterhart, sollte

von März bis Juni ausgesät werden; im gleichen Sommer ausgepflanzt, blüht sie viele Sommer lang. Jene Gärtner, die eine Vorliebe für historische Tradition haben, sind vielleicht dankbar, zu erfahren, daß sie in der *Flamand* genannten Variante einen Abkömmling aus dem 17. Jahrhundert besitzen und eine der gefleckten und getupften Blumen erwarten dürfen, wie man sie so oft in dem bezaubernden Durcheinander eines holländischen Blumenbildes sehen kann.

Tatsächlich ist die Liste dieser Samen voll romantischen Zaubers, nicht allein historisch, sondern auch geographisch, sofern man mit mir darin einig ist, daß im Gedanken an die Provence schon etwas Romantisches liegt; von dort nämlich stammen unsere Samen. Wer war schon in St. Remy, in der römischen Siedlung, wo heute noch ein römischer Triumphbogen steht und wo jetzt meilenweit die Blumen für den Samenmarkt gezüchtet werden? Es muß ein wundervoller Anblick sein, wenn all die Nelken, Zinnien und Petunien blühen und die dunkelbraune Landschaft von van Goghs Provence mit ihren bunten Farben beleben.

Wahrscheinlich gehört all dies kaum in ein Buch über praktisches Gärtnern, doch gerate ich immer auf Abwege vor lauter Begeisterung über die Pflanzen, die ich empfehle. Auf solche Abwege hat mich auch eine Notiz über Petunien im selben Katalog geführt, über eine besondere Sorte, die von den Nonnen eines Klosters bei Toulon gezüchtet wird. Ich habe noch keinen Versuch damit gemacht, aber ich gedenke es zu tun. Ich stelle mir gerne die Nonnen in Toulon vor, wie sie sich in ihrem Klostergarten zu schaffen machen und ihre Petuniensamen sammeln, um sie zu unserem Entzücken zu verschicken. (Leider muß ich ehrlicherweise hinzufügen, daß die Petunien eine Enttäuschung waren. Zwar kamen sie in verschieden benannten Farben, doch fürchte ich, daß die guten Nonnen allzu sehr mit ihrer Andacht beschäftigt waren, um den Samen genügend Sorgfalt zu widmen.)

Umstrittener Rosenschnitt

Der Streit der Gärtner, welches die beste Zeit zum Rosenschnitt sei, wogt noch immer hin und her. Den alten, orthodoxen Theorien zufolge sollte es in der zweiten Hälfte März oder im frühen April geschehen. Messer und Hippe sind dann am schärfsten. Diese Werkzeuge der Zerstörung schwingend, rücken Regimenter von Fachleuten und Amateurgärtnern vor, bereit, ihr Schlechtestes zu tun, wie man es sie seit undenklicher Zeit gelehrt hat. Der Befehl lautete: »Schneiden Sie fast bis zum Boden; schneiden Sie hinunter bis zum zweiten oder dritten Trieb, schneiden Sie, bis nichts mehr übrig ist, außer ein paar Zentimetern; seien Sie unbarmherzig und schneiden Sie, damit Sie schöne Blüten, Ausstellungsexemplare, bekommen, selbst wenn Sie nicht ausstellen wollen! Achten Sie nicht auf das Aussehen Ihres Gartens oder auf die Bereitwilligkeit Ihrer Rosen. Züchtigen Sie sie, so hart Sie können, so wie unsere Vorfahren ihre Kinder gezüchtigt haben!«
Es freut mich zu hören, daß sich andere Ideen einschleichen. Die Rose, sogar die Teerose und die *Hy-*

brid Perpetual, wird nicht mehr als verkümmerter Zwerg betrachtet, sondern als wildblühender Busch. Laßt sie wachsen, auch wenn sie einen Meter hoch wird und ihren Kopf herumwirft, wofür sie, wie ich vermute, erschaffen wurde. Diese Wahrheit dämmerte mir während des Krieges, da ich als Vertreterin der Land-Armee Gelegenheit hatte, viele kleine Gärten zu besuchen, deren Besitzer einberufen worden waren. Die Gärten waren auf dem Weg, sich in traurige Unkrautfelder zu verwandeln; nur die Rosen reckten sich empor, stolz und herrlich, eben weil man sie während zwei, drei, vier, fünf Jahren in Ruhe gelassen hatte. Und dann sah ich im gepflegten Garten einer Freundin dieselben Rosenbüsche, die, wie sie mir versicherte, seit ihrer Pflanzzeit vor dreißig Jahren kaum je angerührt worden waren. Sie hatte lediglich die Spitzen abgeschnitten, das tote Holz und die schwachen Triebe entfernt und ihnen in allem andern ihren Willen gelassen. Der Erfolg war üppig und überraschend.

Meine Vorliebe für Üppigkeit im Garten gehört untrennbar zu meiner Gartenphilosophie. Ich liebe Großzügigkeit, wo immer ich ihr begegne, ob in Gärten oder sonstwo. Ich verabscheue alles Knauserige und Schäbige. Auch der kleine Garten kann in seiner Begrenzung verschwenderisch wirken, und ich möchte meinen Lesern anraten, die Rosen n i c h t bis fast auf den Grund niederzusäbeln, wenigstens in diesem Jahr nicht, und dann zu warten, was geschieht.

Ich weiß, daß ich diese Streitfrage vorläufig nur gestreift habe. Es gäbe noch so vieles zu sagen und so viele verschiedene Rosenarten zu erwähnen, daß alles verwirrt und verwirrend würde. Es ist bekannt, daß sich Moos- und Park-Rosen ohne Schneiden besser fühlen, doch zweifellos wird die neue unorthodoxe Methode in bezug auf die Teerosen Protest hervorrufen. Ich bin bereit, zuzugeben, daß sie möglicherweise nicht allen gut bekommt. Kühnheit ist das einzige: wer will, möge den Versuch wagen und selber seine Erfahrungen machen.

Mehr und mehr neigt man heute dazu, den Winterschnitt anzuwenden. Ich möchte mich keineswegs als Experte ausgeben, also achte man bitte nicht auf meinen Rat, wenn man anderer Meinung ist; aber es scheint mir nur vernünftig, die Pflanze in schlafendem Zustand zu beschneiden und nicht erst dann, wenn die Säfte zu steigen beginnen und sie aus den Wunden bluten muß.

Ich weiß, es gibt Einwände. Manche Leute sagen: »Wenn Sie Ihre Rosen im Dezember oder Januar schneiden, werden sie im milden Wetter, das wir so oft Ende Februar und Anfang März haben, neue Triebe ansetzen, aber es braucht nur ein eisiger Frost zu kommen, und was geschieht dann mit diesen jungen, zarten Trieben, die Sie durch vorzeitiges Schneiden ermutigt hatten?«

Darauf kann ich nur antworten, daß man die Rosen eben nochmals vornehmen und alle frostbeschädigten Triebe bis zu einem neuen Auge, weiter unten am Stamm, entfernen muß. Vielleicht wird das auch nach einem März-Schnitt nötig. Im ganzen aber bin ich auf der Seite der Winter-Schneider.

Allgemeines über das Schneiden

Der Schnitt ist, wie eben erwähnt, eine so umstrittene Sache, daß ich mich dem Problem nur widerstrebend nähere. Sicher weiß ich nur eines: es lohnt sich immer, das tote Holz aus irgendeinem Strauch zu entfernen. Welche Unordnung sammelt sich unten in einem alten Philadelphus-Busch! Wieviele unnütze Zweige verunstalten ihn! Nehmt Säge und Hippe und verschafft ihm Spielraum zum Atmen, vor allem in der Mitte. Laßt Licht hinein und Luft! Dieser Rat ist allgemein beherzigenswert, denn es gibt keinen Strauch, der nicht daraus Nutzen zöge. Selbst der Ungeschickteste unter uns braucht sich nicht davor zu fürchten, das tote Zeug abzuhacken, das die Natur selbst weggeworfen hat. Das gleiche gilt von den schwachen Rütchen, die nie etwas Rechtes werden und die dem Zweig durch ihre fortgesetzten kleinen Diebereien Kraft entziehen. Weg mit ihnen! Schwächlinge müssen geopfert werden; so wollen es die strengen Gesetze der Natur.

Der ideale Kompost

Was den Kompost anbelangt, scheinen die Gärtner nur zwei Haltungen zu kennen: entweder sie schwören auf ihn oder sie haben nichts dazu zu sagen. Vielleicht scheuen sie die Mühe, vielleicht mißtrauen sie ihm und behaupten, der Komposthaufen bringe eine Masse Unkraut aus den darin vergrabenen Samen. Ihr Hintergedanke ist vermutlich, daß ein Feuer ihnen alle Schererei erspare.

Lauberde ist sicher gut; die Blätter müssen ohnedies weggekehrt und irgendwohin gebracht werden, und nichts ist einfacher, als sie in ein Drahtgehege zu stopfen und verfaulen zu lassen. Kompostbereitung verlangt etwas mehr Arbeit, sowohl wegen des Sammelns des Materials, der sandwichartigen Struktur des Haufens, als auch wegen der Anwendung von aktivierenden und neutralisierenden Mitteln und der Kontrolle der Feuchtigkeit. Trotzdem – wer einmal den wonnigen Luxus erlebt hat, mit seiner Schaufel in diesen Kuchen von richtiger, schwarzer, krümliger Komposterde zu schneiden, der wird sich reich belohnt fühlen.

Er wird etwas viel Nahrhafteres erhalten als Torfmull und dazu noch für nichts und wieder nichts. Er wird sich die Kosten für künstliche Düngemittel ersparen, so ausgezeichnet und nützlich viele von ihnen auch sind. Er wird zudem eine gewisse Genugtuung darin finden, daß er seiner Erde einen großen Teil von dem zurückgibt, was er ihr nahm, und zwar durch natürliche Methode. Dieser Gedanke sollte jedem guten Gärtner geziemende Freude bereiten.

Der Einwand der Unkrautversamung muß aus zwei Gründen abgelehnt werden. Erstens kann das Unkraut – ein wichtiger Beitrag zum Grünzeug in dem Haufen – dorthin geworfen werden, bevor es sich ausgesamt hat; zweitens sollte die in einem richtig angelegten Komposthaufen erzeugte Hitze genügen, um jeden Samen totzukochen.

Wenn jemand Genaueres über das Anlegen eines Komposthaufens wissen will, sollte er es in einem Buch nachlesen. Ich habe soeben eines beendigt und viel daraus gelernt und dazu ein paarmal herzlich über die Dinge gelacht, die man einem Komposthaufen einverleiben oder nicht einverleiben darf. Abgesehen von den vorgeschriebenen Ingredienzen darf man tote Schlangen, verschimmelte Wurst, zerplatzte Kissen, Zigarettenstummel, die Ohren und Schwänze von Kaninchen und den Inhalt des Staubsaugers dazutun. Andererseits ist es aber besser, alte Rasierklingen, Glasscherben, Büchsen und Nylonstrümpfe wegzulassen. Wie man sieht, hat der Verfasser Sinn für Humor, doch soll das nicht heißen, daß es kein seriöses Buch über ein wichtiges Thema wäre.

Schattenpflanzen

Der Amateurgärtner sorgt sich oft um die Schattenplätze in seinem Garten, doch gedeihen tatsächlich eine Menge Pflanzen ausgezeichnet im Schatten. Es gibt viele Abstufungen, und das Ideal ist wahrscheinlich ein gebrochenes Licht, so daß der Schatten nicht zu tief ist, aber doch genügt, um die heißeste Sonne abzuschirmen. An einem solchen Ort, vor allem wenn der Boden feucht genug ist, werden sich alle farbigen Gartenschlüsselblumen und Kissenprimeln als Bodenbedeckung glücklich fühlen; wo der Boden richtig naß ist, wäre es ideal für die höheren Primeln, wie die *Japonica Hybriden* oder die Mehlprimel *Primula capitata* oder die tibetanische *P. florindae* oder die kupferne *P. bulleyana.* Sie alle sind leicht aus Samen oder durch Teilung zu ziehen. Auch Phlox liebt Schatten und tiefen, kühlen Boden, desgleichen die Päonien und Akeleien, von denen es einige wunderschöne Hybriden gibt: *Longissima,* eine phantastische langsporige in goldenem Gelb; *Crimson and Gold; Crimson Star* und eine blau und weiße Riesenblütige, *Azure Fairy* genannt. Der Fingerhut ist vielleicht zu alltäglich, um erwähnt zu werden, doch gibt es auch von ihm verschiedene Variationen: die *Excelsior*-Sorte mit Blüten rund um den Stil und die wahrhaft liebliche *Apricot,* mit Recht so benannt, weil sie wirklich das Bernsteinrosa einer sonnenreifen Aprikose hat. Ich finde, daß sich der reinweiße Fingerhut besonders hübsch macht, wenn er in Gruppen das Farbenspiel niederer Blumen hoch überragt.

Eine reizvolle altmodische Pflanze ist die *Astrantia* oder Sterndolde, die man nur noch in Bauerngärten sieht; sie wird sich an einem kaum beachteten Schattenplatz austoben und selbst versamen. Die *Epimediums* (Sockenblumen) sollten nicht übersehen werden: sie bilden Gruppen von hübschem Blattwerk und lassen im Mai zarte Blütenzweige wie winzige Orchideen emporsteigen. Die Christrosen, die Maiglöckchen, die Kandelaber-Primeln und, für Ehrgeizige, der blaue Mohn, *Meconopsis baileyii,* der Traum jedes Gärtners, sie alle sind mit beschatteten Plätzen zufrieden, besonders wenn sie durch Feuchtigkeit frisch erhalten werden.

Auch ein paar strauchartige Gewächse gedeihen im Schatten wie Azaleen, Kalmias, Rhododendren und ein hübscher, selten gesehener Strauch mit wachsweißen, hängenden Blüten, *Zenobia pulverulenta.* Voraussetzung für sie alle ist ein lehmfreier Boden, am besten Heideboden.

Die vielen *Cotoneaster* und *Berberis*-Arten haben gegen Schatten ebenfalls nichts einzuwenden und sind in bezug auf den Boden nicht so anspruchsvoll. Der Seidelbast, *Daphne laureola*, wird gedeihen und ebenso der Schneeball, *Viburnum burkwoodii*, sehr lieblich und süß duftend und schnell zu einem großen Busch wachsend. Die bekannte Schneebeere, *Symphoricarpus racemosus*, gedeiht überall und ist im Herbst wunderhübsch mit ihren elfenbeinweißen Beeren und dem Gewirr von schwarzen Zweigen. Wer sich jedoch etwas Aparteres wünscht, der halte sich an die vielen Magnolien, die sich im Schutze einer Nordmauer wohl fühlen: *Magnolia lennei*, dunkelrosa; *M. soulangeana*, weiß; und *M. liliflora nigra*, tief bordeauxfarbig, die den Vorteil einer langen Blütezeit hat, den ganzen Mai und Juni hindurch, mit vereinzelten Blüten sogar bis Juli-August. Alle Magnolien sind dankbar, wenn man etwas Torfmull oder Lauberde in das ausgehobene Pflanzloch füllt, und es ist wichtig, sie keinem Frost auszusetzen, bevor sie richtig eingewurzelt sind.

Hamamelis mollis – die Zaubernuss

Hamamelis mollis ist den meisten Menschen vor allem in Form von Salbe oder Tinktur bekannt, für den Gärtner aber bedeutet es einen kleinen, buschigen Baum, der seine nackten Zweige in den ersten Monaten des Jahres mit krausen, spinnenartigen Blüten bedeckt. Es ist ein besonderer Charme um all die Bäume, die ihre Blüten vor den Blättern tragen, wie z. B. Mandel- und Judasbäume: die Reinheit ihrer Linien wird durch keinerlei grüne Laubbüschel gestört; sie erlauben uns, die feine

Zeichnung ihrer Äste zu betrachten, während sie uns gleichzeitig mit etwas Farbe beschenken. Die Zaubernuß ist zweifellos ein Baum, den jedermann pflanzen sollte, denn seiner Tugenden sind viele, und falls er Fehler hat, so müßte ich sie erst entdecken, außer dem einen, daß er ein langsamer Wachser ist. H. mollis, ein Chinese, ist der beste der Familie, die auch zwei Amerikaner, *virginiana* und *vernalis*, und einen Japaner, *japonica*, einschließt; *arborea* ist der höchste von allen, doch seine Blüten sind weniger hübsch als die von mollis. Dieser ist garantiert winterhart; seinen Blüten kann sogar strenger Frost nichts anhaben. Er liebt einen sonnigen Platz und genügend Raum zur Entfaltung, und obwohl er sich nicht etwa an uns rächt, indem er in magerem Boden sogleich stirbt, sondern sich tapfer gegen klebrige Lehmerde zur Wehr setzt, so zeigt er doch seine Dankbarkeit für guten, mit Lauberde gemischten Boden. Eine andere seiner Tugenden besteht darin, daß er in zartem Alter schon zu blühen beginnt; es gibt also kein jahrelanges Warten, bis die Pflanze groß genug ist, um sich an die Arbeit zu machen, deretwegen wir sie uns wünschen. Von Anfang an können wir sie für unser Zimmer schneiden, und es gibt wenig, was in dieser trübsinnigen Jahreszeit willkommener wäre. Die seltsam bewegten, gelben Blumenblätter mit den weinroten Flecken unten am Kelch halten sich bis zu zehn Tagen im Wasser, besonders, wenn wir sie als Knospen schneiden. Sie werden weit wunderbarer duften, als wir es draußen in der kalten Winterluft für möglich hielten. Ja, der Duft ist so betörend, daß der Besitzer eines neuen kleinen Bäumchens den Tag herbeisehnt, an dem er freigebig große Zweige wird schneiden können,

nicht nur spärliche Ästchen. Immerhin wird jedes dieser Ästchen sein Bestes tun, um seiner kleinen Länge entlang zu blühen.
Die Blätter erscheinen später, zur üblichen Zeit, und wir können unsere Zaubernuß bequem vergessen während all der Monate, die uns überreich mit Blumen beschenken, im Garten und für unsere Vasen. Wir brauchen erst wieder an sie zu denken, wenn der Überfluß versiegt und wir verzweifelt nach etwas Ausschau halten, das uns im Haus Gesellschaft leisten könnte. Und da werden sie wieder zur Stelle sein, diese krausen gelben Blüten, einmal mehr bereit, das Zimmer zu parfümieren und auf unserem Tisch zu leuchten.

Februar

Der kleine Hang

Zinnie und blaue Winde

Weshalb die ersten Blumen klein sind

Ein Kinderfest

Schneeglöckchen

Die Familie der Krokusse

Iris reticulata

Einfarbige Gärten

Lückenbüßer im Schatten

Einjährige im Steingarten

Alpenpflanzen selber zu vermehren

Das Gärtnern ist verwirrend

Der kleine Hang

Ich kenne jemanden, der vor dem 1. Januar seine Augen abwendet von allem jungen Wachstum, wie zum Beispiel Narzissenblättern, die durch die Erde stoßen, der aber nach diesem Datum begierig Umschau hält in der Hoffnung auf ein frühes Schneeglöckchen. Januar und Februar, die unerfreulichsten Monate des Jahres, bringen uns doch den Trost des Wiedererwachens. Schon erscheinen Krokus und andere kleine Zwiebeln, ein dankbar begrüßtes Wunder. Aber nach ihrem Absterben hinterlassen sie leere Stellen, und deshalb schlage ich vor, sie mit kleinen Sträuchern zu überpflanzen, die im Februar oder März blühen.

Ich sehe eine kleine Böschung vor mir, nicht höher als 60 bis 90 cm, vielleicht neben ein paar in geschwungener Linie verlaufenden Stufen. Diesen Hang müßte man über und über vollstopfen mit früh blühenden Zwiebeln, so daß ihr lebhaftes Gelb, Blau, Weiß, Orange, Rot einen fröhlichen chintzartigen Effekt ergäbe. Dazwischen pflanzt man folgende kleine Sträucher: *Corylopsis spicata* und *Corylopsis paucifolia* (Scheinhasel), hübsch und weich behangen mit aufgereihten gelben Blüten. Sie stammen aus Japan und sind mit der Zaubernuß verwandt; selten werden sie höher als 1,20 m und auch nicht breiter. Sie brauchen keinen Rückschnitt und sind reizend gewachsen, bleich wie Primeln und auch so früh. Ein anderer kleiner Kamerad auf dem Hang wäre *Forsythia ovata.* Die große, buschige Forsythia ist bekannt, aber diese Verwandte aus Korea kaum. Sie ist winterhart, wird ein kleiner, ungefähr ein Meter hoher Strauch und wetteifert mit den Corylopsis in einem goldenen Blütenregen, nachdem die Zwiebelpflanzen verwelkt sind.

Es gibt auch eine Zwergart des *Viburnum fragrans* (duftender Schneeball), *manum* genannt, die etwa 60 cm hoch wird. Falls oben an der Böschung noch genügend Platz ist, würde ich unbedingt raten, *Cornus mas*, die Kornelkirsche, zu setzen. Dieser Hartriegel entfaltet seine gelben Blüten im Februar und eignet sich daher vorzüglich als winterlicher Zimmerschmuck.

Zinnie und blaue Winde

Kaum jemand will sich heute noch damit plagen, einjährige Blumen zu säen, selbst die leicht gedeihenden wie *Clarkia* und *Godetia* nicht, die überall wachsen und den ganzen Sommer hindurch prächtig blühen. Die meisten Leute wenden sich den ausdauernden Dingen zu, wie den blühenden Sträuchern, die für weniger Arbeit mehr Lohn versprechen. Ich selbst habe fast alle Einjährigen aus meinem Garten verbannt; nur zweien halte ich hartnäckig die Treue: der Zinnie und der blauen Winde *Morning Glory*.

Beide sind nicht winterhart, wir dürfen sie keinem Frühlingsfrost aussetzen. Wer ein Frühbeet hat, kann sie im März oder April in Samenkistchen säen; wer keines hat, wartet bis gegen Ende Mai und sät sie ins Freiland an die Stelle, wo sie blühen sollen. Meiner Ansicht nach geht mit dieser Methode nicht viel Zeit verloren, und sicher erspart sie uns beträchtliche Mühe.

Ich habe es längst aufgegeben, Zinnien in Samenschalen zu säen, und ich glaube, daß die Pflanzen kräftiger werden, wenn die Sämlinge ungestört wachsen können. Man sät den Samen in kleinen Gruppen von drei oder vier und verdünnt sie unbarmherzig, sobald sie etwa fünf Zentimeter hoch sind, bis nur noch ein einsamer Sämling übrigbleibt. Dieses Alleinsein, dreißig Zentimeter von den nächsten Nachbarn entfernt, wird ihm gut bekommen. Wenn er Raum zur Entwicklung hat, wird er Seitentriebe bilden und sich im August und September in einer Weise ausbreiten, die für Pflanzen wünschenswerter ist als für menschliche Wesen.

Mit dem Gießen müssen wir sehr vorsichtig sein, sonst gehen die Sämlinge ein. Andererseits darf die ausgewachsene Pflanze nie unter Trockenheit leiden. Wenn sie dann ausgepflanzt ist, beginnt die Jagd auf Schnecken, die für Zinnien eine ganz besondere Vorliebe hegen. Und weshalb sollen wir uns eigentlich all diese Mühe mit einer Blume machen, von der wir doch wissen, daß sie schon dem ersten Herbstfrost zum Opfer fällt?

Solche Argumente treffen uns wie Gummiknüppel, und nur die Erinnerung an das farbenfrohe Beet, das uns im letzten Jahr viele Wochen lang entzückte, gibt uns neuen Ansporn. Denn nicht viele Blumen sind so leuchtend, ohne grell zu wirken, wie sie, und als Sonnenanbeter versammeln sie ein Maximum

von Licht auf ihren steifen Köpfen und bunten Farben.
Die Original-Zinnie oder *Zinnia elegans* wurde 1796 in die europäischen Länder eingeführt und seither zu der Gartenblume »verbessert«, wie wir sie heute kennen. Manche Blumen leiden unter dieser sogenannten Verbesserung, aber die Zinnie hat dadurch gewonnen. Gelegentlich wird behauptet, daß sie künstlich aussehe, und in gewissem Sinn trifft das auch zu. Sie wirkt, als hätte man sie aus Karton ausgeschnitten und kunstvoll zusammengeklebt. Sie ist geziert, steif, gedrechselt und abgezirkelt, fast geometrisch abgezirkelt; wer romantischere, unordentlichere Blüten vorzieht, lehnt sie wegen ihrer Regelmäßigkeit ab.
Doch kaum eine zweite Blume schenkt uns eine Mischung so seltener Farben: Strohgelb, Grünlich-Weiß, ein spezielles Safrangelb, dunkles Rosenrot, Korallenrosa. Der einzige häßliche Farbton, den sie hervorbringt, ist Magentarot, und leider ist gerade dieses sehr häufig. Sobald ich es entdecke, reiße ich es aus, werfe es auf den Komposthaufen und erlaube den schöneren Farben, sich zu entfalten.
Ob wir sie buntgemischt pflanzen oder Rosa von Orange, Rot von Magenta trennen, ist eine Geschmacksfrage. Ich persönlich liebe sie kunterbunt durcheinander, wie aus der Tube gedrückte Farbkleckse auf einer Palette; ich mische sie auch nicht mit anderen Blumen, sondern lasse sie für sich allein blühen.
Als Schnittblumen sind sie unbezahlbar: selten lassen sie die Köpfe hängen, und sie halten sich fast wochenlang.
Die blaue Winde Morning Glory ist Jahr um Jahr

ein Fest. Riesenhafte himmelblaue Trompeten, die sich jeden Morgen zum Frühstück öffnen und zwischen Mittagessen und Tee wieder schließen. Man muß nur auf die richtige Sorte bedacht sein: *Ipomoea rubrocoerulea Heavenly Blue.*
Ein Freund schenkte mir die Samen einer ganz besonderen Art von *Ipomoea.* Welch ein Geschenk! Sie kam aus Indien und nannte sich *Ipomoea Bona-Nox.* Diese Winde öffnete sich nur nachts; wollte man also die Blüte sehen, so mußte man neben ihr wachen. Sie sah aus, als wäre sie aus dünnstem Elfenbein geschnitzt.

Weshalb die ersten Blumen klein sind

Die ersten Blumen, die erscheinen, sind sehr klein, und man fragt sich, weshalb das so ist. Lehrt sie ein seltsames Naturgesetz, sich tief an den Boden zu schmiegen, wo sie Sturm und Frost weniger ausgesetzt sind, so wie die Alpenblumen den Schutz der Felsbrocken auf windigen Bergweiden suchen? Wie winzig sind die ersten Schneeglöckchen, die Märzenglöckchen, der Winterling, Schneeglanz, Traubenhyazinthen, Scilla, *Cyclamen coum,* die Zwergiris, *I. reticulata* und *histrioides,* die Miniatur-Narzissen, *N. bulbocodium, cyclamineus, triandrus* und *juncifolius.* Vielleicht ist ihre Winzigkeit verständlich, aber wunderbar bleibt die Anpassungsfähigkeit, mit der sie sich beugen, anstatt unter dem rauhen Atem des Sturmes oder unter der Schneelast zu brechen. Solche Gedanken führen mich zu dem in meinen Augen wichtigen Problem des gärtnerischen Geschmacks. Es ist ein Sinn für Proportionen, für das Verhältnis, in dem die verwendeten Pflanzen zur Größe des Gartens stehen. Vielleicht erklären ein paar Beispiele, was ich meine: riesige Osterglocken wie *Golden Harvest* überlasten eine kleine Grasfläche mit ein paar kleinen Apfelbäumen, während eine Bepflanzung mit *Narcissus bulbocodium* oder gar mit der heimatlichen Osterglocke viel angemessener wäre. Das gleiche gilt in bezug auf blühende Büsche. Rhododendren sind prächtig, aber wirken sie nicht viel schöner in großen Parkanlagen als in den normalen Gärten, mit denen wir uns heute bescheiden müssen? Für einen beschränkten Platz ist etwas Leichtes, Zartes viel vorteilhafter als die wuchtigen Pflanzen, die für die großen Gärten der Vergangenheit das Richtige waren.

Wir sind auf bescheidene Maße heruntergekommen und müssen uns ihnen anpassen. Wir verlieren dadurch nichts, ja, wir werden gewinnen, wenn wir nur klar erkennen, wie sich der verfügbare Raum bepflanzen läßt. Niemals würden wir ein Aquarell in einen schweren Rahmen stecken, niemals ein Ölgemälde unter Passepartout. Ich glaube, daß die gleichen Regeln auch für den Garten gelten sollten.

Ein Kinderfest

Ist der Winterling zu gut bekannt, als daß man ihn erwähnen dürfte? Sicher nicht; wir können nie zu oft an ein so liebes und frühes Blümchen erinnert werden. Dieses Jahr fing es hier am 20. Januar zu blühen an. Dann kam der Frost und verwandelte

es in winzige, überzuckerte Aprikosen, wie die kandierten Früchte, die man früher zu Weihnachten bekam. Sie glänzten und glitzerten in der Kälte. An einem der Februartage mit leiser Frühlingsahnung – wenn die erste zaghafte Sonnenwärme wie eine Überraschung auf unsere bloßen Hände fällt – erstanden sie aus dem bereiften Zuckerguß zu ihrem vollen, weichen Butterblumengelb.
Mein Vergleich zwischen dem glänzenden Gelb des Winterlings und unserer gewöhnlichen Butterblume ist nicht ganz aus der Luft gegriffen; beide gehören nämlich zur gleichen botanischen Familie der *Ranunculaceae*.
Der richtige Name des Winterlings ist Eranthis oder Winter-Aconit. *Eranthis hiemalis* ist die bei uns übliche Sorte, und sie ist gerade recht für jedermann. Wer eine bessere Qualität wünscht, kann *Eranthis tubergenii* bestellen, etwas teurer, aber eines Versuches wert. Ich selbst bin durchaus zufrieden mit dem goldenen Feuer meines hiemalis; er hat den großen Vorzug, daß er überall gedeiht, im Schatten oder in der Sonne, unter Bäumen oder im offenen Land, und außerdem produziert er eine große Menge selbst ausgesäter Jungpflanzen, die man leicht ausziehen und verpflanzen kann. Diese Methode ist vorteilhafter als das Ausgraben älterer Pflanzen, denn der Winterling liebt sein Heim, bleibt gern dort, wo er ist, und gibt nur dann sein Bestes, wenn er sich einige Jahre einleben konnte. Seien wir also nicht ungeduldig mit ihm, lassen wir ihm Zeit.
Manch andere Blumen lassen sich gut zu ihm gesellen; ja, ich kann mir eine Winterecke vorstellen (und gedenke sie auch zu verwirklichen) mit kleinen

Kameraden, die ihr Kinderfest alle zur gleichen Zeit geben.
Eine Winterecke – Winter bedeutet in diesem Fall Januar bis Ende März –, und sie soll vollgestopft werden mit jeglicher Art von Zwiebeln oder Knollen, die in diesen wenigen knappen Wochen blühen. Vor allem kommt es darauf an, daß sie wirklich voll ist, dicht gedrängt, eng gepackt. Zuerst wird der Winterling blühen (Januar-Februar) und dazwischen *Narcissus minimus*, auch *asturiensis* genannt, und die himmelblauen *Muscari azureus*. Weiter die frühblühenden Krokussorten und *Iris reticulata*, die bekannte purpurne und goldene Art, und die früher blühende blaue *I. cantab*; die schwarzgrüne *Iris tuberosa;* vielleicht wage ich den Versuch mit einem halben Dutzend *Iris histrioides*, nicht ganz zuverlässig, aber so lieblich, daß sich das Risiko lohnt.
Viele Miniatur-Narzissen werden dabei sein und einige frühe Tulpen, wie *Tulipa biflora* und *turkestanica*, *kaufmanniana* und die *dasystemon* (Seerosen-Tulpe), die im März blüht. Ebenso *Scilla biflora* und *Scilla tubergiana*, beide im Februar blühend; und als Bodenbedeckung, dem Winterling folgend, werde ich die Erde vollstopfen mit der griechischen *Anemona blanda*, die ihre blauen Blütensterne der seltenen Februarsonne öffnet, mit der italienischen *Anemona apennina*, die zwei Wochen später kommt, den März hindurch blüht und im April am schönsten ist, und mit dem reizenden Leberblümchen, der *Anemona hepatica*.
Furchtbare Wucherer, diese Anemonen! Doch einem Teppich von solcher Bläue mag freudig erlaubt sein, sich auszubreiten.
Wenn *Cyclamen coum* nur nicht so teuer wäre,

würde ich sie gerne einschließen. Einen Ausweg gibt es: sie aus Samen zu ziehen, langsam, aber schließlich zufriedenstellend. Im übrigen sollte die Winterecke billig zu beschaffen sein und braucht nur ein bescheidenes Fleckchen Erde, am besten dort, wo man öfter vorübergeht und sie von Tag zu Tag beobachten kann.

Schneeglöckchen

Unterdessen sind die Schneeglöckchen schon fast vorbei, und wir tun gut daran, uns zu erinnern, daß die Zeit zur Teilung gleich nach ihrem Verblühen beginnt und daß also die neuen Zwiebeln ebenso im März gepflanzt werden können. Gut auch, sich zu erinnern, daß es neben der gewöhnlichen Art (»gewöhnlich« klingt viel zu geringschätzig) noch verschiedene andere Sorten gibt. Zum Beispiel die edlere *Galanthus nivalis viridi-apice,* d. i. die grüngefleckte; und natürlich das gefüllte Schneeglöckchen, obwohl ich hoffe, daß sich niemand dafür entscheidet, denn die Schönheit liegt sicherlich in der reinen Linie der einfachen Glocke. Aus den Bergen hinter Smyrna stammt das hohe, großblumige *Galanthus elwesii,* das man oft in alten Bauerngärten, aber selten in modernen Gärten sieht, lieblich und beschwingt, etwas später blühend als das kleine *Galanthus nivalis,* die Milchblume des Schnees. Wer etwas Ungewöhnliches sucht und es auch bezahlen will, kann *Galanthus ikariae* wählen, dessen Eigenart darin besteht, daß es als Wildpflanze nur an einem einzigen Platz auf der Welt wächst: auf der kleinen Insel Ikaria oder Nikaria im Ägäischen Meer, wo Daidalos den unglücklichen Ikaros begrub. Es blüht im März und sieht dem gewöhnlichen Schneeglöckchen sehr ähnlich, nur sind die Blüten etwas größer und die Blätter rückwärts gebogen. Damit ist die Liste noch keineswegs erschöpft (es gibt vierzehn verschiedene Sorten), doch sollte jemand so überspannt sein, daß er sich den Anblick eines Schneeglöckchens im Oktober wünscht, so nenne ich *Galanthus olgae*, das aus der Nähe von Sparta, vom Gebirge Taygetos, kommt. Die Blätter erscheinen erst nach der Blüte; die Zwiebeln müssen unbedingt im Frühjahr gepflanzt werden. Vermutlich ist es übrigens dasselbe wie *Galanthus octobriensis*.

Die Familie der Krokusse

Kinder stellen mit Vorliebe simple Fragen, auf die es keine Antwort gibt. So wurde ich gefragt: »Was ist deine Lieblingsblume?« Die Antwort schien selbstverständlich: »Jede Blume, der Reihe nach, die gerade blüht!«

So finde ich es bedauerlich, daß ich nicht viel mehr Krokusse pflanzte, die jetzt fleißig zum Vorschein kommen. In Schalen oder Kupfergefäßen wirken sie auch im Zimmer wunderhübsch; sie erinnern an die Miniaturen, die der große russische Kunsthandwerker Fabergé in den Zeiten verfertigte, als sich die Reichen noch luxuriöse Extravaganzen leisteten. In Steintrögen, im Freien, passen sie sich ihrem Rahmen ausgezeichnet an, während sie in offenen Beeten oder im Steingarten fast verlorengehen. Man möchte sie nah vor Augen haben, um die Zeichnung auf der Außenseite der Blütenblätter richtig zu genießen; sie scheint wie mit einem feinen Pinsel gezogen, von der sicheren Hand eines chinesischen Schönschreibers, mit verästelten Federstrichen in Bronzefarbe oder Lila. Daß an einem Stiel mehrere Blüten wachsen, ist nicht ihr einziger Liebreiz.

Die gelben *Crocus ancyrensis*, aus Ankara oder Kleinasien, blühen meistens als erste; gleich darauf *C. chrysanthus* und seine Sämlinge: *E. A. Bowles*, gelbbraun; *E. P. Bowles*, in tieferem Gelb mit violetter Zeichnung; *Moonlight*, schwefelgelb und cremefarben; *Snow Bunting*, cremcfarben und lila, und *Warley White*, violett geädert. Die verfeinerte Art, *C. imperati*, aus Neapel und Calabrien, etwas größer, violett-blau oder strohfarben, blüht im Februar; *C. susianus*, gelb und braun geädert, im Februar und März; *C. sieberi*, ein violettblauer Grieche, ist wohlbekannt, wogegen *C. suterianus* weniger oft zu sehen ist. *Jamie* ist wohl der kleinste von allen: in blassem Violett, mit dunklerer Außenzeichnung, ist er voll erblüht nur sechs Zentimeter, die Blüte allein bloß ein und einen halben Zentimeter hoch. Ich habe ihn gemessen.

Von dieser reizenden Familie, die übrigens im August gepflanzt werden sollte, habe ich damit nur einige wenige genannt.

Iris reticulata

Wenn im Sommer die Blumen so dicht blühen, daß wir kaum wissen, welche wir pflücken sollen, vergessen wir leicht die öde kalte Zeit, in der die Erde geizt und uns nur eine oder zwei zur Wahl bietet. Wir schauen uns, in Mäntel und Halstücher gehüllt, nach einem Zweiglein Winterjasmin um, nach einer fleckigen, schmutzigen Christrose, einem frühen Veilchen, nach etwas, irgend etwas, das wir in ein einsames Glas stellen könnten – als Vorspiegelung des Frühlings, lange bevor der Frühling da ist. Natürlich haben wir Zwiebeln auf Gläser gesetzt und in dunkle Kammern gebracht, wie es die Anleitungen in Gartenbüchern und Katalogen vorschreiben. Auch wenn wir nicht zu den Reichen gehören, die ihre Räume gelangweilt an Weihnachten mit Flieder und an Neujahr mit Tulpen füllen, so besteht doch ein großer Unterschied zwischen den Blumen, die wir antreiben, und den andern, deren natürliches Erscheinen wir geduldig abwarten. Erstens nimmt uns die getriebene Blume das Entzücken über ihre Nachfolger im Freien vorweg, wenn sie sich später endlich einstellen; zweitens hat sie, so willkommen sie uns auch sein mag, immer etwas Unechtes an sich. Für den wahren Blumenliebhaber sind solche Argumente von betrüblicher Überzeugungskraft.

Die Moral von all dem ist, daß wir jede Blume, die den trüben Winter aus eigener Kraft erhellt, besonders freudig begrüßen. Je zarter und unwirklicher sie aussieht, desto besser. Eine solche Blume ist die *Iris reticulata*, die Netz-Iris. Nicht die Blüte, sondern ihre Zwiebel trägt einen kleinen Faser-

mantel, wie ein Miniatur-Fischernetz. Ihre Heimat ist der Kaukasus, und seltsamerweise wird die kaukasische rötlich, während unsere europäische Gartenart in königlichem Blau erscheint.
Eigentlich erstaunlich, daß etwas so Heiteres, Delikates und Glänzendes die strenge Winterzeit den Annehmlichkeiten des Sommers vorzieht! Wenn wir wollen, können wir die Iris reticulata in Töpfen unter Glas heranziehen, das Resultat wird sehr hübsch und befriedigend sein; doch ihre viel erfreulichere Tugend ist, daß sie draußen schon im Februar zum Blühen kommen kann, ohne angetrieben oder verpäppelt zu werden. Sie erhebt ihre blauvioletten, mit Gold gefleckten Blüten sogar über dem Schnee. Der ideale Platz ist zwischen Steinen, in »Taschen« von reichem, aber durchlässigem Boden: ein Privatplatz, der ihr ganz allein gehört für die kurzen Tage ihrer Erfüllung.

Einfarbige Gärten

Einfarbige Gärten zu planen, ist ein Vergnügen. Sie brauchen weder groß noch eingefriedet zu sein, obwohl die Umrahmung durch eine dunkle Hecke natürlich günstig wirkt. Fehlt sie aber, so genügt auch jede abgesonderte Fläche oder sogar ein Beetstreifen an einer Mauer, vielleicht an der Hausmauer. Es hängt von der Größe und Anlage des Gartens und den vorhandenen Möglichkeiten ab. Und wenn man befürchtet, daß eine einzige Farbe zu monoton wäre, so darf man auch Zwei- oder Dreifarbigkeit wählen; nur müssen diese Farben

glücklich verheiratet sein, was in der Pflanzenwelt manchmal leichter ist als unter den Menschen.
Zum Beispiel Blau und Violett in einem Beet oder Gelb und Bronze mit ihrem Gefolge von Mauve oder Orange. Der persönliche Geschmack wird die Wahl bestimmen.
Ich für meinen Teil versuche mich an einem Garten in sämtlichen Tönen von Grau, Grün und Weiß; ein Experiment, dessen Gelingen ich sehnlich erhoffe, obwohl ich es bezweifle. In der Praxis entsprechen unsere besten Ideen nur selten unseren Erwartungen, ganz besonders beim Gärtnern, wo auf dem Papier und in den Katalogen alles so herrlich aussieht und oft so trostlos enttäuscht, nachdem wir die Pflanzen in die Erde gesteckt haben. Trotzdem hofft man unentwegt.
Mein grau-grün-weißer Garten hat den Vorzug, von einer hohen Eibenhecke begrenzt zu sein, von einer Mauer auf der einen Seite, einem Streifen Buchseinfassung auf der andern und einem Weg aus alten Ziegeln an der dritten Seite. Eigentlich ist das Ganze nicht viel mehr als ein ziemlich großes Beet, das jetzt durch einen kurzen Pfad aus grauen Platten in zwei Hälften geteilt wurde; die Steinplatten führen zu einer einfachen Holzbank. Auf dieser Bank werden wir die Eibenhecke im Rücken haben und ein niedriges graues Blättermeer mit hohen weißen Blumen darin überblicken. Ich sehe im Geist die weißen Trompeten von Dutzenden von *Lilium regale* (vor drei Jahren aus Samen gezogen), die aus dem Grau von Eberraute, Beifuß und Lavendel aufsteigen, umrahmt von grauweißen Pflanzen wie *Dianthus Mrs. Sinkins* und dem silbernen Teppich von *Stachys lanata,* der in England soviel

hübscher und gemütlicher unter dem Namen »Hasenohr« bekannt ist. Auch weiße Stiefmütterchen gehören dazu und weiße Pfingstrosen und weiße Iris mit ihren grauen Blättern ... Ich hoffe wenigstens auf das alles. Ich will nicht verfrüht mit meinem grün-weißen Garten prahlen, vielleicht wird er völlig mißraten. Ich wollte nur anregen, daß solche Experimente einen Versuch wert sind und daß jeder sie nach eigenem Geschmack und eigenen Möglichkeiten variieren kann.

Doch ich hoffe, daß die große geisterhafte Schleiereule im Zwielicht des nächsten Sommers lautlos über einen bleichen Garten streicht – den bleichen Garten, den ich jetzt unter den ersten fallenden Schneeflocken anpflanze.

Lückenbüsser im Schatten

Die Kataloge laufen ein, und die angebotenen Reichtümer sind so überwältigend, daß wir vor lauter Versuchungen nicht mehr ein und aus wissen. Sollen wir Samen von Mehrjährigen bestellen, von denen wir erst in zwölf Monaten etwas haben? Oder Einjährige, die ihre vergängliche Schönheit schon in diesem Sommer verströmen? Einjährige für Schattenplätze, Einjährige für sonnige Beete, Einjährige für den Steingarten?

Irgendwie verbinden wir sie in unserer Vorstellung mit einem besonnten Beet, denn da sie meist leuchtend gefärbt und ihrer Natur nach kurzlebig wie Schmetterlinge sind, verlangen sie alles Licht und alle Fröhlichkeit für ihre begrenzte Lebensdauer.

Und doch muß vielleicht gelegentlich eine leere Stelle vorübergehend ausgefüllt werden, und diese leere Stelle kann sehr wohl im Schatten liegen, zum Beispiel dort, wo Primeln am Absterben sind, weil irgendein Element im Boden fehlt. Jeder Gärtner weiß, daß diese Pflanzenfamilien zu ihrem Gedeihen einen ständigen Bodenwechsel brauchen, obwohl nicht jeder die entsprechenden chemischen Formeln kennt. Die einfachste Erklärung ist die, daß auch der Landwirt das Getreide nicht Jahr für Jahr auf demselben Acker pflanzt.

Nehmen wir also an, wir hätten für diesen Sommer einen beschatteten Streifen zu bepflanzen. Sogleich wird uns der Tabak einfallen, *Nicotiana affinis*, und dazu die nachtduftende Levkoje, *Matthiola bicornis*, beide nicht besonders auffallend, doch im Dunkeln leuchtend. Immerhin besteht kein Grund, dem schattigen Beet keine Farbe zu gönnen. Die rauhhaarige Ochsenzunge, *Anchusa capensis*, wird ihr Blau erstrahlen lassen und *Cynoglossum amabile*, zuweilen *Omphalodes linifolia* (Gedenke-mein) genannt, das dem Enzianblau vielleicht am nächsten kommt. *Impatiens balsamina*, die Balsamine, erscheint in einer großen Auswahl von Farben: rosa, rot, gelb, weiß, manchmal auch gesprenkelt und trägt den sehr zutreffenden Namen Rühr-mich-nicht-an, denn ihre Samen verstreuen sich bei der geringsten Bewegung und erscheinen als Sämlinge wieder, ob man sie will oder nicht. Die Gauklerblume, *Mimulus*, schenkt uns orange, gelbe und flammende Flecken. Ist das Schattenbeet außerdem feucht, dann um so besser.

Wenn wir den beschatteten Platz für mehr als einen Sommer bepflanzen wollen, so kommen uns die

Zweijährigen zu Hilfe. *Digitalis*, Fingerhüte, gibt es in vielerlei Farben. *Lunaria*, der purpurne Fingerhut der alten Bauerngärten, leistet uns gute Dienste mit seinen Blüten, die sich im Herbst in silbrige Geldstücke (die Samenkapseln) verwandeln. Vergißmeinnicht sind im Schatten sehr glücklich, auch Akelei und Fliegendes Herz. Die gelbe *Oenothera biennis*, die Nachtkerze, steht leuchtend im Hintergrund; und falls man moorhaltige Erde hat oder ein Torfbeet anlegen kann, was wäre dann dankbarer als der blaue Himalaja-Mohn, *Meconopsis betonicifolia*?

Einjährige im Steingarten

Über den Titel muß jeder entsetzt sein, der den Steingarten als Heiligtum betrachtet, wo alpine Pflanzen in fachmännisch vorbereiteten »Taschen« zwischen Stein und Stein gepflanzt werden, so wie es ihren Bedürfnissen nach Sonne oder Schatten, nördlicher oder südlicher Lage, nach Schutt oder Torf, Feuchtigkeit oder Trockenheit entspricht. Ich achte diese Puristen, und nichts wäre mir lieber, als ihnen nachzueifern. Immerhin sollten wir auch den bescheidenen Amateur berücksichtigen, dessen Felstaschen und -spalten ohne die Hilfe der kleinen Samenpakete wohl trostlos leer bleiben würden.

Meine Bedingung wäre allerdings, daß die zugelassenen Einjährigen in Größe und Charakter passen müssen. Eigentlich eine Selbstverständlichkeit, denn wem fiele es ein, kompakte, schwere Blumen wie Löwenmäulchen zwischen die kleine Zartheit der

Alpinen zu pflanzen? Die maximale Höhe sollte zum Beispiel die *Phacelia,* Bienenpflanze, die so unvergleichlich leicht und luftig wirkt, nicht überragen. Das kleine *Trachelium,* ein blaues Gespinst, ist zwar von Rechts wegen mehrjährig, wird aber besser als einjährig behandelt, da es nicht ganz winterhart ist. Das 4 cm hohe Vergißmeinnicht, *Myosotis alpestris,* und der Alpenmohn, *Papaver alpinum,* 6 bis 10 cm hoch, sind im Grunde ebenfalls keine Einjährigen, doch sie blühen bereits im ersten Jahr, aber überleben nur wenige Winter. *Linaria alpina* oder *Antirrhinum pumilum,* das Zwerg-Löwenmaul, dagegen sind ausgesprochene Einjährige aus der Mittelmeergegend, sehr hübsch und anmutig, besonders wenn sie genügend Platz haben, um sich zu kleinen Büschen zu verbreitern.

Portulak, mit Recht Sonnenröschen genannt, kann als Teppich in der trockensten, sandigsten »Tasche« gesät werden, desgleichen *Mesembrianthemum criniflorum,* eine Wüstenpflanze aus Südafrika. Beide sind erstaunlich in ihrer farblichen Harlekinade, ein Kaleidoskop von Rot, Rosa, Aprikosenfarbe, Ledergelb und hell goldenem Strohgelb. Sie kriechen, wimmeln und entflammen sich, wann immer die Sonne sie dazu ermuntert. Abends falten sie sich für die Nacht zusammen und auch an trüben Tagen sehen sie nach nichts aus. Trotz diesem Nachteil möchte ich sie nicht missen, denn die sonnigen Stunden in unserem Sommer sind doch zahlreicher, als wir in unserer nationalen Verdrießlichkeit glauben wollen.

Während ich so über die einjährigen Lückenfüller im Steingarten schreibe, fällt mir ein, daß der eine oder andere vielleicht seine echten Alpenpflanzen vermehren oder seine Sammlung durch Aussäen bereichern möchte.

Es gibt drei Methoden der Vermehrung: durch Teilung, durch Stecklinge und durch Samen. Teilung nehmen wir am besten im Frühling vor; eine kräftige Pflanze, die man ausgegraben und sorgfältig zerlegt hat, ergibt meist vier bis sechs neue; wir pflanzen sie solide wieder ein, sorgen dafür, daß sie nicht an Wassermangel leiden, solange sie noch kein neues Wurzelwerk gebildet haben, und lassen sie auch nicht von der Sonne verbrennen. Ein darübergestülpter Blumentopf ist der einfachste Schutz.

Stecklinge sind eine komplizierte Sache, selbst wenn uns ihre Behandlung vertraut ist; hauptsächlich deshalb, weil die Stecklinge der Alpenpflanzen so klein sind. Wer hat nicht schon bewundernd die sauberen Reihen in den Sand gesteckter Zweiglein in einer Gärtnerei betrachtet und sich gesagt, daß diese Arbeit die geschickte Hand eines Goldschmiedes erfordert? Trotzdem, wer es mutig versuchen will, der nehme eine niedere alte Kiste, schlage den Boden heraus und stelle den Rahmen auf ein Beet mit sehr grober Asche oder Tonscherben. Diesen Abzugsgrund bedeckt man zwei Finger hoch mit Asche, füllt den Rahmen bis zu einer Tiefe von 10 bis 12 cm mit feinem, scharfem Sand – nicht mit Bausand, sondern mit dem, was die Gärtner Silbersand oder gewaschenen Flußsand nennen – und

drückt ihn so flach wie möglich fest. Dann bedeckt man den Holzrahmen mit einer Glasscheibe, und das selbstgemachte Treibbeet ist bereit.
Wichtig ist, daß die Stecklinge noch genügend Luftraum über sich haben. Von der Unterseite der Glasscheibe muß mindestens einmal täglich das Kondenswasser entfernt werden, sonst tropft es auf die Stecklinge und bringt sie zum Faulen. Am einfachsten dreht man das Glas um, was schneller geht, als es abzuwischen. Die Stecklinge sollten sehr fest in ihr Sandbeet gepreßt werden: wenn sie sich mit zwei Fingern leicht herausziehen lassen, sind sie nicht gut eingepflanzt. Vergessen wir nicht, daß Hormonpräparate die Wurzelbildung der Stecklinge fördern.
Viele Alpenpflanzen lassen sich leicht aus Samen ziehen. Sie brauchen feinkrumigen Kompost und sehr sorgfältiges Bewässern, wenn sie aufzugehen beginnen, ferner behutsames Auslichten, sobald sie das entsprechende Alter erreicht haben. Doch das gilt im Grund für alle Pflanzen. Im übrigen sind sie nicht schwieriger als andere, und wer im Säen geübt ist, wird diese Methode sehr befriedigend finden, um seine Alpenpflanzen mit geringen Kosten zu vermehren.
All dies bedeutet für den Amateurgärtner immerhin ein richtiges Wagnis. Vor allem braucht er Geduld. Selbst wenn die Samen gleich nach der Reife gesät wurden, keimen manche Alpenpflanzen nicht gleich in den ersten Wochen. Vielleicht muß man sogar zwölf Monate warten, bevor die kleine grüne Wiese im Treibbeet sichtbar wird. Ein heute allbekanntes Hilfsmittel ist, die Kistchen und Schalen im Freien zu lassen, so daß sie hartgefroren und

mit Schnee zugedeckt werden, und sie dann an einen warmen Ort zu bringen, wo sie plötzlich in Schwung kommen. Die meisten Alpenpflanzen erwarten und verstehen diese rohe Behandlung; ja, man könnte sie sogar in den Kühlschrank stellen, wenn man neben Butter und Fischkonserven noch Platz fände, und sie dann ins warme Zimmer tragen, um sie zum Keimen zu bringen.

Das Gärtnern ist verwirrend

Ich gestehe, daß mir das Gärtnern nach fertigen Schablonen nicht zusagt. Viel lieber denke ich an alte Gärtner, die in Strohhüten und grünen Schürzen, ein Endchen Bast hinter dem Ohr, ihr Leben unter Pflanzen zubringen und ihre Schützlinge so gut kennen wie eine Kinderfrau die ihren. Heutzutage wollen es die Menschen einfacher haben, vielleicht weil das moderne Leben mit seiner Hetze ein schlechter Nährboden ist für die Pflege von Liebhabereien; so lassen wir uns von Buchgemeinschaften vorschreiben, was wir lesen, und von Samenkatalogen, was wir pflanzen sollen.

Gewiß enthebt es uns mancher Mühe und muß wohl als Zeiterscheinung hingenommen werden. Für den unsicheren Neuling ist es bequem, daß er fertige Mischungen kaufen kann, die natürlich immer als »die besten« bezeichnet werden. Das heißt nicht unbedingt »die erlesensten«, sondern meistens sind es nur die zuverlässigsten. Ich zitiere aus einem Katalog, der eine Steingarten-Auswahl empfiehlt: »Alles sind gute, kräftig wachsende Pflanzen ohne besondere Ansprüche ... reich blühend, mit leuchtendenden, auffallenden Farben ... Nach Möglichkeit so ausgesucht, daß sie vom Frühling bis zum Herbst ununterbrochen blühen. Wir sind überzeugt, daß diese Auswahl jedem Freude bereiten wird, der ohne Mühe und Sorgen effektvolle Wirkungen erreichen möchte.« Sicher trifft das zu, und zudem weiß man dabei genau, wieviel man auszulegen hat. Mir persönlich geht es gegen den Strich. Ich finde mehr Reiz darin, mit etwas Schwierigem Erfolg zu haben. Doch weshalb soll ich meine Ansichten den Lesern dieses Buches aufdrängen? Dem Anfänger gebührt nicht weniger Rücksicht als dem erfahrenen Kenner. Das Gärtnern ist am Anfang furchtbar verwirrend (und bleibt es bis zum Schluß, muß ich gestehen). Es scheint Myriaden von Pflanzen zu geben, die im Katalog alle gleich verlockend sind, alle so vielversprechend, wenn wir sie aus ihrer Strohumhüllung holen oder sie aus den kleinen Töpfen heben, und alle so herzzerbrechend geneigt, noch vor Ablauf ihres ersten Lebensjahres zu verschwinden. Die Kindersterblichkeit, die man im Mittelalter kannte, ist der einzige annähernde Vergleich.

Dem Anfänger also, der sein Ziel auf abgekürztem Weg erreichen möchte, rate ich zum Studium der »Sortimente« in den verführerischen Katalogen.

März

Rote Trompeten

Alpenveilchen nicht wegwerfen!

Versuche im Treibhaus

Das Blümchen Tausendschön

Topfzwiebeln leben weiter

Kleiner Zimmergarten

Sand ist gut!

Die Damentulpe

Am Wasser zu pflanzen

Rote Trompeten

Ostern, lieblichstes und frühestes aller Feste! Nur mit Widerstreben denke ich an den Sommer, der mir im Vergleich zu der Jugend von März, April und Mai immer schon etwas betagt vorkommt. März ist siebzehn, wenn auch nicht immer holdselig; April achtzehn; Mai neunzehn; Juni zwanzig bis fünfundzwanzig; der Juli springt auf dreißig und fünfunddreißig, der August von vierzig auf fünfzig; September entspricht den ausgereiften, milden Sechzigerjahren, Oktober den noch ausgereifteren, noch milderen Siebzigern, und dann folgt die blattlose Stille des absteigenden Jahres.
Trotzdem muß man praktisch sein und den Sommer ins Auge fassen, wenn man leere Stellen im Garten vermeiden will, und so habe ich mich gezwungen, an die *Hemerocallis* oder Taglilie zu denken. Als wir noch die Sorte pflanzten, die sich überall verbreitete, galt sie beinahe als ein Unkraut, dies blasse, orangefarbene Ding, kaum wert, es im Garten zu haben. Heute gibt es viele schöne Hybriden, die man wie eine Offenbarung empfindet, wenn man sie zum erstenmal sieht. Sie sollten jetzt bestellt und in den nächsten zwei bis drei Wochen gepflanzt werden.
Sie wachsen gern in feuchter Erde, ja sogar am Wasser, falls man zu den Glücklichen gehört, in

deren Garten ein Bach oder ein Wasserbecken ist; ihre bernsteingelben, aprikosen- und orangefarbenen oder dunkelroten Trompeten verdoppeln sich dann im Spiegelbild. Genausogut gedeihen sie aber in einem gewöhnlichen Beet. Es sind sehr entgegenkommende Pflanzen, die sich fast überall wohl fühlen. Für den Sommergarten sind sie besonders nützlich, weil sie von Juli bis September blühen, am üppigsten im Juli und August.

Alpenveilchen nicht wegwerfen!

Cyclamen (Alpenveilchen) sind wohl die beliebtesten Weihnachtsgeschenke und außerdem sehr hübsch, doch jetzt im März werden sich manche Besitzer fragen, was sie damit noch anfangen sollen. Vor allem nicht wegwerfen! Wenn man sie richtig behandelt, wird ihre Schönheit Jahr um Jahr neu erblühen. Richtig behandeln heißt:
1. sie so lange feucht halten, als sie Blüten und Blätter haben; 2. sie allmählich eintrocknen lassen, nachdem die letzte Blüte verwelkt ist; 3. sie in ihrem Topf, ohne sie zu gießen, an einen frostfreien Ort stellen, bis die kalten Wochen vorüber sind, sie dann ins Freie bringen und sie irgendwo im Schatten, noch immer in ihrem Topf und noch immer ohne Wasser, den ganzen Frühling und Frühsommer hindurch stehen lassen; 4. sie im Juli oder August wieder zum Leben erwecken. Was nichts anderes bedeutet, als sie wieder zu gießen — einfach, nicht wahr? Die Pflanze wird jetzt rasch neue Keime aus den Knollen treiben, aber damit sie ihr

Bestes geben kann, sollte sie umgetopft werden. Sie liebt eine eher lockere Erde, gut gemischt aus lehmiger Rasenerde, grobem Sand und einer Handvoll Knochenmehl. Die Knolle ja nicht darunter begraben; sie soll obenauf sitzen und zu drei Vierteln sichtbar sein. Am Anfang nicht zuviel gießen, sondern erst dann, wenn man die Töpfe im Herbst auf ein warmes Fensterbrett stellt.

Aber auch jetzt noch muß mit Vorsicht begossen werden, sonst werden die Blätter gelb und die Stengel weich und faulig. Über die beste Art des Gießens bestehen zweierlei Meinungen: einige Züchter warnen vor dem Gießen von oben her, weil es die Knolle leicht zum Faulen bringe, es sei also besser, den Topf in eine Schale mit ungefähr 3 cm Wasser zu stellen, so daß die Feuchtigkeit durch den porösen Topf bis in die Wurzeln hinaufgezogen werde, doch müsse man das Wasser abschütten, sobald die Pflanze genug getrunken habe. Andere Züchter verdammen diese »Unterwasser-Methode«.

Eine meiner Freundinnen, die an ihrem Küchenfenster herrliche Zyklamen zieht, sagte mir, ihre Großmutter habe ihr geraten, sie mit schwachem Tee zu begießen. Das klingt wie ein Ammenmärchen, doch manchmal scheinen sich gerade die Ammenmärchen zu bewähren.

Es gibt zwei Arten von Zyklamen: die große persische, nicht winterhart, die man von Freunden geschenkt bekommt, und die wildwachsende – eine kleine Ausgabe der persischen – widerstandskräftig wie ein Schneeglöckchen. Diese kleinen Zyklamen gehören zu den langlebigsten Gartenpflanzen. Ihren Knollen ist voraussichtlich ein längeres Leben beschieden als ihrem Besitzer. Aber sie haben noch andere Vorzüge. Erstens wachsen sie unter Bäumen, denn sie vertragen Schatten nicht nur, sondern brauchen ihn sogar; zweitens schadet ihnen Kalkboden nichts; drittens säen sie sich selbst aus, und viertens begleiten sie uns Monat um Monat, wenn wir vorsorglich die verschiedenen Sorten pflanzen.

Cyclamen neapolitanum zum Beispiel schickt seinen efeuartigen Blättern im Spätherbst kleine rosa Blüten voraus, weiße Blüten, wenn wir die Abart *C. album* wählen. *C. coum,* rosa, weiß oder lila, wird von Dezember bis März blühen; *C. ibericum* von Februar bis Ende März; *C. balearicum* wird den Reigen fortsetzen; in geringem Abstand folgt *C. repandum,* das uns bis in den Sommer führt, und endlich *C. europaeum* für Spätsommer und Frühherbst.

Einige Botaniker betrachten letztere als einheimische Pflanze; tatsächlich wurde sie zur Zeit der Königin Elisabeth schon erwähnt: zu kleinen, flachen Kuchen geschlagen, galt sie »als gute Liebesmedizin«.

Jeder, der die kleinen Zyklamen züchtet, wird bemerkt haben, welch ungewöhnliche Methode sie anwenden, um die reifen Samen von der Kapsel zu schnellen, und zwar mit einer Art von gedrehtem Korkzieher oder Spule. Man könnte sich vorstellen, daß diese Spule mit einem leisen Klicken abspringt wie die Feder einer Uhr, wenn wir sie überziehen, und daß die Samen so in alle Richtungen geschleudert werden; eine Theorie, die von vielen Botanikern vertreten wurde. Es erwies sich jedoch, daß nichts dergleichen geschieht; die Samen werden sanft auf die Mutterknolle abgelegt. Weshalb dann aber dieser komplizierte Spulenapparat, wenn er nur dazu dient, die Samen auf eine harte Knolle fallen zu lassen anstatt auf die weiche, empfangende Erde? Es wurde vermutet (vor allem von A. T. Johnson), daß die Natur mit dieser Samenansammlung vielleicht ein bequemes Häufchen bereitstellen wolle, damit ein Verteilungsbeamter es wegtragen könne; Mr. Johnson berichtet, daß er im Spätsommer Ameisen dabei beobachtet habe, wie sie die Samen forttrugen, bis nichts mehr übrig war. Ich gestehe, daß ich nie lange genug bei Zyklamen ausgeharrt habe, um das seltsame Phänomen der explodierenden Kapsel zu erleben, und ich frage mich noch immer, warum ihre Ableger so freundlich in irgendwelchen Gartenwinkeln erscheinen – allerdings, muß ich hinzufügen, nie sehr weit von den Mutterpflanzen entfernt.

Versuche im Treibhaus

Erfolgreiches Gärtnern ist nicht unbedingt eine Geldfrage, sondern vielmehr eine Frage von Liebe, Geschmack und Sachkenntnis. Meine Nachbarin besitzt all diese Tugenden und dazu »die Hand für Blumen«, die sogenannten »green fingers«. Ich möchte hier erzählen, wie sie ihr kleines Treibhaus benützt; jetzt ist die beste Jahreszeit, um dort anzusäen und Unmengen von Blumen zu ziehen. Meine Nachbarin tut beides auf ungewohnte Art. Jeder gelernte Gärtner würde darüber lachen und sich an den Kopf greifen. Sie gräbt in ihrem Garten einen Klumpen Veilchen aus, und nun stehen sie in Töpfen und blühen nach Herzenslust, das zierliche rosa Veilchen und das kleine fast blaue. Da sie sich die Mühe macht, ihre Töpfe weiß zu tünchen, statt ihnen die häßliche Terrakottafarbe zu lassen, gewinnen die Blumen an Schönheit, wenn sie über diese Behälter strömen, die weiß und sauber sind wie frisch geputzte Tennisschuhe. Auch Schneeglöckchen und Krokus gräbt sie aus und steckt sie in eine gewöhnliche Puddingform. Das eine Ende des Treibhauses ist voller Blumen und Farben, die Seitenwände gehören den Samenschalen.

Sie hat nicht viele richtige Holzkistchen. Vorwiegend benützt sie Kartonschachteln (mit Schnüren umwickelt, um das Auseinanderplatzen zu verhüten), alte Konservenbüchsen, ja, sogar einige der hohen Büchsen, die einmal Schneckentod enthielten, und ein paar viereckige Spankörbchen. Ich glaube allen Ernstes, daß ihr auch ein alter Schuh willkommen wäre, wenn er ihr in die Hände geriete. In dieser merkwürdigen Sammlung von Behältern gedeiht eine nicht minder merkwürdige Sammlung von Sämlingen, grün wie eine Wiese, fruchtbar wie Kressesamen auf einem Stück Watte. In einigen wachsen Kohl und Salat, in anderen seltene Lilien; ich sah auch eine erschreckte kleine Schar von Aurikeln, die sich sehr beeilten, als fürchteten sie, zum Auspflanzen in die warme Mai-Erde zu spät zu kommen.

Das alles beweist, was man beim Gärtnern zustande bringen kann, wenn man sich nicht vor Versuchen scheut. Es gibt so viele Möglichkeiten, die gar nicht kostspielig sind.

Das Glashaus ist übrigens im allgemeinen ungeheizt, aber an kalten Abenden, wenn Frost in der Luft liegt, kann eine elektrische Röhre, die unter den Gestellen entlangläuft, durch einen Schalter in der Küche erwärmt werden. Was könnte einfacher sein? Man braucht sich nicht mit Paraffinöfen oder Kohlen abzuplagen und nicht in die kalte Nacht hinauszugehen. Es ist eine etwas extravagante Methode, aber daß sie sauber und zeitsparend ist, kann kaum bestritten werden.

Das Blümchen Tausendschön

Manche Leute schätzen Gänseblümchen in ihrem Rasen, andere nicht. Jean Jacques Rousseau nannte sie die Rotkehlchen unter den Blumen. Beaumont und Fletcher beschrieben sie als »duftlos, doch niedlich«, was nicht ganz zutrifft: ein Strauß von Gänseblümchen hat einen eigentümlich erdigen Geruch, besonders, wenn er als heißes kleines Geschenk aus Kinderhand kommt. Wordsworth bemerkte, daß sie Schatten werfen, »um den verweilenden Tautropfen vor der Sonne zu schützen«. Tennyson, der meist in solchen Dingen sehr genau war, irrte sich gewaltig, als er dichtete: »... ihre Füße berührten die Wiesen und ließen die Gänseblümchen erröten« – denn das ist einfach nicht wahr. Wie manche Sommerstunde in meiner Jugend habe ich, von dieser Idee hingerissen, vertan und bin auf Gänseblümchen herumgetrampelt; ich tue es sogar noch heute. Doch nie ist ein Gänseblümchen unter meinem Schritt errötet.

Glücklicherweise gibt es wirksame Unkrautvertilger für diejenigen, die ihre Rasen einfarbig grün haben wollen. Die Prozedur ist rasch und billig, höchstens muß die Fläche noch ein zweites Mal mit der todbringenden Gießkanne besprengt werden. Ein frischgemähter Rasen sieht ohne die flachen Stellen natürlich gepflegter aus.

Ganz anders steht es mit der kultivierten Art der *Bellis perennis*. Sie wird ja auch nicht in den Rasen gepflanzt, sondern in die Erde, und sie erinnert so hübsch an alte Küchengärten, wo sie oft als Wegeinfassung verwendet wurde. Das bäuerliche Tausendschönchen sollte nie vergessen werden; es paßt reizend zu Primeln, falls man diese hübschen launischen Dinger überhaupt zum Blühen bringt. *Aetna* oder *Roggli*, in dunklem Rot sind gute Sorten; *Monte Rosa* ist rosa, wie es sich gehört, und hübsch gekräuselt. *Dresden China* ist die kleinste und deshalb für den Steingarten geeignet, wie aus Porzellan gemacht und sowohl in bezug auf Größe wie auch auf Charakter der perfekte Begleiter unseres einheimischen Vergißmeinnicht *Myosotis alpestris*. Alle diese Gänseblümchen sind winterhart, sollten aber doch von Zeit zu Zeit durch Zerteilen und festes Wiedereinsetzen verjüngt werden. Ob die alten Gärtner sich wohl je diese Mühe machten? Die Pflanzen scheinen heutzutage viel sorgfältigere Pflege zu verlangen. Sie sind sich offenbar bewußt, daß sie in einem Wohlfahrtsstaat leben, und nehmen es übel, wenn man sie sich selbst überläßt.

Jetzt ist es an der Zeit, die Zwiebeln, die in Töpfen, Schalen und Gläsern geblüht haben, ins Freie zu setzen. Wenn wir das jedes Jahr getreulich tun, werden wir erstaunt feststellen, wie rasch eine regelrechte Sammlung entsteht, und wie bereitwillig sich die Zwiebeln an die neuen Bedingungen gewöhnen. Es kann zwar sein, daß eine stark getriebene Zwiebel im Freien erst im zweiten Jahr wieder blüht; aber da wir unsere Schalen in einem dunklen, kühlen Raum antreiben und sie nachher in das warme Wohnzimmer bringen, werden die meisten nach zwölf Monaten mit einer Knospe wieder erscheinen. Nur die frühen römischen Hyazinthen oder die papierweißen Narzissen lassen sich nicht verpflanzen; alle andern Hyazinthen und Narzissen passen sich willig unseren Wünschen an. Die Hyazinthen sollten nicht tief gepflanzt werden, so daß die Nase der Zwiebel nur knapp unter der Erdoberfläche sitzt. Narzissen wollen tiefer liegen, und wenn wir sie im Rasen pflanzen, so ist es am einfachsten, drei Seiten eines Grasvierecks abzustechen, das losgelöste Stück umzuklappen, die Zwiebeln in das Loch zu legen, das Viereck wieder darüber zu decken und es mit dem Fuß kräftig festzustampfen.

Mit meinen Zimmerzwiebeln gehe ich ziemlich roh um. Sie müssen ihr Schicksal hinnehmen, so wie ich das meinige. Sie haben mir einmal ihr Bestes gegeben, und wenn sie jetzt nur ihr Zweitbestes versuchen, will ich zufrieden sein. Ich tue weiter nichts für sie, als daß ich ihre verwelkten Blüten abschneide, um ihnen die Mühe des Samenproduzierens zu ersparen; ihre grünen Blätter lasse ich ihnen als Geschenk, denn für die Entwicklung der Zwiebel sind sie notwendig. Leider sieht das recht unordentlich aus, denn die Blätter hängen eine Weile als trostloses und gelbwerdendes Bündel herunter, und man kann sie höchstens zu einem Knoten schlingen, um sie etwas ordentlicher zu machen; aber auf keinen Fall soll man sie abschneiden.

Vielleicht darf ich noch zwei kleine Winke anfügen. Wie leicht vergißt man diese Saison-Arbeiten, und dann hat man den richtigen Augenblick versäumt, und es ist zu spät dazu. Erstens müssen die Schneeglöckchen jetzt versetzt werden, wenn sie geschlossene Gruppen bilden sollten, anstatt hier und dort verstreut zu stehen. Sie nehmen das Versetzen nicht übel, solange ihre Blätter noch grün sind; aus unerfindlichen Gründen scheint es im Gegenteil die einzige Zeit zu sein, in der sie das Versetztwerden genießen.

Mein zweiter Wink betrifft den tapferen kleinen *Crocus tomasinianus*, der wie ein lila Schleier im Februar erscheint und sich jetzt versamt. Sammeln Sie die Samen und streuen Sie sie breitwürfig aus, sogar ins Gras; warten sie vier Jahre – und Sie werden das Ergebnis sehen.

Kleiner Zimmergarten

Ich habe mich schon öfters damit vergnügt, Miniaturgärten anzulegen. Meistens waren sie dazu bestimmt, einen Kranken in seinem eingeschlossenen Leben ein paar Wochen lang zu unterhalten. Ernsthafte Gärtner werden sie zweifellos als lächerliche

Spielerei verdammen, und ich gebe zu, daß man sie nicht ernst nehmen kann; aber solange sie halten, bereiten sie uns viel Freude. Außerdem eignen sie sich dafür, bei Kindern Interesse zu wecken: ein zehnjähriges, von Natur aus ungeduldig, kann damit rasch ein Resultat erreichen und braucht seine Pflanzen nicht immer wieder auszugraben, um nachzusehen, wie sie wachsen.

Als Behälter nimmt man ein Holzkistchen, eine alte Kasserolle oder dergleichen; wichtig sind nur ein oder mehrere Löcher im Boden zum Abfluß des Wassers und darauf eine Schicht von Tonscherben, damit die Erde nicht entweicht. Die Erde selbst soll ungefähr das sein, was die Gärtner »offenen Boden« nennen, also locker und durchlässig genug, um sich nicht zusammenzuballen, aber auch kräftig genug, um den Mangel an Tiefe wettzumachen. Als beste Nahrung mischt man einige Handvoll Knochenmehl in gut verrottete Lauberde, mürben Lehm und etwas groben Sand, dazu vielleicht ein paar Stückchen Kohle, um die Erde »süß« zu machen. Mürben Lehm erhält man aus der obersten Schicht einer Wiese oder von einem Haufen alter Rasenstücke; ich würde nicht raten, das komplizierte Verfahren des Sterilisierens anzuwenden, doch sollte der Lehm entschieden durch ein Drahtsieb gerieben werden, damit kein Unkraut mitkommt.

Was gepflanzt werden soll, hängt von der Größe des »Gartens« und von den eigenen Wünschen ab. Es liegt auf der Hand, daß alles klein sein muß, weil sonst die Proportion gestört wird. Hier ein paar Vorschläge: Kleinblumige *Saxifraga,* wie *S. irvingii; Arenaria balearica; Mentha requienii;* Alpenmohn, *Papaver alpinum; Narcissus narius;* das rosa Gänseblümchen, *Bellis Dresden China;* die kleine Grasnelke, *Armeria corsica.* Einige der *Sedum* und *Sempervivum* sind praktisch gegen Narrenhände gefeit. Man verzeihe mir das Wort; ich dachte dabei nur an kleine störende Finger.

Auch einige kleine Primeln geben sich gerne zu solchen Zwecken her oder sogar ein Pflänzchen der gewöhnlichen blauen Primel, die, wenn sie draußen im Garten wächst, so sehr unter den Unarten der Vögel zu leiden hat.

Ich könnte mir auch eine größere Schale denken, in der als Zwischenpflanzung einige auserlesene Arten der gewöhnlichen Zwiebeln zwischen den Primeln wachsen: die starkblauen hängenden Glöckchen der *Scilla sibirica* oder das tiefe Azur der Traubenhyazinthen, *Muscari,* oder auch das helle Blau des Schneeglanzes, *Chionodoxa gigantea,* der trotz diesem Adjektiv einer winzigen Lilie gleicht. Endlose Variationen könnten mit verschiedenen Farbnuancen gespielt werden: gelbe Primeln ergeben zusammen mit weißen Traubenhyazinthen und weißen Chionodoxa eine kühle Schale; kirchlich reich wirkend wäre eine Schale mit der gewöhnlichen magentaroten *Primula juliae* durchsetzt mit kobaltblauen *Muscari armeniacum.* Die grauen Polster der *Saxifraga* mit ihren winzigen rosa und roten Blüten sehen in niedrigen Behältern reizend aus, erst recht, wenn ein paar Steine sie zur Geltung bringen; aber sie sollten nicht mit anderen vermischt werden.

Ein leicht zu erringendes Kleinod ist der Winterling, *Eranthis* oder auch Winter-Aconit; etwas ängstlich grub ich einige aus, als sie in ihrer rundgebuckelten Art durch die Erde zu stoßen begannen, bevor der Schnee kam, und versetzte sie mit einem dicken Erdklumpen in niedrige Schalen. Sie haben es nicht im geringsten übelgenommen und blühen wie kleine Sonnen, ein fröhliches Bild an einem Wintermorgen. Ihre weichen Blütenblätter sind erstaunlich widerstandsfähig gegen Frost. Mein Treibhaus ist ungeheizt, die Fenster sind dick zugefroren; doch die goldenen Blüten bleiben davon unberührt, und sobald der Schnee schmilzt, werden ihre Genossen im Garten prangen, ohne sich um die Kälte zu kümmern, nachdem das weiche, warme Tuch verschwunden ist.

Sand ist gut!

Wie dankbar wäre ich gewesen, wenn mich jemand auf die Verwendung von Sand aufmerksam gemacht hätte, als ich zu gärtnern begann! Sand, Sand, Unmengen von Sand, je schärfer, desto besser! Heute betrachte ich den Sand als eines der Erfolgsgeheimnisse, ganz gleich ob im Treibhaus oder im Steingarten. Als Ostergeschenk stiftete ich mir ganze vier Kubikmeter davon und besitze nun einen Haufen, der mir hoffentlich jahrelang ausreicht. Bestellt man ihn, so bezeichnet man ihn als scharfen Grobsand. Bisher hatte ich mich mit gewaschenem Silbersand begnügt, aber Grobsand ist besser. Unter Lehm- und Lauberde gemischt, lockert er den Boden für Topfpflanzen wunderbar auf; man kann ihn feucht zu Ballen pressen, er wird doch nie zusammenkleben. Das Rezept für Topfpflanzen lautet: Tonscherben zuunterst, dann eine 3 cm dicke Lage von Torfmoos und darauf die obige Mischung von Lehm, Lauberde und Sand. Weder Pflanze noch Setzling sollte auf diese Weise eingehen, selbst wenn wir zuviel gießen, wie wir es aus übertriebener Fürsorge oft tun. Auch wenn wir ein besonderes Beet bereiten, zum Beispiel für Blumenzwiebeln, die durchlässigen Boden brauchen, befolgen wir die gleiche Methode, indem wir eine Karrenladung Sand in die Mulde füllen, gut mit Erde vermischen und ein wenig Sand obenauf streuen, damit der Regen ihn hineinwäscht. Das müßte allen Zwiebelpflanzen gefallen, die richtig reif werden wollen, wie Ixias, viele Lilien oder die frühen kleinen Iris aus der *reticulata*-Familie ... Aber ich lasse mich von den vielen Möglichkeiten der Sandverwendung hinreißen und muß schleunigst wieder zur Erde zurückkehren, zu einem lieben, wertvollen, ganz gewöhnlichen Winterblüher, *Iris stilosa (unguicularis)*. Ich habe fest vor, ein Beet aus reinem Sand damit zu bepflanzen und abzuwarten, was geschieht. Solch schöne Vorsätze hegt man – und wie selten führt man sie aus! Immer gibt es etwas anderes zu tun. Ein Gärtner sollte neunmal so viele Leben haben wie eine Katze.

Die Damentulpe

Obwohl sie Damentulpe heißt, mahnt sie mich in Gruppen geordnet an ein Regiment von kleinen weißen und roten Soldaten. Sieht man sie wildblühend am Mittelmeer oder irgendwo in Italien, so erinnern sie an eine Liliputanerarmee, die ihre

Frühjahrsmanöver abhält. Die ihnen zugeschriebene Weiblichkeit beruht wohl auf ihrem eleganten, adretten Äußeren und ihrem weißen Hemdchen, das so hübsch aus dem gestreiften Jäckchen hervorsieht; die *Tulipa clusiana* gleicht doch eher einem schlanken Knaben, einem schmächtigen, kleinen Offizier in der bunten Uniform der Renaissance. Sie soll 1656 vom Mittelmeer nach England gereist sein, was in der Geschichte der Tulpen ein sehr frühes Datum ist, da die erste Tulpe um 1580 an unseren Ufern landete. Eine Ausnahme bildet möglicherweise die goldene *T. sylvestris*, von der behauptet wird, daß sie in England beheimatet sei. – Clusiana hat nichts mit Clusium zu tun, sondern mit Carolus Clusius (oder Charles Lecluse), der im Jahr 1593 Professor für Botanik in Leyden wurde. Ihre Heimat verrät uns die Bedingungen, unter denen sie gerne wächst: sonnige Lage und leichter, reicher Boden. Wenn er ein bißchen sandig ist, dann um so besser. Ich persönlich sehe sie am liebsten zwischen grauen Steinen, in Gesellschaft von leicht verkümmerten Mittelmeerbüschen, wie Zwerglavendel und Cistus, die eine Art Amphitheater hinter ihr darstellen, während der kriechende Rosmarin einen grünen Teppich vor ihre Füße breitet. Rosmarin sollte normalerweise gleichzeitig mit der Tulpe blühen, nämlich in der zweiten Hälfte April; ein paar benachbarte Gruppen der blauen *Anemona apennina* würden in Farbe und Art vollendet zu den kleinen, blassen, blauvioletten Rosmarinblüten passen. Eine solche Gemeinschaft hat den praktischen Vorteil, daß sämtliche Mitglieder dieselbe Behandlung brauchen, was Erde und Lage betrifft, und daß sie als Landsleute dieselbe Sprache sprechen und sich untereinander verstehen. Jeder möge sich glücklich schätzen, wenn ihm die Größe und Anlage seines Gartens erlaubt, sich den Luxus solch kleiner »regionaler« Sonderabteilungen zu leisten. Das halbe Geheimnis des Gärtnerns liegt in harmonischen Verbindungen. Manche Pflanzen passen zusammen, andere nicht. Regeln lassen sich kaum aufstellen, denn entscheidend sind Geschmack und Einfühlung; wenn es aber überhaupt eine Regel gibt, so besteht sie darin, daß die Ordnung der Natur im allgemeinen die beste ist. Man denke nur an die Alpengärten hoch oben auf den Bergwiesen: wie mustergültig und selbstverständlich sind dort alle Probleme gelöst! Ein großer einzelner Felsblock, an den sich ein Polster von Leinkraut schmiegt, nicht weit davon wehen ein paar blaue Violas, dazu ein Tupfen rosa Nelken und die blauen Lanzen der *Gentiana verna* – schon ist das Bild vollkommen. Nichts Eingeengtes, nichts Ungereimtes. Gerade nur ein Viereck minutiöser Perfektion, das man einrahmen könnte, abgelöst von der sonnigen Unendlichkeit, in sich geschlossen, selbstzufrieden ...

Auf diese Weise können wir Teile aus unserem eigenen Garten stehlen und kleine Bezirke abgrenzen wie das Stückchen Mittelmeer-Hügel, wo wir den struppigen Lavendel pflanzen, den buschigen Cistus, den kriechenden Rosmarin, die blaue Anemone und die schlanke kleine Tulpendame, die einem Knaben gleicht.

Wer die Absicht hat, ein Zierbecken anzulegen oder einen schon vorhandenen Teich zu verschönern, der sollte es um diese Jahreszeit tun, damit er im Mai die Bepflanzung vornehmen kann.

Es gibt viele verschiedene Arten von Wasserbecken, aber jedenfalls sollte die Stelle kühl sein, ein Platz für Sommerabende, um die Reflexe im Wasser zu beobachten und den Schwalben zuzusehen, wie sie im Gleitflug auf die Insekten herunterstoßen. Für die Bepflanzung gelten keine festen Richtlinien, doch einige Vorschläge möchten zur Anregung dienen.

Die Seerose, *Nymphaea*, fällt uns als erstes ein, und wahrscheinlich weiß jedermann, wie man sie pflanzt: indem man die Wurzeln zwischen zwei Rasenstücke legt wie bei einem Sandwich, die beiden Stücke dann mit starker Schnur umwickelt oder sie sogar in alte Sackleinwand bindet und in ein etwa 30 cm tiefes Wasserbecken versenkt. Es gibt eine weiße Seerose: *candida* oder *alba* und die roten *froebeli* und *fulgens;* auch rosa Sorten: *rosea* und *odorata rosea* und eine gelbe: *sulphurea*. Wenn man nichts dagegen hat, die Wasserfläche zu bedecken, eignen sich Fieberklee, *Menyanthes*, mit kleinen, weißen, schwimmenden Blüten, oder *Villarnia*, mit goldenen Blüten, die sich ungefähr 15 cm über dem Wasser entfalten, oder auch die Wasserfeder, *Hottonia palustris*. Ich selbst finde es schade, das Wasser zu sehr zu verstecken, es sei denn, man will Fische halten. Wenigstens in der Mitte möchte ich klares Wasser sehen, das den Himmel und die ringsum stehenden Pflanzen widerspiegelt. Für diese Randbepflanzung

sind unerläßlich das einheimische Wasserliesch, *Butomus umbellatus*, rosig und schlank; *Pontederia cordata*, das Hechtkraut, in Blau; *Sagittaria*, das Pfeilkraut. Als niedrig wachsende Pflanze, an den Rändern, das Wasser-Vergißmeinnicht, *Myosotis palustris*, das hellblau weht und sich eifrig ausbreitet. Die Sumpfdotterblume, *Caltha palustris*, wird in der Sonne und auch im Schatten wachsen, was sehr freundlich von ihr ist. Und falls wir die stolze Calla im Freien pflanzen wollen, so riskieren wir mit *Calla palustris* am wenigsten.
Ich glaube, bei den Wasserpflanzen ist es vor allem wichtig, daß sich ihre Schönheit im Spiegelbild verdoppeln kann. Das ist natürlich nicht der Fall, wenn schwimmende Pflanzen, wie Seerosen, den Teich bedecken; allerdings kann man es gewöhnlich fertigbringen, eine leere Zone am Rand des Spiegels freizulassen. Vieles hängt davon ab, ob das Becken durch Böschungen begrenzt wird oder von flachen Sumpfstreifen.
Für den Sumpf würde ich eine Ansammlung der feuchtigkeitsliebenden Primeln vorschlagen: *P. sikkimensis, florindae, japonica, pudibunda, bulleyana.* Wenn gespart werden soll, lassen sie sich alle leicht aus Samen ziehen. Die hohen, clematis-ähnlichen japanischen Iris, *I. kaempferi*, sehen dazwischen wundervoll aus, nur finde ich ihre Ansprüche – Feuchtigkeit im Sommer und Trockenheit im Winter – etwas schwierig zu erfüllen. Die Wasserwerke der Natur arbeiten meist gerade umgekehrt. Die blaue *Iris laevigata* jedoch hat das ganze Jahr hindurch nichts gegen morastigen Boden. *Iris sibirica*, weniger groß und schön als die japanische, ist außerordentlich graziös und hübsch und sehr anpas-

sungsfähig, obwohl auch sie nicht gerne zu tief ertränkt wird. Je reicher der Boden, desto besser für sämtliche Iris; sogar einen Kranz von Mist wissen sie zu schätzen.

All die erwähnten Arten sind hochgewachsen, aber wenn man eine Spezialecke erübrigen kann, vielleicht durch einen Ring aus groben Steinen begrenzt, empfehle ich die kleine, fast schwarze, goldgeäderte *I. chrysographes*, ein wahres Juwel, und *I. fulva* in kupfrigem Rot.

Soviel über die am Wasser wachsenden Iris; doch höher am Abhang, falls es einen gibt und falls es dort trocken ist, müßte der rote Hartriegel wachsen, *Cornus alba*. Man lasse sich nicht durch den Namen täuschen; alba bezieht sich in diesem Falle nur auf die Blüten, die im Sommer lächerliche und armselige Dinger sind. Die Pracht dieser Pflanze liegt im Rot ihrer kahlen Stengel während des Winters. Wenn sie in der untergehenden Sonne leuchten und sich im Wasser spiegeln, ist ihr Anblick herzerwärmend wie ein Kaminfeuer nach einem kalten Tag.

April

Nach einem harten Winter

Das Spatzenproblem

... und die Antwort

»Blumen, die nicht enttäuschen«

Blühende, duftende Bäume

Iris pumila

Ein seltener Frühlingsstrauch

Zwei Schwestern

Von den Primeln

Primula auricula

Nach einem harten Winter

Diesen Monat möchte ich mit der Warnung beginnen, nicht gleich zu verzweifeln, wenn einige Pflanzen durch Frost, Eisregen, Stürme und andere Unbilden der Witterung scheinbar vernichtet wurden. Sie mögen jetzt noch tot aussehen, aber ihr Lebenswille ist erstaunlich. Vielleicht müssen wir einige Büsche bis auf den Grund zurückschneiden, doch würde ich anraten, keinen vorschnell auszugraben, ehe ganz sicher ist, daß er nicht nachträglich doch noch Schößlinge treiben wird. Diese Gewißheit zeigt sich oft erst, wenn der Sommer schon recht fortgeschritten ist.

Nach einem harten Winter verzögert sich alle Gartenarbeit so sehr, daß wir meist durch reichliches Säen von Einjährigen für zusätzliche Farben sorgen müssen. Fehlt die Zeit für die ideale Methode, sie in Kistchen heranzuziehen und dann auszupflanzen, so bleibt immer noch die große Auswahl jener, die direkt in die Erde gesät werden. Dazu gehört: den Boden fein harken; dünn und nicht zu tief aussäen; und dann unbarmherzig ausdünnen, weil die meisten Einjährigen einen Abstand von 30 bis 50 cm brauchen. Auf diese Weise werden sie sich kräftig und buschig entwickeln, anstatt spindlig und mager. Es sei noch daran erinnert, daß große Gruppen einiger weniger Sorten immer wirkungsvoller sind als vielerlei Sorten dicht beieinander. An Stelle des üblichen Farbenwirrwarrs, so hübsch und fröhlich er auch sein mag, könnte man sich zur Abwechslung auf eine einzige Farbe beschränken. Ein blendend blauer Effekt entsteht durch die Zusammenstellung von *Nigella* (Jungfer im Grünen), *Nemophila* (Hainblume), *Asperula azurea* (Waldmeister), besonders schön vor einer Gruppe von *Delphinium* (Rittersporn). *Coreopsis* (Mädchenauge), *Eschscholtzia* (Goldmohn), *Calendula* (Ringelblume, von cremeweiß bis tieforange), gelbe und orangefarbene *Nemesien* breiten sich wie ein sonnengoldener See aus. Hell- und dunkelviolette *Levkojen*, *Alyssum Lilac Queen* (Steinkraut), lila *Iberis* (Schleifenblume), lila *Godetia* (Sommer-Azalee), *Clarkia Purple Prince* und purpurne Petunien schließen ein wunderbares Bündnis. Damit ist vielleicht angedeutet, wieviel Spielraum der Phantasie offensteht.

Das Spatzenproblem

Ein einziges Mal nur möchte ich, anstatt Rat zu geben, um einen solchen bitten.

Wie stellt man es an, erlesene Primelsorten vor den Spatzen zu schützen? Weiß irgend jemand eine wirksame Abhilfe gegen diese ungezogenen, mutwilligen Zerstörer? Mit Ausnahme von automatischen Patronen habe ich alles nur Erdenkliche versucht. Ich knüpfte eine Art Netz aus dickem schwarzem Garn, befestigte es am Boden und hoffte, daß sich die Vögel mit den Krallen darin verfangen und einen Schrecken bekommen würden. Umsonst. Die Spatzen lassen sich dadurch nicht stören. Ich kann nur vermuten, daß sie unter den Fäden durchschlüpfen, die Blumen abpicken und Knospen und Blüten im Morgengrauen, ehe ich aufgestanden bin, über die Erde streuen.

Meine Frage ist ein ernstlicher Hilferuf, denn ich habe eine Sammlung ungewöhnlicher Primeln, und was nützt sie mir, wenn die Spatzen sämtliche Blüten wegpicken? Ich würde ihnen vielleicht das Vergnügen gönnen, wenn sie selbst etwas davon hätten, aber das ist nicht der Fall. Sie sind leichtfertige Lümmel, die nur um der Zerstörung willen wüten.

Einige dieser alten Primeln sind entzückend, und die Anzeichen mehren sich, daß sie, wie andere altmodische Blumen, wieder neu entdeckt werden. Leider sind sie weder leicht aufzutreiben noch leicht zu pflegen. Gelegentlich sieht man eine Gruppe der gefüllten weißen oder roten Primeln in einem Bauerngarten, doch es ist eine Binsenwahrheit, daß manche Blumen jahrelang ohne besondere Pflege blühen, während alles Können und Wissen gelernter Gärtner nur zum langsamen Aussterben ihrer letzten kränkelnden Überlebenden führt. Immerhin scheinen die »Gefüllten« nicht übertrieben wählerisch zu sein; eine halbschattige Ecke und viel Lauberde könnten ihnen behagen. Sie gesellen sich gern zu ihren Verwandten, den Aurikeln, oder zu den Leberblümchen (eine Anemonenart), und in meinen Augen passen sie alle in einen stillen Winkel, wo ihre schlichte Schönheit zur Wirkung kommt, weitab von ihren anspruchsvollen Gefährten, wie es die Osterglocken sind.

Das alles ist gut und recht, aber was soll ich gegen die Spatzen tun?

... UND DIE ANTWORT

Zum Nutzen meiner Leidensgenossen, die offenbar sehr zahlreich sind, zähle ich eine Reihe von Ratschlägen auf, die natürlich auch für andere gefährdete Blumen gelten, zum Beispiel für den gelben Krokus, ein beliebtes Opfer. Das am häufigsten genannte, wenn auch recht teure Abschreckungsmittel scheint Pfeffer zu sein, aber auch Senf in Pulverform, Schwefelblumen, Ruß, pulverisiertes Naphthalin, Schmierseife, Paraffin-Wasser und Safran werden genannt. In die Erde versenkte, mit Wasser gefüllte Steinguttöpfe haben viele Anhänger; auch Erbsengitter (nach dem Frühstück zu entfernen), Fischernetze, alte Haarnetze, Stechpalmenzweige und eine gewöhnliche dunkle Flasche am Boden werden befürwortet. Sogar ein paar Handvoll Konfetti sollen sich bewährt haben.
Ferner empfiehlt man mir aufgehängte Hilfsmittel: schimmernde Folien, mit Fasanenfedern besteckte Kartoffeln, Fetzen von blauem Glanzpapier, eine Glocke, farbige Flaschenverschlüsse. Zu den bösartigeren Abwehrmaßnahmen zähle ich Mausefallen, glänzende Glaskugeln, an denen die Vogelschnäbel splittern, eine Spatzenleiche an einem kleinen Galgen und eine despotische Katze! Doch scheinen ein alter Pelz zwischen den Pflanzen und ein Paar weißer Porzellankatzen die gleichen Dienste zu tun. Andere Zuschriften erwähnen einen Zaun

aus langen Streichhölzern, wie man sie für das Kaminfeuer benützt, Spiegelscherben und zerbrochene Grammophonplatten. Ein Tierfreund rät zu einer Spatzen-Ecke, wo sich die Missetäter mit Sandkasten und Vogelbecken vergnügen und sich an Sauerampfer, Spinat und Bartnelken gütlich tun sollen; doch nicht alle Heimgesuchten sind Tierfreunde, so daß im Falle akuter Verzweiflung eine Schleuder oder ein Flobertgewehr in Aktion treten sollten.

Und schließlich noch das Problem des Garnes. Offensichtlich war es ein Fehler, dicken schwarzen Zwirn zu verwenden; ich hätte dünne Fäden nehmen sollen, sogar b l a u e wären besser gewesen. Ich entschuldige mich. Und nun kann jeder wählen, was ihm paßt.

»Blumen, die nicht enttäuschen«

In meiner Kindheit besaß ich ein Buch, dessen Titel lautete: »Blumen, die nicht enttäuschen«. Sie enttäuschten mich fast alle, doch lag die Schuld vermutlich bei mir, soweit es die Einjährigen betraf. Freilandblumen sollten eigentlich nicht enttäuschen; sie sind äußerst nützlich als Zwischenbepflanzung oder um die Balkonkästen unserer Stadthäuser zu füllen, und es ist immer noch rechtzeitig, sie im April auszusäen.

Ihr Charme ist ihre beschwingte Heiterkeit, als wüßten sie, wie kurz ihr Leben währt, und wollten es freudig und unbeschwert verschwenden. Sie haben keine Zeit, streng und verdrießlich zu sein, sie müssen sich immer jung gebärden, weil ihnen kein Alter beschieden ist. Und deshalb sind ihre Farben leuchtend und ihr Blattwerk locker; ihre einzige Tugend besteht darin, so heiter wie möglich zu sein und so viele Samen zu hinterlassen, daß ihre Nachkommen in der gleichen Weise fortleben können. Gerade das aber haben wir zu verhindern: alle Samenkapseln müssen schonungslos abgeschnitten werden, wenn wir die Blütenfülle verlängern wollen.

Natürlich kann ich hier nicht die ganze Liste von Einjährigen aufführen, aber ich möchte einige herausgreifen, die seltener gesät werden als *Clarkias* (Sommerfuchsien), *Godetien* (Atlasblumen) und so weiter. Zum Beispiel *Portulak,* dem ich sehr zugetan bin: nur 10 cm hoch, aber unglaublich farbenprächtig; er liebt die Sonne und wirkt reizend als Einfassung oder zwischen Steinen und in Pflasterritzen. *Linaria* (Leinkraut) gesellt sich gern dazu: es ist etwas höher, hat aber denselben zarten Charakter. *Phacelia campanularia* (Brandkraut), etwa 20 cm hoch, wird rasch zu einer enzianblauen Matte, wenn wir es reich genug aussäen; *Dimorphoteca aurantiaca,* die orangefarbene südafrikanische Margerite, sieht wie Sonnenlicht auf der braunen Erde aus, schließt sich jedoch bei Sonnenuntergang; und unter den *Calendulas* (Ringelblumen) gibt es die Sorte *Art Shades,* die viele hübsche Farben hervorbringt, wie Aprikosen-, Leder- und Strohgelb, nicht so grell wie der alte *Orange King.*

Ein ungemein hübscher und sauberer kleiner Baum, der seit Mitte April in Blüte steht, ist die mandschurische Kirsche mit goldener Rinde, *Prunus maackii.* Ihre blaßgrünen Blätter und zahllosen kleinen weißen Blüten heben sich wohltuend von der Unmenge roter und rosafarbener Blütenbäume ab, die man jetzt in den meisten Gärten sieht. Ich nannte den Baum klein, weil meiner noch nicht sehr alt ist; im Laufe der Zeit wird er wohl zu einer Höhe von zehn Metern wachsen. Er muß dann ein herrlicher Anblick sein.

Die Balsam-Pappel, *Populus balsamifera,* hat nun ihre klebrigen Knospen entfaltet und parfümiert die Luft. Ich begreife nicht, warum dieser wunderbar duftende Baum so selten gepflanzt wird. Selbst für einen kleinen Garten ist er nicht zu groß, und wenn unsere Stadt- und Landschaftsverschönerer ihn die neuen Straßen entlang oder in Gruppen um einen alten Dorfplatz pflanzten, würde sicher jeder Autofahrer mit forschendem Schnuppern anhalten. Düfte sind so schwer zu beschreiben wie Farben, aber diesen würde ich mit süßem, würzigem Harz vergleichen, kräftig genug, um im Freien meterweit zu wirken und fast zu stark für einen geschlossenen Raum. Niemand soll sich weismachen lassen, wie ich es dummerweise tat, daß andere Pappelsorten ebensogut seien. Es stimmt nicht. Man sollte unbedingt versuchen, P. balsamifera zu bekommen, auch *tacamahacca* genannt, was wohl ein indianischer Name ist, denn der Baum stammt aus Amerika und Kanada.

Auch *Populus trichocarpa* gilt als starkduftend. Wer

sich Stecklinge aus dem Garten von Freunden verschaffen kann, kommt am billigsten dazu; alle Pappeln wurzeln leicht an und werden sogar in einem Glas Wasser ihre weißen, wurmartigen Fühler ausstrecken. Und wie alle Pappeln, wächst auch die balsamduftende sehr schnell.

Die hohen Mandelbäume haben ausgeblüht, doch ihre kleinen Verwandten folgen ihnen nach; man sieht sie weniger häufig, obwohl sie so hübsch sind und fast keinen Platz brauchen, keinen Schatten werfen, den Boden nicht mit großen Wurzeln in Beschlag nehmen und anscheinend für Spatzen, Meisen und Dompfaffen nichts Anziehendes haben. Es ist tatsächlich das ideale Gesträuch für den Steingarten oder für ein schmales Beet, in dem auserlesene Pflanzen wachsen. Es wird nie größer als 70 bis 90 cm und bedeckt sich im April mit kleinen rosa Blüten; es dehnt sich unter der Erde aus und treibt ein rosa-grünes Miniaturgehölz; es kommt niemandem in die Quere. Wenn man es beim Fachmann bestellt, muß man hinzufügen, daß es auf seinen eigenen Wurzeln stehen soll. Er wird wissen, was damit gemeint ist.

Dieses Zauberding hat zwei Namen, entweder *Prunus tenella* oder *Amygdalus nana*, die Zwergmandel oder die russische Zwergmandel, und die beste Sorte heißt *gessleriana*.

Den Liebhaber kleiner Gehölze möchte ich auf *Prunus cistena nana* aufmerksam machen: ungefähr 60 cm hoch, mit rosa-weißlichen Blüten. Von oben sieht er wie ein ausgewachsener Pflaumenbaum aus, den man durch einen umgedrehten Feldstecher betrachtet. Oder *Spiraea arguta*, die im April so tut, als wollte sie sich zu Tode blühen, und es doch nie tut, mit Unmassen winziger weißer Blütenstände an den gebogenen Drähten der dünnen schwarzen Zweige. Dieses Bäumchen wird etwas höher, etwa 150 bis 180 cm, sofern man es wachsen läßt; ich glaube aber, daß es bei sorgfältigem Schnitt die Größe und Form annimmt, die wir uns wünschen. Ein sehr hübsches Ding, das seinen Übernamen »Bridal Wreath« (Brautkranz) zu Recht trägt.

Die Fliederarten, *Syringa*, ideal für kleine Gärten, sind noch längst nicht bekannt genug. Außer *palibiniana* gibt es noch andere: *microphylla var. superba*, mit staubig-rosaroten Blüten, *sweginzowii superba* und *tigerstedtii*, beide hellrosa und duftend. Die Namen klingen einschüchternd, aber ich wollte diese etwas vernachlässigte Rasse doch nicht übergehen.

Iris pumila

Im April und Mai blüht eine kleine Iris-Art, der man viel zu selten begegnet. Sie wirkt eher unscheinbar, ihre Farben sind zart; sie wird 15 bis 30 cm hoch und beansprucht wenig Platz für ihren kleinen Wuchs: sie will als intime Blüte betrachtet werden, in die man sich versenkt und die man vor Schnecken behüten muß. Ich spreche von einer Miniatur-Abart der allgemein bekannten Schwertlilie, der Iris pumila in Variationen: *cristata* (amethystblau), *bucharica* (rahmgelb), *danfordiae* (gelb), *reticulata* (violett und gelb), *coerulea* (himmelblau), um nur einige zu nennen.

Und wo sollen wir sie am besten pflanzen? Die

Fachleute sind darüber verschiedener Ansicht. W. R. Dykes, ein großer Iris-Kenner, meint, Iris pumila sollte jedes zweite Jahr geteilt und versetzt werden, da sie den Boden verbrauche. Und doch habe ich eine Gruppe davon vor zehn Jahren in einen Steintrog gepflanzt, und nie blühten sie schöner als heuer. Das Benehmen der Pflanzen bleibt unerklärlich. Keine Regel wird eingehalten, und gerade das macht das Gärtnern so abwechslungsreich und interessant. Nach vielen Jahren und mancherlei schmerzlichen Erfahrungen bin ich zu dem Schluß gekommen, daß man zu keinem Schluß kommen kann. Doch eine einfache Sache habe ich gelernt, eine einfache Sache, die nie in Gartenbüchern erwähnt wird. Es ist die Entdeckung, daß viele Pflanzen besser gedeihen, wenn sie die Wurzeln unter Steine schieben können.

In der engsten Spalte, in einem Steinpfad oder einer Steinterrasse, werden überraschend die prächtigsten Sämlinge auftauchen; selbst so kräftige und unerwünschte Ableger wie die von Delphinium und Malven sah ich diesen Versuch machen. Die Ursache ist offensichtlich, daß sie dort weder unter zu großer Nässe noch zu großer Trockenheit leiden. Der Stein erhält die Erde feucht, verhindert aber die Pfützen, die durch Regengüsse entstehen, und schützt außerdem vor glühender Sonne, der man nur mit der Gießkanne entgegenarbeiten kann.

Ich würde die Spalten mit guter Erde oder Kompost füllen und dann unbekümmert Samen streuen. Es käme mir nicht darauf an, ob meine Kandidaten so gewöhnlich wären wie königsblaue Vergißmeinnicht, Stiefmütterchen, Goldlack, Nelken, Alyssum, da ich 95 % von ihnen später herausziehen und nur einzelne Exemplare hier und dort stehen lassen würde. Es soll ja kein Blumenbeet werden. Wer es aber schade findet, den Platz mit etwas so Gewöhnlichem zu vergeuden, dem könnte ich viele edlere, niedrigwachsende Pflanzen nennen, vor allem solche, denen andauernde Wurzelnässe während des Winters zuwider ist: die deckenden Steine bewahren sie davor. Die altmodischen Nelken zum Beispiel würden reizende Polster bilden. Die Sorte *allwoodii*, die an Fleckelteppiche erinnert, könnte unter diesen Bedingungen gedeihen; ich gestehe, in offenen Beeten recht wenig Glück damit zu haben, aber ihre Eleganz und Mannigfaltigkeit ermutigen mich zur Ausdauer.

Auch die schon erwähnten kleinen Iris könnte man in Steinritzen oder am Rande eines Steinpfades setzen, wo man nicht auf sie tritt. Zweifellos ist das der richtige Platz für sie, viel besser als zuvorderst in einem Beet, wie es so oft empfohlen wird. Dafür eignen sie sich nicht; sie passen zu Steinen; der graue Hintergrund erhöht die Zartheit ihrer Farben. Das einzige, was man ihnen vorwerfen kann, ist ihr rasches Verblühen, aber sie sind so bescheiden, so zufrieden auf engem Raum, daß die wenigen Wochen ihres Blumenlebens sie zu einem Platz berechtigen, wo sie später unbeachtet weiterwachsen können.

Ein seltener Frühlingsstrauch

Es liegt nicht nahe, zu Ostern an Weihnachten zu denken, doch gibt es in meinem Garten einen kleinen buttergelben Strauch, der zwischen diesen beiden Festen unablässig blüht wie ein Bindestrich, der Geburt und Auferstehung verkettet. Weil man das von den wenigsten Büschen sagen kann, verdient er es, hier beschrieben zu werden.

Der Strauch, den ich meine, heißt *Coronilla glauca* (Kronwicke). Es gibt verschiedene Arten davon. Man wird mir sagen, daß *Coronilla emerus* winterhärter sei. Aber ich würde trotzdem die Sorte glauca empfehlen, denn sie hat den schrecklichen Frost im Februar 1956 ohne Schutz überstanden, und wenn ein angeblich zarter Strauch aus solchen Prüfungen unversehrt hervorgeht, taugt er, in milderen Landstrichen wenigstens, zu einem Versuch. Ich pflanzte ihn an der nach Süden gerichteten Hauswand, wo er ein Maximum an Schutz gegen kalte Nord- und Ostwinde hat. Und da steht er nun, überschwenglich blühend, eine der wunderschönsten Überraschungen und Erfolge, die ich jemals erlebt habe. Noch ein weiteres Lob für diesen selten gepflanzten Strauch: er hat Sinn für Humor. Manchmal gab er solche Duftwolken von sich, daß ich in der Nähe von Goldlack zu sein glaubte; später entdeckte ich, daß Coronilla tagsüber stark duftet, nachts jedoch geruchlos ist.

Das ganze Duftproblem bleibt mir ein Rätsel, obwohl es ohne Zweifel wissenschaftliche Abhandlungen darüber gibt. Die Sonnenwärme, die Feuchtigkeit durch Regen und Tau erklären vieles, wie wir alle aus Beobachtungen und Erfahrungen wissen, aber es müssen noch andere, verborgene Faktoren mitwirken. Warum kann man zum Beispiel den Duft der Balsampappel manchmal Hunderte von Metern entfernt riechen und zu anderen Zeiten bleibt sie so eigensinnig duftlos, daß man aus nächster Nähe nichts bemerkt? All diese Dinge bewahren ihr Geheimnis, und ich bin nicht einmal sicher, daß ich die Antwort erfahren möchte. Ein bißchen Geheimnis ist etwas Kostbares.

Gerade jetzt zu Ostern blüht auch die Osterblume, *Anemona pulsatilla* (Pelzanemone). Sie stammt aus den englischen Dünen, wo sie in ihrer wilden Form schon selten ist, wird aber in den Gärten immer noch gepflanzt. Sie ist sanft und lieblich mit ihrem hellen Lila, von silbernen Seidenfäden pelzig umrahmt; es gibt sie jetzt auch in rosaroten Tönen, die sich aufs schönste mit den violetten der Urform mischen.

Zwei Schwestern

Unsere heimatliche *Fritillaria meleagris*, die Schachbrettblume, ist eine der seltsamen Blumen, die in unseren unschuldigen Wiesen nicht heimisch zu sein scheinen – wie auch die wilde Calla zum Beispiel und viele der Orchideen, die durchaus exotisch wirken. Die Fritillaria wirkt wie etwas Seltenes, Delikates, Teures, das viel eher unter Glas wachsen müßte, anstatt das frische Gras mit Butterblumen und Primeln zu teilen. Und doch ist sie ebenso einheimisch wie Scilla und die Kuckucks-Lichtnelke. Manche halten sie für eine Art Wildtulpe, andere für einen Märzenbecher; in Wahrheit gehört sie zu den Liliaceen. Ihre merkwürdige schräge Zeichnung erklärt ihren deutschen Namen, nach dem Schachbrett. Und meleagris kommt vom lateinischen Wort für Perlhuhn, dessen gesprenkelte Federn so sehr an die Fritillaria erinnern, daß Gerard sie in seinem »Herbal« (1597) einfach die »Perlhuhnblume« nannte.

Leider wird sie mit jedem Jahr seltener und zieht sich auf begrenzte Gebiete zurück. Das heißt, wenn man sie findet, dann findet man sie in Massen, und wenn nicht, dann muß man eben ohne sie auskommen. Im Unterschied zu der Orchidee, auf die man bald hier, bald dort zufällig stößt, kennt die Schachbrettblume keine Halbheiten. Wer das Glück hatte, sie einmal in Massen zu sehen, der wird es nie mehr vergessen. Sie ist weniger auffallend als die Butterblume und weniger prächtig als der Waldfingerhut, aber sie wirft einen rosenroten Schleier über das Gras, so als fiele die Dämmerung ein unter einer Gewitterwolke, die vor der untergehenden Sonne steht. In Weingegenden sieht man gelegentlich die modrigen Haufen von zerdrückten Traubenschalen, nachdem der Saft herausgepreßt wurde: Die Schachbrettblume hat fast dieselbe Farbe.

Wo sie wild vorkommt, liegt die Zwiebel sehr tief, und so sollten wir sie auch im Garten mindestens 20 bis 25 cm tief pflanzen. Sie gedeiht willig fast überall in guter gewöhnlicher Erde, sei es im Gras oder in Beeten. Im Gras, ihrer natürlichen Umgebung, sieht sie am schönsten aus, doch spielt es keine Rolle, wohin man sie setzt, da man ohnedies nicht die Unmengen von Zwiebeln pflanzen wird, die allein den ursprünglichen Eindruck wiedergeben würden. Wahrscheinlich beschränkt man sich auf ein Dutzend, um genügend Blumen zum Pflükken zu haben, denn die Fritillaria gehört in ein Glas auf den Tisch. Um ihre wahre Schönheit zu erfassen, muß man sich in sie vertiefen. Ganz nah muß man ihre kleinen Quadrate betrachten und ihre Glocke nach oben richten, so daß man in den durchsichtigen, weinfarbenen Kelch sehen kann. Eine düstere kleine Blume, unheimlich in den traurigen Farben des Zerfalls. – *Fritillaria imperialis*, die Kaiserkrone, das stattlichste Mitglied dieser Familie, läßt ebenfalls den Kopf hängen, so daß wir ihn aufrichten müssen, um ihn überhaupt betrachten zu können. Nur so werden wir die zarte Äderung auf den spitzen Blütenblättern wahrnehmen. Schon dieser Äderung wegen lohnt sich ein Blick in ihre gelbe Tiefe vor allem, wenn man sie gegen das Licht hält und das ganze System von Adern und Kapillaren sichtbar wird. Allerdings muß man die Blumenblätter ganz zurückbiegen, so daß sich die geheimnisvolle Glocke in eine sternförmige Dahlie verwandelt, bevor man die sechs kleinen Schalen sehen kann, die, bis zum Rande mit wässerigem Nektar gefüllt, vor dem Hintergrund aus dunklem Purpur und leuchtendem Gelb stehen. Glücklicherweise scheint dieses Verfahren sie nicht im geringsten zu stören; sie erlaubt uns, sie wieder zur Glocke zu schließen.

Die Kaiserkrone erinnert mich immer an die steifen, gotisch wirkenden Blumen, wie man sie auf manchen Bordüren mittelalterlicher Gobelins sieht, neben Iris und Lilien, in schöner Mißachtung der Jahreszeiten. Auf eigenartige Weise wiederholt sich dieser Eindruck, wenn sie in ein langes, schmales

Beet am Fuße einer alten Stein- oder Backsteinmauer gepflanzt werden. Das Orange der Blüten verbindet sich ausgezeichnet mit dem rötlichen Backstein, viel besser als einer der rosigen Töne, die man natürlicherweise davorpflanzen möchte. Und noch ein ganz anderer Hinweis: man berührt die Zwiebeln besser nur mit Handschuhen, denn sie riechen schlimmer als Knoblauch.
Ich hatte das Glück, der Kaiserkrone unerwartet in ihrer Heimat zu begegnen. Es war in einer der wildesten Gegenden von Persien, in einer dunklen, feuchten Schlucht, auf deren Grund ein Fluß über Felsen stürzte; die überhängenden Bäume wirkten fast schwarz, Farnkräuter drängten sich aus jeder bemoosten Spalte, Wasser tröpfelte überall, und inmitten der feuchten Üppigkeit entdeckte ich plötzlich eine Gruppe dieser edlen Blume. Wie Laternen leuchteten die orangefarbenen Glocken im geheimnisvollen Schatten. Der Pfad führte abwärts zum Fluß hin; die Hänge ragten turmhoch über mir, und die Kaiserkronen standen fackelähnlich zwischen den nassen Felsen, in einsamer Verschwendung, neben dem unbegangenen Weg. Der reine Zufall, daß ich mich verirrt hatte, ließ mich ihr Versteck finden. Wie vornehm sie aussahen! Wie würdig ihres Namens! Kaiserkronen – wahrhaftig, sie glichen einem orangefarbenen Diadem, schön genug, um die Stirn eines Herrschers zu schmücken.
Nie werde ich dieses Erlebnis vergessen. Seither habe ich die Kaiserkronen zu Hause gezüchtet. Sie sind sehr hübsch, sehr kräftig, sehr gotisch. Doch heute verbinde ich ihren Anblick nicht mehr mit dem Gedanken an die Bordüren mittelalterlicher Stickereien. Ich sehe die kaiserlichen Wildlinge in

ihnen, die ich durch Zufall in einer dunklen Schlucht in den persischen Bergen fand.
Randbemerkung: Ein Nachteil ist, daß sie oft »blind« aufgehen, das heißt, wohl Blätter, aber keine Blüten treiben. Ich stellte übrigens fest, daß sie das auch in ihrer Heimat tun.

Von den Primeln

Der Amateurgärtner zerbricht sich im allgemeinen nicht den Kopf über botanische Einteilungen. Namen wie »Scrophulariaceae« und »Crassulaceae« erfüllen ihn höchstens mit Widerwillen und Langeweile. Immerhin nehme ich an, daß einige der natürlichen Gruppen ohne weiteres unterschieden werden und daß wir also den Rosen und Lilien die große Familie der Primulaceen hinzufügen dürfen. Ohne sie müßten wir auf die wohlriechenden Himmelsschlüssel, die Frühlings-Schlüsselblumen, die Aurikeln, kurz, auf die unzähligen Varianten der Primula verzichten.
Allein schon das Fehlen von Kissenprimeln und den doldigen Gartenschlüsselblumen mit ihren abgestuften Farben würde in unserem Frühlingsgarten eine größere Lücke bedeuten, als wir uns vorzustellen vermögen. Wenn man bedenkt, daß es sie heute in Blau, Lila, Magentarot, Gelb, Weiß, Rubinrot, Bronze, Orange gibt; daß sich ihre Blütezeit über fast zwei Monate ausdehnt; daß wir oft sogar im Herbst und in einem milden Winter vereinzelte Blüten finden; daß sie sich unendlich vermehren lassen, entweder durch Selbstaussaat oder durch

Teilung – nur wenige Pflanzen kommen uns so freundlich entgegen. Die kleinsten bewurzelten Stückchen wachsen an, und sogar in voller Blüte können wir sie versetzen, sie nehmen kaum Notiz davon. Ein kühler Boden und so viel Schatten, wie unsere Wiesenschlüssel es lieben, mehr verlangen sie nicht.

Ihre vornehmeren Verwandten, die hohen Primeln, sind weniger genügsam. Sie sind die Aristokraten ihrer Art und als solche zu Ansprüchen berechtigt. Einige darunter scheinen immerhin so demokratisch gesinnt zu sein, daß sie sich unseren Wünschen ebenso bereitwillig fügen wie Dolden-Schlüsselblume und Kissenprimel. Das trifft auf die *P. japonica* zu und die gelbe *P. sikkimensis*; sie umsegelten die halbe Welt, bevor sie Europa erreichten, aber sie zieren sich nicht, sondern lassen sich zufrieden an einem Bachufer nieder, beschenken uns mit einer Menge Samen und wachsen zu teilbaren Klumpen von Kohlkopfgröße heran. Mit ihnen beschäftige ich mich zwar im Augenblick nicht. Vielmehr mit der ungewöhnlichen *P. littoniana* (Orchideenprimel), jetzt *viali* genannt, die aus Jünnan stammt; sie wird in Blumenausstellungen sehr bewundert, doch fast nie in den Gärten gepflanzt. Anscheinend gehört sie zu jenen Pflanzen, die man im Katalog mit einem Kreuzchen bezeichnet und es dabei bewenden läßt. Ich weiß eigentlich nicht, warum. Sie ist wohlgeformt, bis 50 cm hoch, mit scharlach- bis violettroten Blütenähren und nicht schwierig zu ziehen, wenn man ihr folgendes gibt: Kühle, Schatten, Feuchtigkeit, viel Lauberde für ihre eher flachen Wurzeln und Schutz vor sengender Sonne. Hat sie das alles, so sollte eine Kolonie zum Blühen kommen; doch läßt sie sich kaum durch Samen vermehren, sondern nur durch Teilung kräftiger Pflanzen.

Am wenigsten von allen Primeln begeistert mich die tibetanische *Primula florindae* (Glockenprimel), weil ihre gelben Glöckchen so unordentlich herumhängen; doch ist sie eine »narrensichere« Blume von erstaunlicher Widerstandskraft und produziert so viele Samen, daß sie überall heimisch wird, sei es, indem man eine Handvoll Samen streut, sei es, indem man die zahllosen Ableger einpflanzt. Es gibt einige Hybriden, meist ziegelrot, die ich der Originalpflanze bei weitem vorziehe: *Primula japonica* und *P. pulverulenta* sind vielleicht die bekanntesten. Die beiden Sorten ähneln sich; sie erheben ihre Stengel aus bemehlten Blattrosetten und bilden dann Kranz um Kranz von Blüten. Daher auch die Bezeichnung: Etagenprimel. Keine Photographie kann wiedergeben, wie Mr. Dalrymples Bartley-Varietät von P. pulverulenta wirklich aussieht. Vom weißen, weichen Stiel hebt sich der Kranz von rosa Blüten wunderbar ab. Die Farbe ist kaum zu beschreiben; Pfirsichblüten wirken daneben geradezu grell, Apfelblüten zu verwaschen, das Rosa eines Sonnenuntergangs viel zu rosa, um damit verglichen zu werden. Ich wüßte auch keine Rose dieser Farbe. Es handelt sich um ein viel tieferes Rosa, aber mit Kreide bestäubt, so daß die wirkliche Farbe durchschimmert wie hinter einem Schleier, der durch eine Puderquaste oder einen Windhauch darübergelegt wurde.

Die Schönheit ihres geraden Stengels kann man zur vollen Geltung bringen, wenn man sie an einer steilen, niederen Böschung pflanzt, so daß es aussieht, als wachse sie in Rängen von immer größerer Höhe. Die obersten Pflanzen werden auf diese Weise 60 oder 90 cm über den untersten stehen und den Eindruck eines kreidig-rosa Teppichs machen, viel schöner als eine Massierung auf gleicher Höhe. Ganz zuoberst würde ich Azaleen einer passenden Farbe pflanzen, deren es viele gibt.

Mit diesem Plan stößt man nur auf eine Schwierigkeit: steil abfallender Boden bedeutet natürlich Wasserabfluß, und diese Primel will den ganzen Sommer über in Kühle und Feuchtigkeit wurzeln. Die Böschung sollte also oben so kühl und naß sein wie unten, sonst sterben die Primeln in den oberen Etagen ab. Das scheint ein unerreichbares Ideal zu sein, falls man nicht einen Nordhang hat, der zudem von Bäumen beschattet ist. Dann können sich sowohl die Azaleen als auch die Primeln vor der Mittagshitze verstecken, können selig blühen, unversengt, ohne Durst, und können bis zum nächsten Jahr wachsen.

Eine Warnung: Sollten Sie den Samen Ihrer Pflanzen sammeln wollen, so geben Sie acht, daß Ihnen nicht die Mäuse zuvorkommen. Pulverulenta ist die einzige Primel, auf die es die Mäuse abgesehen haben.

Auch viele andere Primeln brauchen Schatten und Feuchtigkeit. Wer anfängt, sich mit ihnen zu befassen, der kommt an kein Ende. Kennen wir sie nicht alle, die violette *denticulata* (Kugelprimel), die blaßgelbe *pudibunda* und die niedrigblühende *rosea,* die sich überall ausbreitet, wo es ihr gefällt? Was für eine wunderbare und vielseitige Familie! Einige von ihnen kommen aus weit entfernten Gegenden, wie den hohen Bergen Zentralasiens, die kleine *farinosa* (Mehlprimel) hingegen wächst in unseren Mooren.

Primula auricula

Die Aurikeln lassen sich in zwei Gruppen einteilen, eine für den großen, eine für den kleinen Geldbeutel. Die als Ausstellungsaurikel bekannte Sorte, die unter Glas zu wachsen verlangt, ist zweifellos exquisiter mit ihrer Vielgestalt, ihrer ausgeprägten Zeichnung und ihren aparten Tönungen. Über den mehligen Blättern und Stielen erheben sich die flachen Blütenköpfe, deren ausgebogene Blätter mit einer Kontrastfarbe umrandet sind, mit Weiß, Gold oder Grün, Purpur oder rötlicher Bronze – alle sind samtig wie ein Stiefmütterchen.

Wir, die wir uns mit der Garten- oder Alpen-Aurikel begnügen müssen, haben uns trotzdem nicht zu beklagen. Diese Blume wirkt eher wie die Kreation eines Miniaturmalers oder Stickereizeichners als wie eine Pflanze unserer Gärten. Aber sie wird dankbar blühen, wenn wir ihre wenigen Wünsche erfüllen: sie braucht ein tiefes, kühles Wurzelbett, leichten Boden mit viel Lauberde (alte Züchter empfehlen die Erde von Maulwurfshügeln), Schatten während der heißen Jahreszeit und genügend Feuchtigkeit. Mit anderen Worten: eine westliche oder sogar nördliche Lage wird ihr zusagen, sofern wir ihre Tiefgründigkeit nicht vergessen; die Aurikel streckt ihre Wurzeln nämlich desto tiefer in den Boden, je älter sie wird. Pflanzen wir sie zu flach, so werden wir bemerken, daß sie sich von der Erde weghebt, ja, sich sogar einen kahlen, unglücklich aussehenden Stiel zulegt, während sie doch ihre Blätter flach an das braune Erdreich pressen und Rosette um Rosette eines saftigen Grüns hervorbringen sollte. Wenn eine Aurikel dies tut, dann gedeiht sie offensichtlich, und man darf sie ohne Zögern ausgraben und teilen, sobald die Blütezeit vorüber ist, ungefähr im Mai oder Juni. Die abgeteilten Stückchen werden anwachsen und im nächsten Jahr die Aurikel-Ecke vergrößern.

Da wir nie wissen, welche Variationen wir bekommen, lohnt es sich, Jungpflanzen aus eigenem Samen zu ziehen. In sandigem Kompost, kaum zugedeckt, keimen die Samen leicht in zehn oder vierzehn Tagen; die Sämlinge müssen an einem schattigen Ort stehen, in Töpfen oder in ein Beet pikiert, bis sie groß genug sind, in ihr ständiges Heim überzusiedeln.

Früher wurde Aurikel-Samen um teures Geld verkauft; vielleicht erfüllt uns dieser Gedanke mit Respekt für die Quantitäten, die von der Natur gratis bereitgestellt werden.

Aurikeln haben eine lange Geschichte. Man glaubt, daß schon die alten Römer sie als Alpenblume kannten. Mit Sicherheit weiß man, daß sie ihren Namen der angeblichen Ähnlichkeit ihrer Blätter mit dem Ohr eines Bären verdankt: *Oreille d'ours* auf französisch, *Orecchio d'orso* auf italienisch. Ein etwas weit hergeholter Vergleich, scheint mir, aber einer, der offenbar Anklang findet.

Mai

Der edelste Blütenbaum

Kleiner Hain mit Unterpflanzung

Waldmeister

Blühende Sträucher und Bäume

Von abgedroschenen Pflanzen

Die Anemonen

Teppichpflänzchen

Flieder und Anverwandte

Die Kletterer

Der edelste Blütenbaum

Manche Menschen zögern, den edelsten der blühenden Bäume, die Magnolie, zu pflanzen, weil sie befürchten, nicht lange genug zu leben oder nicht lange genug am gleichen Ort zu bleiben, um sie blühen zu sehen. Tatsächlich eignen sich verschiedene Magnolienarten nicht für eine kurze Zeitspanne. *Magnolia campbelli* zum Beispiel braucht unter Umständen fünfundzwanzig Jahre, bis sie eine Dividende bringt. Aber es gibt auch andere Sorten.

Der *Yulan*, einst unter dem Namen *Magnolia conspicua*, jetzt als *M. denudata* bekannt, bringt ein paar seiner cremefarbenen Schalen schon ein bis zwei Jahre nach der Pflanzung hervor und nimmt an Größe und Fruchtbarkeit zu, bis er hundert Jahre alt ist und mehr. Vor zwanzig Jahren habe ich einen gepflanzt, und schon lange hat er eine Höhe von sechs Metern und einen Umfang von vier Metern. Was will man mehr? Sein einziger gefährlicher Feind, aber ein sehr gefährlicher, ist der Märzfrost, der seine helle Reinheit in lederiges Khakibraun verwandelt. Manchmal entgeht er ihm. Man muß das Risiko auf sich nehmen – er ist es wert.

M. stellata, die ebenfalls in frühester Jugend blüht, ist vielleicht die bekannteste aller Magnolien. Meiner Ansicht nach ist sie bei weitem nicht die schönste, sondern ein wenig zerfetzt und verwaschen, aber von ferne wirkt der gut gewachsene Busch doch effektvoll.

M. salicifolia (die weidenblättrige Magnolie) ist eine der härtesten; ihre Blüten sind weniger frostempfindlich als die des Yulan oder der M. stellata. Doch wenn Sie von den weißen genug haben, wählen Sie die Hybride *M. lennei*, mit riesigen rosigen Blüten, Ende April und Mai. Sollten Sie sich jedoch etwas wahrhaft Fürstliches wünschen, dann gibt es die bordeauxfarbige *M. liliflora nigra*, die nach meiner Erfahrung ununterbrochen fast zwei Monate blüht, im Mai und Juni. Es ist eine gute Pflanze für kleine Gärten, weil sie weder zu hoch noch zu breit wächst, und ich habe nie erlebt, daß sie nicht jedes Jahr im Überfluß geblüht hätte.

Für etwas so Wunderbares und Wichtiges ist dies eine ungebührlich kurze Notiz; ich habe noch nicht einmal erwähnt, daß die Magnolie, was die Erde betrifft, sehr anspruchslos ist. Sie liebt etwas Torf oder Lauberde, schätzt eine gute Düngung von Zeit zu Zeit, ist ziemlich brüchig und zieht deshalb einen geschützten Platz vor. Sie sollte eher im Frühling (März) verpflanzt werden als im Herbst.

Kleiner Hain mit Unterpflanzung

Manchmal gibt es in einem Garten einen Streifen Land, mit dem nichts anzufangen ist, ohne viel Arbeit daran zu wenden. Vielleicht war es einmal ein Rasen, das bedeutet Mähen; oder ein langes

Beet, das Unterhalt und Jäten verlangt; oder es ist nur ein Streifen am Zaun eines neuen Hauses, bis heute unbepflanzt, der zu etwas Besserem taugt als zu einer Wüstenei. Für einen solchen Fall habe ich eine Idee, die zugleich hübsch und arbeitsparend sein sollte.

Die Form des künftigen Hains ist nicht so wichtig; sie könnte rechteckig, quadratisch oder sogar rund sein, obwohl mir ein längliches Rechteck am günstigsten schiene. Wichtig ist die ebene Oberfläche; keine Höcker, keine Vertiefungen. In regelmäßigen, ungefähr vier Meter großen Abständen bepflanzt man sie mit jungen Bäumchen mit geraden Stämmen und verzweigten Kronen; die Stämme müssen kahl gehalten werden, so daß man immer zwischen ihnen durchsehen kann. Ein zarter, kleiner Hain, das ist es, was mir vorschwebt. Die Silberbirke mit ihrer blassen Rinde wäre ideal, besonders für leichten, sandigen Boden; Linden für jeden Boden; die Eberesche, deren Blätterunterseite im Wind silbrig schimmert; und sogar junge Eichen, rundkronig und als Hochstamm gezüchtet, wären geeignet.

Und was paßt darunter? Da die Kronen der kleinen Bäume sehr grün werden, müßte man dieses Grün noch betonen. Rasen verlangt zu viel Pflege und ist mir als Unterpflanzung noch nicht grün genug. Ich habe eine große Schwäche für Waldmeister; er fühlt sich im Schatten wohl, bleibt vom April bis in den Herbst grün, kann aus Samen gezogen werden und wird dichte Polster bilden wie ein riesiges altmodisches Federbett. Auch einige Gruppen grünlicher Blumen würde ich pflanzen, zum Beispiel den grünsilbernen Stern von Bethlehem, *Ornithogalum nutans* (Milchstern); unsere einheimische Waldanemone, Maiglöckchen und für später im Jahr Salomonssiegel und die süß duftende *Smilacina racemosa* (Schattenblume). In bezug auf die beiden letzteren bin ich mir nicht ganz sicher: sie könnten zu hoch werden und den Durchblick zwischen den kleinen Stämmen beeinträchtigen. Aber eins ist sicher: daß alle Farben ausgeschlossen sein müssen. Das ganze Bild soll grün und weiß sein, kühl, symmetrisch und streng.

Waldmeister

Manche Sprichwörter sind geradezu erschütternd wahr, andere stimmen überhaupt nicht, und ein paar sagen nur die halbe Wahrheit. Zu den halbwahren gehört die Behauptung, daß aus Vertraulichkeit Verachtung entstehe.

Das Wort Verachtung ist unrichtig. Nur sehen wir gewisse Tugenden als selbstverständlich an, wenn wir Tag für Tag mit ihnen leben. Unsere Wertschätzung wird stumpf, so wie die herrlich scharfe Klinge des Okuliermessers, das wir zu Weihnachten geschenkt bekamen, bis Ostern stumpf geworden ist. Und auch im Garten gibt es Dinge, die wir vergessen und die uns plötzlich wieder einfallen; jetzt gerade denke ich wieder an den Waldmeister, lateinisch *Asperula odorata,* diese bescheidene, niedrige, intensiv grüne Pflanze, von der eben schon die Rede war, leicht zu züchten, rasch sich vermehrend – das kleinste Stückchen Wurzel sprießt und breitet sich aus. Jede größere Pflanzenkultur kann ihn uns liefern.

Waldmeister ist mit seinen kleinen weißen Blüten unscheinbar, aber wir können ihn auf vielerlei Arten verwenden, ihn dort pflanzen, wo nichts anderes gedeiht, im Schatten und sogar unter tropfenden Bäumen, als Bodenbedeckung, um Unkraut fernzuhalten und leere Stellen zu beleben. Im Herbst schneiden wir die Blätter, trocknen sie und füllen Säckchen damit, die jahrelang wie frischgemähtes Gras duften; man hängt sie gegen die Motten in den Schrank oder legt sie zum Einschlafen unters Kopfkissen. Aber bevor er geschnitten und getrocknet wird, ist er geruchlos; man darf also nicht enttäuscht sein, wenn man im Vorübergehen keine Duftwolke auffängt.
Und schließlich muß noch die Maibowle erwähnt werden, die aus den noch nicht ganz geöffneten Blüten zubereitet wird.

Blühende Sträucher und Bäume

Die Blütensträucher und -bäume prangen dieses Jahr in besonderer Schönheit, von den gewöhnlichen Weißdornhecken bis zu den gehätschelten Spezialitäten im Garten. Viel zu rasch ist die Blütezeit vorbei, und zu spät fällt uns ein, daß wir Aufzeichnungen machen wollten über mögliche Änderungen, Ausmerzungen oder Versetzungen für die Pflanzzeit im Herbst. Immer glauben wir, daß wir uns daran erinnern würden, aber alles folgt so schnell aufeinander, ein Bild löst das andere ab, und bald sind unsere Eindrücke nur noch ein verschwommenes Gewirr von Farben, Formen, Größen

und Jahreszeiten. »Oh warum«, rufen wir zu spät, »haben wir nicht Woche für Woche Notizen gemacht!«
Mit tugendhaftem Entschluß habe ich mir deshalb ein dickes Notizbuch mit der Aufschrift »Garten-Aufzeichnungen« besorgt und vier Bündel Etiketten mit Nummern von 1 bis 100. Da jede mit einem kleinen Loch versehen ist, lassen sie sich leicht an einem Zweig befestigen, und die korrespondierende Beschreibung wird mit der Nummer im Buch eingetragen. Ungefähr so: »Nr. 10. Abscheulich verwaschener Flieder; vernichten und durch Nr. 12 ersetzen.« Unter Nr. 12 steht: »Prächtiger, tiefroter junger Flieder, verdient einen besonderen Platz.« Denn in der Geschichte jedes Gartens kommt ein Moment, da die Nieten verschwinden müssen und Nichtzusammenpassendes getrennt werden sollte.
Ein kleiner Strauch, der wohl nie mit einem vernichtenden Urteil bedacht wird, ist die *Deutzia:* ein Mai-Juni-Blüher, graziös gebogen, 1,20 m bis 1,80 m hoch, ideal für kleine Gärten, wo die Platzfrage eine Rolle spielt. Die Deutzia ist anspruchslos, nimmt nicht einmal Anstoß an etwas Lehm im Boden; doch Vorsicht beim Beschneiden, sonst geht die nächstjährige Blüte verloren! Man sollte nur die verblühten Zweige abschneiden und natürlich das tote Holz entfernen. Wenn sie einen schwachen Punkt hat, so ist es der, daß verspäteter Frost ihre Blüten verletzen kann; aber das ist ein Risiko, das wir auf uns nehmen können. *Deutzia gracilis rosea,* also rosig, wie der Name sagt, *D. Boule de neige* in weiß und *D. kalmiaflora,* rosaweiß, etwas höher, ergeben eine hübsche Gruppe. Sie sind nicht sehr teuer.

Vergessen wir die Zierquitte nicht. Sie mag ein Weilchen brauchen, bis sie sich eingewöhnt hat, aber wenn sie sich einmal wohl fühlt, tut sie das für immer und nimmt an Größe und Üppigkeit von Jahr zu Jahr zu. Sie verlangt wenig Pflege und wächst fast überall, in Sonne und Schatten. Obgleich sie oft an Mauern gezogen wird, braucht sie diesen Schutz nicht unbedingt; sie gedeiht ebensogut als einzelner Busch oder in einem Beet, und es scheint mir beinahe, als ob ihre Schönheit noch gesteigert würde, wenn man ihren gebogenen Zweigen Freiheit läßt. Ihre Früchte, die im Herbst so hübsch sind wie ihre Blüten, geben ein ausgezeichnetes Gelée; tatsächlich läßt sich von dieser manierlichen, anspruchslosen, gefälligen und freundlich-altmodischen Pflanze nur Gutes sagen.
Das einzige, was man ihr vorwerfen kann, ist die oftmalige Änderung ihres Namens. Sie begann ihre Karriere als *Pyrus japonica* und wurde unter *Japonica* bekannt, was einfach »japanisch« bedeutet und genauso töricht ist, wie wenn eine Pflanze »englisch« oder »französisch« genannt würde. Dann wandelte sich der Name in *Cydonia,* gleich Quitte: *Cydonia japonica,* die japanische Quitte. Nun sollen wir sie neuerdings *Chaenomeles* nennen; doch da ich nicht weiß, was das heißt, und außerdem nicht sicher bin, wie man das Wort ausspricht, werde ich bei der an sich hübschen Bezeichnung Cydonia bleiben.
Der Arten gibt es viele: die alte rote, *C. lagenaria,* kaum zu übertreffen in bezug auf Üppigkeit und Farbe, herrlich vor einer grauen oder getünchten Mauer, scheußlich vor rotem Backstein. Dann *C. nivalis,* reinweiß, lieblich vor jedem Hintergrund;

C. moerloesii oder die apfelblütige Quitte, deren Name schon die muschelrosige Färbung vorwegnimmt. Ferner *Coral Beauty* mit halbgefüllten, korallenrosa Blüten; *Crimson and Gold* mit großen, dunkelroten Blüten und gelben Staubfäden. Und schließlich, falls man eine niedrigwachsende Sorte wünscht, gibt es *C. simonii,* die sich horizontal ausbreitet und dunkelrote Blüten hat, sehr zu empfehlen für einen Hang oder Steingarten.

Von abgedroschenen Pflanzen

Auch unter Gärtnern gibt es Snobismus – wie auf den meisten Gebieten. Das besondere Merkmal der Gartensnobs besteht darin, daß sie Pflanzen ablehnen, die zwar außerordentlich schön sind, aber schon zu »abgedroschen«, um einen Platz im Garten einnehmen zu dürfen.

»Abgedroschen« ist ein hartes, unschönes Wort. Seine Definition lautet: »Abgegriffen durch zu häufigen Gebrauch; ermangelt der Frische oder Neuheit; überlebt, gewöhnlich, platt.« Zugegeben, mancher Pflanzen werden wir überdrüssig, wenn wir ihnen überall begegnen: der *Aubrietien* zum Beispiel, die jedes Mäuerchen bedecken; oder des wilden Weins, *Ampelopsis veitchii,* der an unseren roten Backsteinhäusern klebt, besonders abscheulich im Herbst, wenn die beiden Rot-Töne sich beißen. Sähen wir sie allerdings zum erstenmal, so würden wir vor Staunen jubeln.

Zu spät! Diesen Eindruck können wir nie mehr erleben; doch möchte ich anregen, diese armen, gewöhnlichen Pflanzen wenigstens auf verschiedene Art am rechten Platz zu verwenden.

Ich denke an eine mir bekannte Silberbirke, an der sich wilder Wein locker emporrankt. Auf den ersten Blick wußte ich gar nicht, was es war. Große, feuerrote Gehänge und Girlanden hingen im Sonnenlicht zwischen den schwarzen und silbernen Ästen, entzückend und anmutig sich schwingend wie etwa (vielleicht mache ich mir eine unzutreffende Vorstellung) Lianen im Urwald und leuchtend wie Kirchenfenster oder Rotweingläser, in die das Licht fällt. Ein für allemal überzeugte es mich, daß Ampelopsis veitchii nicht an eine Mauer gepflastert, sondern transparent gepflanzt werden sollte. Jeder hohe, alte Baum würde zu diesem Zweck taugen, ein ausgedienter Apfel- oder Birnbaum, auch eine Pappel, wenn es schon keine Silberbirke sein kann; und dasselbe würde für viele der dekorativen Reben gelten, wie *Vitis coignettiae* mit ihren schildförmigen, rosagoldenen großen Blättern, oder *Vitis purpurea*, deren Name alles besagt.

Mit Aubrietien hat man sicher des Guten zuviel getan, aber ich behaupte dennoch, daß diese Felsenkresse mit einigem Geschmack vorteilhaft verwendet werden kann. Geschmack heißt in diesem Fall, sie nicht wuchern zu lassen; vorteilhaft heißt, sie vor einen ihr gemäßen Hintergrund zu setzen. Eine graue oder weißgetünchte Mauer oder graue Platten stehen ihr gut an, vor allem wenn wir die langweilige, alte, blaßviolette meiden und nur die besten Sorten pflanzen: *Dr. Mules,* dunkelviolett; *Bonfire,* karmesinrot; *Vesuv,* purpurrot; *Fire King,* leuchtend rot und so weiter.

Die Aubrietiensamen sind nicht immer zuverlässig,

aber Stecklinge sind sicher und degenerieren gewöhnlich nicht. Und selbst wenn sie sich untereinander vermischen, entsteht vielleicht eine interessante Neuheit, die nur im eigenen Garten vorkommt, und das ist der Traum jedes echten Gärtners.

Die Anemonen

Das liebliche Rennen der Windröschen oder Anemonen beginnt in den Blumengeschäften im Januar mit den dichten Sträußen der *St. Brigid* und *de Caen;* ihnen folgen im März die sternförmige blaue Griechin *blanda* und die blaue Italienerin *apennina* und später, in den Wäldern, die weiße *nemerosa* (das einheimische Buschwindröschen) und die blaue *hepatica* (unser Leberblümchen).
Im 17. Jahrhundert gab man ihnen wegen ihrer krausen, fransigen Blätter den reizenden Namen Petersilien-Rose.
Viele Leute klagen, daß es ihnen nicht gelinge, Anemonen zum Blühen zu bringen. Vermutlich hat das verschiedene Ursachen. Ein sehr häufiger Grund ist, daß der Kormus zu tief gepflanzt wird. Vier bis fünf Zentimeter ist durchaus tief genug. Ein anderer Fehler besteht darin, von einem großen Kormus zu erwarten, daß er auch größere Blumen produzieren müsse als ein kleiner. Das Gegenteil ist der Fall.
Auch sollte man wissen, daß die meisten Anemonen alkalischen Boden lieben – eine gute Nachricht für die Besitzer kalkhaltigen Grundes. Eine Ausnahme bilden natürlich unsere Waldanemone nemerosa

und ihre Abarten *robinsoniana* und *allenii;* aber wir brauchen nur an unsere einheimische *Anemona pulsatilla* zu denken, um zu wissen, daß sie in kalkreichem Boden wächst. Ich behaupte nicht, daß Anemonen nur dort gedeihen, wo Kalk ist; in meinem eigenen Garten, der Gott sei Dank neutrale Erde hat, säen sich manche von ihnen ringsum aus, sogar im Gras eines Obstgartens. Ich würde nur raten, mit einer Kopfdüngung aus Kalk nachzuhelfen, wenn sie sich nicht richtig entwickeln wollen.
Im übrigen ist den Amateurgärtnern oft nicht bekannt, daß St. Brigid und de Caen keine unbegrenzte Lebensdauer haben und alle zwei oder drei Jahre erneuert werden müssen. Die *Anemona fulgens* jedoch, die feurigrote Windblume der Mittelmeerküste, hält sich jahrelang am selben Platz und nimmt das Verpflanzen übel.

Teppichpflänzchen

Je mehr ich in meinem Garten herumwandere, auch im Zwielicht, in der gestohlenen Stunde zwischen Tee und Abendessen, desto mehr wächst meine Überzeugung, daß das große Geheimnis des guten Gärtnerns darin liegt,

jeden verfügbaren Platz mit entsprechenden Teppichpflanzen zu bedecken.

So sehr ich das Schokoladebraun der Erde im Winter liebe – wenn der Frühling kommt, finde ich immer, ich hätte nicht genug, noch lange nicht genug getan, um alle verborgenen Winkel mit kleinen, niedrigen Sachen zu bepflanzen, die herumkriechen,

Unkräuter fernhalten und sich ausbreiten, wo sonst nichts Hübsches oder Interessantes zu sehen wäre. Veilchen zum Beispiel – ich würde selbst unser einheimisches, *Viola odorata,* nicht verachten, die weiße oder die blaue Art, die das Beiwort odorata so sehr verdient. Und wie es sich ausbreitet, wenn es sich wohl fühlt! Auch andere gibt es, edlere als unseren Wildling: das frühblühende Duftveilchen *Red Charm* oder *Viola labradorica,* das aus ein paar dünnen Wurzeln, voriges Jahr gepflanzt, heuer dicke Polster und Hügel von violetten Blättern und weinroten Blüten bildet und sich überall versamt hat, ob man es will oder nicht. Wo man es nicht will, läßt es sich leicht ausgraben und an einen anderen Ort setzen, wo es sich wiederum ausbreitet. Natürlich gibt es noch andere Teppichpflanzen, für sonnige und für schattige Partien. Für sonnige ist der *Thymian* unübertroffen, doch sind die Sonnenplätze ja nie schwierig zu füllen.

Die schattigen Ecken hingegen sind dazu angetan, dem Gärtner, der meinem Rat »füllen, füllen, füllen« zu folgen versucht, Sorgen zu bereiten. *Arenaria balearica* (Sandkraut) liebt ein dunkles, feuchtes Heim, besonders wenn man ihr erlaubt, über moosige Steine zu kriechen. Über einem dunkelgrünen Geflecht bildet sie Massen winzigster Blüten, reinweiß, sternenhell; ein leicht zu ziehendes Geschmeide für den richtigen Platz. *Cotula squalida* (Fiederpolster) ist viel hübscher als ihr Name; sie sieht aus wie ein Miniatur-Farn, verbreitet sich rasch und hält Unkraut fern.

Auch die *Acaenas* (Stachelnüßchen) vermehren sich weithin und sollten im Schatten gedeihen; sie haben bronzefarbene Blätter und kriechen säuberlich über das ihnen zugewiesene Reich. Die Liste der Teppichpflanzen ist endlos. Ich wollte, ich hätte mehr Platz, um diese wenigen Vorschläge zu vervollständigen. Nur eins ist sicher: daß jedes hinterste Eckchen vollgestopft sein sollte mit etwas Dauerndem, etwas Interessantem und Schönem, mit etwas, das selbst wieder in anderes hineinwächst, wie die Pflanzen es tun, wenn sie sich selbst aussäen und zusammensetzen, und wie wir es mit all unserem Wissen und Können niemals erreichen.

Ich werde oft über *Kamillen-Rasen* befragt von Leuten, die der irrigen Meinung sind, daß ich selbst einen besäße. Allerdings habe ich einen kleinen, leider erfolglosen Versuch gemacht, der mir zur Genüge zeigte, daß Kamillen nichts so sehr hassen wie schattige Lagen, überhängende Bäume und schweren Boden. Der einzige Kamillen-Rasen, den ich jemals sah, liegt in voller Sonne (im Herzen von London) und macht seinem Ruf, eine haltbare Bodenbedeckung zu sein, alle Ehre; denn obgleich Tausende von Füßen über ihn trampeln, zeigt er nie kahle Stellen. Ich glaube zudem, daß man ihn seltener zu schneiden braucht als Gras – ein großer Vorteil in einer Zeit, in der arbeitsparende Methoden so wichtig sind.

Man sät den Kamillen-Samen in Rillen auf ein vorbereitetes Beet, lichtet aus und versetzt die kleinen Tuffs dann dorthin, wo man sie haben will. Sie breiten sich ziemlich rasch aus, und je flacher man sie zu Boden preßt, desto besser. Der erste Schnitt sollte wohl mit der Schere gemacht werden oder wenigstens mit hochgestellten Messern der Maschine; denn bevor sie Zeit hat, ein Rasen zu werden, wächst die Kamille in drahtigen Stengeln und

könnte leicht mit der Wurzel ausgerissen werden. Das Drahtige verschwindet nach und nach; dafür entsteht ein dichtes Geflecht, das der flüchtige Beobachter wahrscheinlich für einen ungewöhnlich dunkelgrünen Rasen hält. Ich kann nicht behaupten, daß Kamille so schön wäre wie kurzgeschnittenes Gras – weich und fein, grüngolden im Sonnenlicht, olivefarben in langen Schatten –, aber für praktische Zwecke wird sie gute Dienste tun.
Es versteht sich von selbst, daß die Blüten dem nötigen Schnitt zum Opfer fallen. Es sind ja auch unscheinbare kleine Dinger, die niemand vermißt, es sei denn, man wollte sie für Kamillentee sammeln, sich die Haare damit waschen oder eine antiseptische Tinktur daraus machen, wofür die Blüten mit Drachenblut, alten Schwalbennestern, wurmzerfressener Eiche und dem Fett einer Bergmaus vermischt werden müßten!

Flieder und Anverwandte

Der Flieder müßte jetzt in voller Blüte sein. Die Experten nennen ihn heute nicht mehr Flieder, sondern Syringa, und was wir Syringa nannten, heißt heute Philadelphus. So verwirrend, daß wir hier lieber bei den alten Namen bleiben wollen, damit alle verstehen, um was es sich handelt.
Flieder ist einer der anerkannten Garten-Lieblinge, die in den letzten Jahren sehr verbessert wurden. Tatsächlich sah die blaßlila Art recht verwaschen aus. Die neueren Sorten sind reicher an Farbe, Größe und Duft. Ich vermute, daß jedermann die

früheren Züchtungen kennt: *Souvenir de Louis Späth* und *Charles Joly*, beide dunkelrot; *Charles X.*, tief violett; *Madame Lemoine*, weiß gefüllt. Keine von ihnen ist leicht zu übertreffen. Mir scheint jedoch, daß nicht jeder die neuesten Hybriden kennt, die wahrhaft edle Dolden von ungeheurem Gewicht tragen: *Mme. Antoine Buchner*, malvenrosa; *Massena*, großdoldig, tief dunkellila; und *Pasteur*, bordeauxrot; dann *Congo*, sehr dunkelviolett; *Jeanne d'Arc*, weiß, gefüllt; *Mme. F. Morel*, rosalila; *Maréchal Foch*, rosa Knospe, rote Blüte.

Viele Jahre lang hat mich der Flieder beunruhigt; ich konnte nicht herausfinden, wie er behandelt werden wollte. Da ich weiß, daß es anderen ebenso geht, habe ich zwei oder drei Experten um Rat gebeten, und ich glaube, daß sie mir ein paar wertvolle Tips gegeben haben.

Jeder Flieder wächst mühelos, hat nichts gegen Kalk, liebt ihn sogar. Er ist völlig winterhart und sehr langlebig, wenn er nicht plötzlich abstirbt, was hin und wieder geschieht. Selbstverständlich ist er dankbar für nahrhaften Boden – wie fast jede Pflanze. Und er genießt die Sonne.

Flieder wächst großzügig. Er wächst zu einem mächtigen, baumartigen Strauch, wenn man ihn sich selbst überläßt; so hoch, daß er uns nach wenigen Jahren überragt, so hoch, daß wir weder seine schweren Dolden pflücken noch seinen Duft einatmen können. Er ist unerreichbar geworden.

Wie können wir ihn an seinem zu schnellen Wachstum hindern? Ich glaube, es jetzt zu wissen.

Ich brauche wohl nicht zu sagen, daß alle abgeblühten Dolden sofort abgeschnitten werden müssen, um der Pflanze das Samen-Ausbilden zu ersparen. Dieser jährlichen Pflege, die sicher jeder Amateurgärtner seinen Fliederbüschen gönnt, möchte ich einen kleinen Wink hinzufügen: Sie sollten Ihren Flieder stark zurückschneiden. Nehmen Sie ihn zurück bis zu einem neuen Trieb und ermutigen Sie ihn, frisch auszutreiben. Alle toten und kleinen Zweige müssen heraus, damit so viel Luft und Licht als möglich eindringen kann. Jetzt gerade nach der Blüte, ist die richtige Zeit für diesen chirurgischen Eingriff. Tun Sie es ohne Aufschub. Und wenn Sie Mist zur Verfügung haben, legen Sie ihn um Ihren Flieder; er braucht Nahrung und wird sich dankbar zeigen, wenn sie reich ausfällt. Ist kein organischer Dünger oder Kompost vorhanden, so streuen Sie auf die geharkte Erde ein paar Handvoll Knochen- oder Hornmehl, so daß der Regen es hineinwaschen kann.

Diese Behandlung sollte dem Flieder wohl tun und ihn buschig und nicht hochaufgeschossen werden lassen. Ich hoffe es wenigstens. Ich gestehe, daß die vorgeschriebene erbarmungslose Beschneidung auch mir widerstrebt; doch sicher haben meine Ratgeber recht, und ich bin immer bereit, einen guten Rat von Menschen anzunehmen, die ihr Handwerk besser verstehen als ich.

Besitzen Sie den Schneeball *(Viburnum carlcephalum)*? Wenn nicht, besorgen Sie ihn bitte schnellstens. Er ist eine Hybride von *Viburnum carlesii*, den wir alle kennen, aber bedeutend besser. Seine Blütenköpfe sind dichter und fester, sein Duft ist stärker und sein Wachstum kräftiger. Mein eigener ist klein und jung; doch versicherten mir mehrere Leute, daß er sich zu einem riesigen Busch entwikkeln werde. Er ist eines der aufregendsten Gewächse,

die ich in den letzten Jahren pflanzte; nicht seiner Farbe wegen, die weiß ist mit etwas Rosa in der Knospe, aber seines starken Duftes wegen.
Er blüht jetzt, April bis Mai, und ist in jeder größeren Baumschule erhältlich.
Halesia carolina, der Schneeglöckchen-Baum, steht auch gerade in Blüte. Er ist ein reizender, wenig bekannter Blütenbaum, die Äste entlang mit weißen, glockenförmigen Blüten zwischen hellgrünen Blättern behängt. Er kann als Busch gepflanzt oder an einer Mauer gezogen werden. Eine bessere Sorte ist *Halesia monticola*, doch wenn man sie nicht bekommt, ist auch H. carolina befriedigend.
Auch die alte Syringa *(Philadelphus)* oder der Pfeifenstrauch ist ein anspruchsloser Busch und wird zu oft vergessen. Ich persönlich ziehe die frühe, süßduftende Art vor, *coronarius* genannt; doch auch *virginalis*, mit gefüllten Blüten, ist ein lieblich-kühler, grünweißer Anblick im Hochsommer; ebenso *Belle Etoile* und *purpureo-maculatus*, beide mit braungefleckten Herzen. *Grandiflorus* hat große, einzelne, weiße Blüten, sehr dekorativ, aber völlig duftlos – eine Empfehlung, falls man starkduftende Blumen im Zimmer nicht verträgt. Übrigens: wenn man alle Blätter von den abgeschnittenen Syringa-Zweigen abstreift, werden sie viel länger halten und auch an Schönheit gewinnen. Versuchen Sie es. Und zermalmen Sie die holzigen Stengelenden mit einem Hammer.
Aber eigentlich hatte ich über Akazien schreiben wollen. Ihr richtiger Name ist *Robinia pseudacacia*, doch da jedermann sie unter Akazie kennt, bleibe ich dabei. Am häufigsten sind sie in Frankreich und Italien, aber auch bei uns fühlen sie sich zu

Hause. Es gibt wenige sommerblühende Bäume, die so hübsch sind, wenn sie ihre blassen, süßduftenden Quasten aushängen, und wenige, die für ungeduldige Leute so schnell wachsen. Als ich meine Akazien pflanzte, waren sie kaum größer als ein Spazierstock, und in lächerlich kurzer Zeit sind sie so etwas wie eine bestehende Einrichtung geworden, mit ansehnlichen Stämmen, runzliger Rinde und breiten Kronen, sehr reizvoll gefranst. Ihre einzigen Fehler sind die zerbrechlichen Zweige, das viele alte Holz und ihre, wie ich vermute, kurze Lebensdauer, besonders wenn der Hauptstamm sich teilt und den Baum in zwei Hälften spaltet. Dieser Gefahr kann vorgebeugt werden, indem man nur einen Stamm hochwachsen läßt und die tieferen Nebenäste entfernt.

Falls sich jemand auf diese vorsichtige Schilderung hin entschließt, trotzdem eine Akazie zu pflanzen, so würde ich raten, nicht nur die gewöhnliche weißblühende, sondern auch die rosafarbene, *Robinia kelseyi,* zu versuchen. Sie ist nicht teurer als die weiße und viel weniger bekannt, eine Überraschung für alle, die weiße Blüten erwarten und plötzlich rosafarbene sehen.

Ich weiß, daß ich mich durch Begeisterung und neue Ideen zuweilen fortreißen lasse, doch ist das nicht eines der Hauptvergnügen beim Gärtnern? Ich will mich also nicht zu reumütig entschuldigen und lieber zwei praktische Vorschläge machen. Erstens: pflanzen Sie *Abelia triflora* oder *grandiflora.* Sie blüht im Juni, wird ungefähr so groß wie die Syringa und ist übersät mit weißen, trichterförmigen Blüten von betäubendem Jasminduft.

Zweitens: pflanzen Sie einen Busch, der im Frühling eine Überraschung ist, weil er dann die sattesten, rotesten Herbstfarben zeigt. Jedermann blinzelt ungläubig, wenn er den dunkelgrünen Busch mit den feuerroten Spitzen zum ersten Male sieht. Man hält die poinsettia-roten Spitzen für Blüten und entdeckt erst im Näherkommen, daß es tatsächlich Blattknospen sind, feurig, glänzend, spitz, als wären sie von hinten künstlich beleuchtet.

Dieser Busch heißt *Pieris forrestii,* nach George Forrest benannt, der ihn wildwachsend in der Provinz Yünnan in China fand.

Von allen Pieris (auch Andromeda oder Lavendelheide) ist dieser der herrlichste. *Pieris japonica* ist schön, aber forrestii übertrifft ihn bei weitem. Wie entzückt muß sein Entdecker gewesen sein, als er ihn flammend an den Hängen der heimatlichen Berge sah!

Ich habe mich ungehemmt über die Schönheit der jungen Triebe verbreitet, die auch wirklich den Glanz dieser Pflanze ausmachen; doch auch die Blüten haben ihren Reiz. Zugleich mit den jungen Sprossen kommen sie als rahmweiße kleine Glocken, die in Trauben hängen, so daß die ganze Pflanze im April oder Mai den Eindruck von dunklem Grün, feurigem Rot und weißen Trauben macht.

Sie hat ihre Tücken – welche Pflanze hätte sie nicht? Da sie der botanischen Familie der Ericaceen angehört, ist sie ein Kalkhasser. Man kann sie leicht in die gleiche Erde pflanzen, in der Rhododendren, Azaleen oder Kalmias gedeihen oder auch ein Beet mit viel Torfmull anlegen, aber Kalkboden wird sie verschmähen. Ein anderer ihrer Feinde sind kalte Winde – und wer würde ihr das verdenken? Ferner haßt sie späten Frühlingsfrost – und auch das kann man ihr nachfühlen. Wir sollten immerhin unsere Pflanzen besser schützen als uns selbst: wir können uns bei jedem Wetter bewegen, während die Pflanzen statisch sind und es nur an uns, ihren Herren, liegt, sie so zu setzen, wie es ihnen behagt, und sie mit Stroh oder Schilf gegen die Winde zu schützen.

Die Kletterer

Zu den nützlichsten Pflanzen gehören in jedem Garten die Kletterer. Sie brauchen wenig Platz und eignen sich zu allerhand Zwecken: um einen langweiligen Zaun zu umkleiden, einen abgestorbenen Baum zu beranken, einen Bogengang einzurahmen, eine Mauer zu verschönern, einen Schuppen zu verdecken oder luftig in eine Pergola zu klettern. Sobald sie sich einmal an ihren Halt geklammert haben, brauchen sie verhältnismäßig wenig Pflege, höchstens einen jährlichen Schnitt oder gütige Hilfeleistung, falls sie von einem Sturm losgelöst wurden. Der unternehmungslustige Gärtner wird natürlich von den allzu bekannten Kletterern, zu denen auch die Clematis gezählt werden muß, nichts wissen wollen. Wie wäre es dann mit *Akebia quinata* (staubig-violett) und *Akebia trifoliata* (braun), oft auch *A. lobata* genannt? Man sieht sie nicht oft, doch zu Unrecht. Beide sind starkwüchsig, halbimmergrün, haben kleeartige Blätter und seltsam gefärbte Blüten. Beide Sorten sind ausdauernd und blühen im Mai und Juni in hängenden Trauben; in einem milden Klima, nach einem heißen, sonnigen Sommer, werden ihre Früchte groß wie Enteneier,

– wie Enteneier mit dem matten Schmelz frischer Zwetschgen. Diese Früchte haben den Vorteil, daß ihre Samen zu hundert Prozent aufgehen, wenn man sie in einen Topf sät; so ist es wenigstens mir ergangen.

Läßt man sie wachsen, so werden die Akebias sehr hoch; aber wer sich etwas wünscht, das nicht höher wird als zweieinhalb bis drei Meter, der pflanze *Actinidia kolomitka* (Strahlengriffel) an eine nach Osten oder Westen gerichtete Mauer. Ihre kleinen weißen Blüten sind unbedeutend und können übersehen werden; die Schönheit liegt in den Blättern, die dreifarbig sind, grün, rosa und weiß; fröhlich, dekorativ und ungewöhnlich.

Zu erwähnen sind noch die *Bignonias* (Trompetenstrauch), von Juni bis September blühend. Ihre großen orangeroten Trompeten wirken im Sommergarten laut wie eine Blasmusik. Ihre botanische Geschichte ist ziemlich kompliziert, und sie wechseln öfter ihren Namen. *Bignonia grandiflora* ist heute unter *Campsis grandiflora* bekannt (einmal nannte sie sich auch Tecoma), und *Bignonia radicans* heißt jetzt *Campsis radicans*. Die beste Sorte ist Mme. *Galen*, deren lachs- bis scharlachrot gefärbte Blüten zuweilen 8 cm lang werden.

Sie alle verlangen eine sonnige Mauer und sollten während der Ruhezeit von November bis Januar wie Reben zurückgeschnitten werden, das heißt bis auf das zweite »Auge«. Wie bei einer Rebe werden die Stecklinge unter einem Auge geschnitten und fest in sandige Erde gesenkt.

Juni

Kleine Tulpen-Praxis

Iris-Pracht

. . . und die Kleinen

Alpines Gärtchen im Trog

Lieber alter Thymian

Launischer Enzian

Zigeuner der Rosenzunft

Centifolien und Moosrosen

Alte Parkrosen

Chinesische Schönheit

Lieben Sie Knoblauch?

Stattliche Päonien

Gärten der Kindheit

Liebliche Akelei

Romantisches Geißblatt

Königskerze — Wetterkerze

Ein Sommer-Exote

Kleine Tulpen-Praxis

Jetzt ist es an der Zeit, die Tulpenzwiebeln herauszunehmen und sie beiseite zu legen, bis sie im Herbst wieder eingepflanzt werden. Ich bin zwar der Ansicht, daß wir ihnen diesen Ortswechsel ersparen könnten. Meine Tulpen wachsen seit zehn Jahren ungestört am gleichen Platz und verraten kaum ein Zeichen der Entartung. Vielleicht ist die Blume nicht ganz so groß wie einst, aber wir sind ja auch keine Aussteller. Ich lasse sie im Boden und gebe ihnen eine Chance, und sie danken es mir, indem sie diese Chance nützen. Doch sehe ich ein, daß sie in einem kleinen Garten entfernt werden müssen, um anderem Platz zu machen. Und da also jetzt die richtige Zeit dafür ist, gebe ich einen schlau erfundenen Tip weiter, den ich von einem alten Gärtner habe. »Wir legen sie nebeneinander in die Grube«, sagte er, »aber später, wenn die Blätter abgestorben sind, liegen sie durcheinander, und wir wissen nicht mehr, welche welche sind. Wenn wir aber ein Stück Drahtnetz darunterlegen und an diesem Etiketten mit den Sortenbezeichnungen anheften, dann brauchen wir nichts anderes zu tun, als das Drahtnetz herauszuheben; die Zwiebeln liegen darauf, und wir wissen, welche Sorten es sind.« Ich finde diese Methode sehr praktisch und nachahmenswert, nur dürfen die Etiketten nicht aus Papier sein.

Ich bin kein blinder Befürworter der »verbesserten« modernen Blumen: ich mag kein Delphinium mit baumstarken Stielen, ich mag keine Rosen ohne Duft. Doch müssen die Russell-Lupinen und die Schwertlilien ausgenommen werden. Jeder kennt und pflanzt Lupinen, aber nicht jeder hat wohl die außerordentliche Pracht der *Iris* erkannt. Da ihre Blütezeit in den Juni fällt, möchte ich heute an ihre Schönheit und an ihre sonstigen Vorzüge erinnern. Immer schon machten Farbe und Struktur die Schönheit der Iris aus; selbst die gewöhnliche alte *germanica*, so nützlich in den verstaubten Stadtgärten, verdankte ihre Beliebtheit dem königlichen Purpur. Kein Adjektiv, und wäre es noch so poetisch, könnte aber die sanfte Pracht der modernen Iris übertreiben, mit der höchstens noch der weiche Genueser Samt wetteifern kann. Wir müssen bis zur italienischen Renaissance zurückgehen, um etwas so Reiches und zugleich Zartes zu finden wie eben diese Samte, die wir für wenig Geld in Venedig und Rom zu kaufen pflegten, vor Jahren, als wir noch jung und die Samtreste billig waren. Von allen Blumen hat sonst nur das Stiefmütterchen diese besondere Qualität.

In ihrer vornehmen Haltung kommen die Iris am besten zur Geltung, wenn sie zu beiden Seiten eines Plattenweges stehen. Das Grau der flachen Steine betont sowohl ihre Farben wie auch ihren hohen Wuchs. Ich weiß nie, ob der Weg gerade oder gewunden sein sollte. Ein gerader Weg erinnert an eine Parade, was gut zu den Iris paßt, deren Blätter wie aufrechte Schwerter wirken. Andererseits bringt ein

Serpentinenweg die Verschiedenheit der gefleckten Blütenköpfe besser zur Geltung. Jeder muß das für sich selbst entscheiden, seinem Geschmack und der Art seines Gartens entsprechend.
Iris sollten im Juni oder Juli versetzt werden, nachdem sie ausgeblüht haben. Graben Sie den Klumpen aus, der einem Haufen fetter brauner Flußkrebse ähnelt, und Sie werden einige weiße Wurzeln finden, die erst zu wachsen beginnen. Schneiden Sie die Mitte des Klumpens heraus, es ist der Teil, der gerade geblüht hat, und behalten Sie nur die jungen Seitenwurzeln; alle faulen oder kranken Teile des Rhizoms müssen entfernt und verbrannt werden. Die übriggebliebenen Rhizome werden nun einzeln eingepflanzt, ohne sie unter allzuviel Erde zu ersticken; die Sonne muß sie erreichen können. Das klingt leichter, als es in Wahrheit ist, denn man sollte die Wurzeln recht fest in den Boden setzen, um zu verhüten, daß sie lose und wacklig werden — einer jener Ratschläge, die uns gelernte Gärtner geben, um uns dann hoffnungslos im Stich zu lassen. Ist sie einmal angewachsen, so verlangt die Iris keine Pflege und wird deshalb oft unvernünftig schlecht behandelt. Nur zu oft wird sie in eine schattige Ecke verbannt, wo sie anständigerweise ein paar Blüten treibt; aber pflanzen Sie sie in die volle Sonne und beobachten Sie den Unterschied! Auch mutet man ihr sogar klebrigen, nassen Boden zu, den sie nicht leiden kann; versetzen Sie sie in leichte, durchlässige Erde und beobachten Sie nochmals den Unterschied. Kalk schätzt sie sehr, sei es in Form von altem Mörtel oder Grundkalk; auch eine Handvoll Knochenmehl auf den Quadratmeter wird ihr nicht schaden.

Eine alte Streitfrage ist das Kurzschneiden der Blätter. Manche sagen, man sollte, andere sagen, man sollte nicht. Jene behaupten, die neugepflanzten Rhizome würden weniger in Gefahr geraten, vom Wind gelockert zu werden, wenn er den hohen Blattfächer nicht umblasen könne, und auch ich bin auf der Seite der Kurzschneider. Ich würde die Blätter nicht ratzekahl abschneiden, sicherlich nicht, doch kann ich keinen Schaden darin sehen, die Blätter bis zur Hälfte abzuschneiden, weil die obersten Spitzen ja doch absterben und braun werden. Also kann kein Verlust der grünen Nahrungssubstanz für die Wurzel eintreten, für dieses geheime Vorratslager, aus dem die erstaunlichen Blüten erstaunlicherweise steigen. Die Farben bleiben natürlich dem persönlichen Geschmack überlassen; das beste ist, den Katalog eines Iris-Spezialisten zu studieren.

... und die Kleinen

Für sie, die Zwerge, darf ich wohl ein Wort einlegen? Auch sie wollen jetzt geteilt und neu gepflanzt werden. Viele Sorten finden Sie in den Katalogen unter dem Namen *pumila*, ideal für den Steingarten, in einer sonnigen, trockenen »Tasche«. *Iris cristata* ist noch kleiner, nur 10 cm hoch. Manchmal nennt man sie auch *lacustris*, Freund der Seen, was also nichts anderes heißt, als daß sie feuchten Boden vorzieht. Am besten gedeiht sie im Halbschatten, in einer Mischung aus Sand und Torf; das gleiche gilt für *Iris gracilipes*, mit binsenartigen Blättern. *Iris graminea* ist eher eine Pflanze für den

Liebhaber; nicht weil sie schwer zu ziehen ist, sondern weil sie ein etwas unordentliches Blättergewirr produziert und keinen Schauwert hat. Ihr Wert liegt einzig und allein darin, daß man sie in einem Glas auf den Schreibtisch stellt und ihren Duft einatmet. Sie riecht wie reife Aprikosen oder Reineclauden. Die Blüte versteckt sich unter den Blättern, und wir müssen sie suchen, so wie wir manchmal nach versteckten Qualitäten unserer Freunde suchen müssen.

Bitte erinnern Sie sich auch an die *Iris sibirica.* Diese liebliche, schlanke Iris wächst überall, am Wasser oder in einem Beet. Sie hat die freundliche Gewohnheit, sich in irgendeiner Ecke wie zufällig selbst auszusäen und zu erscheinen, wo wir sie nie vermutet hätten; und wo immer sie wächst, sieht sie reizend aus.

Alpines Gärtchen im Trog

Die Rheumatiker, die Hexenschuß-Anfälligen und natürlich die Älteren täten gut daran, ein kleines Experiment mit dem Gärtnern in Becken oder Trögen zu versuchen. Wir meinen damit jene altmodischen Steinausgüsse, die heute von glasiertem Porzellan oder Aluminium verdrängt werden, oder die steinernen Trink-Tröge, mit denen Schweine und Kühe einst zufrieden waren, bevor sie von Beton hörten. Von Mensch und Tier verachtet, sind sie am besten dort zu finden, wo ein Haus abgebrochen wird. Und dann, durch kleine Pfeiler aus Ziegel- oder Feldsteinen auf Handhöhe gebracht, beginnen sie ein zweites Leben, zur Freude jener eifrigen Gärtner, die sich aus irgendwelchen Gründen nicht mehr bücken können.

Der Troggärtner gleicht einem Juwelier, der mit wertvollen Steinen arbeitet. Er macht Experimente, die er berichtigen kann, wenn sie ihn nicht befriedigen, sofern er ein paar Töpfe in Reserve hat. Hinaus mit der unpassenden Farbe, hinein mit der passenden – und all das, ohne die Wurzeln zu stören. Wählen Sie ein möglichst tiefes Becken, damit Sie ein Maximum an Erde haben. Ein Abzugsloch für das Wasser darf nicht fehlen, und ebenso wenig Scherben auf dem ganzen Boden. Dann wird mit Rasenerde, Lauberde, scharfem Silbersand und feinen Tonsplittern aufgefüllt. Auf dieses sandige Bett können Sie nun Felsbrocken oder auch flache Steine verteilen. Es gibt keine Vorschrift, wie Sie diese Steine anordnen sollen, das hängt vom eigenen Gutdünken ab; immerhin kann man ein paar Ratschläge für die Bepflanzung geben. Sehr wichtig ist es, alles im gleichen Maßstab zu halten. Hier ist eine kurze Liste der Pflanzen, die gut gedeihen müßten: *Thymus serpyllum* (der einheimische Thymian) als Teppich, *Saxifraga der Kabschia-Art* oder die kalkbesetzten Rosetten der *crustata*; das winzige alpine Vergißmeinnicht *Myosotis rupicola;* der kleine Alpenmohn *Papaver alpinum; Bellis Dresden China* oder *Bellium minutum*, das Zwergmaßliebchen; *Erinus alpinus*, der rosa Leberbalsam; *Veronica armena*, das Ehrenpreis mit den tiefblauen Ähren; *Allium cyaneum*, ein 15 cm hoher Knoblauch, und sogar die Zwergrosen *R. roulettii, Zwergkönig* und *Zwergkönigin;* dazu die ungezählten Zwiebeln wie früher Krokus *(sieboldii, tomasinia-*

nus) und die niederen Sorten der Wildtulpen: die Familie der *kaufmanniana; batalinii, chrysantha, dasystemon* und die seltene, winzige *pulchella*. Dann *Scilla, Chionodoxa* (Schneeglanz) und *Muscari* (Traubenhyazinthen) ... die Liste nähme kein Ende, wenn ich Platz hätte. So aber muß ich es der Phantasie meiner Leser überlassen und sie überdies auf das Kapitel »Zimmergarten« auf Seite 69 hinweisen.

Lieber alter Thymian

Vor zwei Jahren hatte ich, wie mir schien, eine glänzende Idee. Sie erwies sich als so glänzend, im doppelten Sinne des Wortes, daß ich sie weitergeben muß.

Ich hatte zwei dem Wind ausgesetzte Beete (7 m lang, 4,50 m breit), in der Mitte geteilt durch einen Plattenweg. Ich versuchte, jede Art Gewächse anzusiedeln, erkühnte mich sogar, Malven zu setzen, die natürlich durch den herrschenden Südwestwind umgeworfen wurden, so fest wir sie auch aufbanden. Daraufhin beschloß ich, etwas sehr niedrig Wachsendes zu pflanzen, dem der Wind nicht schaden konnte; ich entfernte die Malven und säte eine Menge Thymian. Jetzt habe ich eine Art Rasen, der rot und violett blüht und wie ein persischer Teppich im Garten wirkt. Die Bienen meinen, ich hätte ihn zu ihrem speziellen Wohl dorthin gelegt. Der Anblick ist wirklich bezaubernd. Ich möchte nicht damit prahlen, aber ich kann nicht anders, als mich freuen; es kommt so selten vor, daß unsere Experimente restlos glücken.

Es handelt sich um die veredelte Form des wilden Thymians, *Thymus serpyllum*, die Art, die man oft zwischen Steinen, auf Wegen und Terrassen kriechen sieht. Serpyllum stammt vom lateinischen serpere, kriechen (englisch und französisch serpent, Schlange); tatsächlich gab es zwei alte englische Namen für den wilden Thymian: »serpile« und »serpolet«. Die Römer schrieben seinem Duft Heilwirkung gegen Melancholie zu; in späteren Jahren verwendete man ihn gegen Ischias und Keuchhusten, Kopfweh, Tobsucht und Lethargie.
Die Damen des Mittelalters stickten einen Thymianzweig, über dem eine Biene schwebte als Symbol des Mutes (den man angeblich durch einen Aufguß von Thymian bekam) und der Tatkraft, die das Insekt versinnbildlichte. Eine komplizierte Mixtur aus Thymian bewirkte, daß man Feen erblickte und vom Alpdruck befreit wurde.
Ich hatte in meinem Beet die bekannte rotviolette Sorte, *coccineus*, als dunkelrote Flecken, dazu einige weiße, um das Muster zu beleben.
Um im Frühling, wenn der Thymian nur grün ist, etwas Farbe hineinzubringen, pflanzte ich ein paar kleine Zwiebeln dazwischen. Ein Grüppchen Krokus; ein Grüppchen der Miniatur-Narzissen; ein Grüppchen der kleinen rosa Zyklamen. Es fällt mir gerade ein, daß man den Thymian-Rasen auch an einen Abhang pflanzen könnte. Steile Grashänge sind immer unangenehm zu mähen, der Thymian aber hätte das nicht nötig und würde bei gutem Wasserabzug an einem sonnigen Hang sicher wunderbar gedeihen. Auf diesen Hang würde ich zwischen den Thymian ein paar Sonnenröschen setzen, Hybriden des *Helianthemum vulgare;* in einem

flachen Beet würden sie jedoch den Eindruck des Teppichs verderben. Die Sonnenröschen gibt es in einer Vielfalt von strahlenden Farben, von blassem Sämischgelb und Gold bis zu Tomatenrot und Tiefrot; sie blühen mindestens sechs Wochen während der Monate Mai und Juni.

Viele Thymiansorten wären für diesen Zweck zu buschig oder zu drahtig. Doch ein sonnig gelegenes schmales Beet, vielleicht an der Hausmauer, mit allen Arten von Thymian gefüllt, könnte hübsch sein und wundervoll duften. Er zieht magere, steinige Erde vor, so wie man sie oft auf einem Bau findet, wo die Arbeiter Schutt, Mörtel und Sand liegengelassen haben; anspruchsvollere Pflanzen lehnen diese Bodenbeschaffenheit ab und gedeihen erst, wenn man sich der großen Mühe unterzieht, den Abfall wegzuschaffen.

Es soll 24 verschiedene Thymiansorten geben, doch wird kaum jemand eine vollständige Sammlung anlegen wollen. Für ein schmales Beet, wie ich es mir denke, wäre ich mit einem halben Dutzend zufrieden. Im Vordergrund müßten die niedrigwachsenden Sorten stehen: *Thymus languinosus*, der grauwollige Thymian und der leuchtendrote *Th. coccineus*.

Hinter diese Teppichpflanzen kämen die buschigen Sorten: der goldene *Th. citriodorus aureus* und der silberne *Th. citriodorus argenteus*, beide nach Zitronen duftend, wie ihr Name sagt. Dann *Th. citriodorus vulgaris*, ein ginsterähnlicher Busch, grün mit einer Spur von Purpurrosa, und *Th. vulgaris compactus*, etwa 25 cm hoch, stark aromatisch, mit roten Blüten.

Von all diesen sind Pflanzen erhältlich, von einigen

auch Samen, die im März oder Anfang April ausgesät werden müssen; die zitronenduftenden Arten sollen zwar süßer riechen, wenn sie aus Stecklingen oder kleinen bewurzelten Teilen gezogen wurden, die jederzeit zwischen Mai und September anwurzeln. Es ist also noch nicht zu spät, um Ableger zu erbitten oder beim Gärtner zu bestellen.

Launischer Enzian

Vielleicht sollte man eine so launische Pflanze, wie der Enzian es ist, gar nicht empfehlen. Es wird beispielsweise berichtet, daß *Gentiana acaulis* aus unersichtlichen Gründen auf der einen Seite eines Weges herrlich blüht, auf der anderen nicht. Auch die Ratschläge erfolgreicher Züchter sind verwirrend in ihrer Vielfalt. Reginald Farrer glaubt an reiche Kost. Füttert sie, sagte er, mit alten Schuhen, Schweinetrog-Abfällen und mit dem Blut von Königen. Andere Leute geben den Rat, auf ihnen herumzutrampeln, noch andere behaupten, sie gediehen nur dort, wo ein kleines kresse-artiges Unkraut wüchse. Zwei Tatsachen scheinen festzustehen: Der Enzian verabscheut Trockenheit der Wurzeln und rächt sich entsprechend, wenn man ihn verdorren läßt; überdies wird man verschiedene Plätze versuchen müssen, bis der richtige gefunden ist. Ich selbst probierte es dreimal, und jetzt endlich scheint er zufrieden zu sein, obwohl ich es noch nicht mit dem Herrn aufnehmen kann, der auf Farrers Erkundigungen bescheiden antwortete, er glaube, er

habe »nicht mehr als etwa fünf Meilen« davon. Eine Behauptung, die sich als wahr erwies.
Als Trost für Gärtner mit alkalischem Boden sei angefügt, daß Gentiana acaulis ein Kalkliebhaber ist, wogegen der im September blühende Enzian *sino-ornata* sofort eingeht, wenn er Kalk nur von weitem riecht. Mauermörtel, der reichlich Kalk enthält, und eine Kopfdüngung von Knochenmehl werden von G. acaulis mit Dank entgegengenommen.
Und zur weiteren Ermutigung von Gärtnern, die eine Gruppe Enziane im Garten haben wollen (auch wenn sie nicht fünf Meilen lang ist) und sie gern im August blühen sehen, ist *Gentiana septemfida* die beste und zuverlässigste Art. Septemfida hat übrigens nichts mit September zu tun, sondern bedeutet nur »in sieben Teile gespalten«. Diese Sorte braucht ein torfiges, lehmiges, laubhaltiges Bett und haßt es, ausgetrocknet zu werden.

Zigeuner der Rosenzunft

Die Rosen blühen! Und ich hoffe, daß Sie in Ihrem Garten möglichst viele von den schönen alten Sorten haben, die als Büsche gepflanzt werden sollten. Das heißt, ihnen zu erlauben, ungezwungen zu wuchern, sich zu großen Büschen zu entfalten, sich auch unterirdisch fortzubewegen und ein Stück weit entfernt wieder auszuschlagen. Ich nenne sie die »Zigeuner der Rosenzunft«. Sie empören sich gegen allen Zwang, sie wollen sich in all ihrer Stärke ausleben können, so frei wie die Heckenrosen am Wegrand. Ich weiß, sie sind nicht jedermanns Geschmack, und ich weiß auch, daß sie in kleinen Gärten keinen Platz haben. Dennoch liebe ich sie sehr und würde ihnen viel Raum gewähren.

Alte Rosen, auch Parkrosen genannt, sind ein unerschöpfliches Thema. Da gibt es die *Gallicas,* die *Damaszener,* die *Centifolien,* die *Rosa moschata* oder Moschusrose, die *Rosa chinensis* oder Bengalrose, die Provinsrose ... eine romantischer als die andere. Nehmen wir nur den einen Satz: »Im 12. Jahrhundert wurde eine tiefrote gallische Rose von den Arabern in Spanien gezüchtet, nachdem sie laut Überlieferung im 7. Jahrhundert aus Persien eingeführt worden war.« Ist das nicht reine Poesie, auch wenn es in einem ernsthaften Artikel in einer seriösen Zeitung steht und nur Tatsachen feststellen will? Wir sollten uns mit neuem Eifer auf diese vernachlässigten Schönen stürzen.

Heute sind sie allerdings nicht mehr vernachlässigt; sowohl Handelsgärtner wie auch Amateure erkennen ihre Reize an. Natürlich höre ich konventionelle Leute sagen, sie liebten nur richtige Rosen, womit sie offenbar ein weitgeöffnetes rosa, rotes oder gelbes Gebilde meinen, sicher an sich schön, aber doch ohne die Zartheit der anderen, die aus einem mittelalterlichen Gobelin gepflückt sein könnten. Wir sollten uns ihnen eigentlich so nähern, als wären sie Gewirke, nicht Blumen. Das samtige Scharlachrot der Blütenblätter, die Staubgefäße aus zitterndem Gold, der schieferdunkle Purpur der *Cardinal Richelieu,* das dunkle Rot und Gold der *Alain Blanchard* ... ich könnte ewig so weiterschwärmen und doch immer wieder zurückkommen auf Stickerei oder Damast, die einigen von ihnen ja auch den Namen gaben.

Wie schon gesagt, ist in letzter Zeit die Liebe zu den alten Rosen wieder aufgeflammt. Ich möchte die neueren Sorten, wie die *Hybrid Teas*, *Hybrid Perpetuals*, *Polyanthas* und *Wichurianas* durchaus nicht herabsetzen, aber wer einmal dem Charme der alten Rosen erlegen ist, wird die neueren nicht ins Herz schließen können. Gewiß, es gibt viel Ungünstiges gegen die alten zu sagen: ihre Blütezeit ist kurz, sie wachsen unordentlich, sind schwierig aufzubinden, und man ist zu stundenlangem Schnipseln gezwungen, um sie von verwelkten Blüten freizuhalten, da sie sonst nicht ihre volle Schönheit entfalten. Doch trotz dieser Schattenseiten erfüllen sie uns mit wachsendem Entzücken. Wir lernen, wie bei unseren Freunden, die Fehler zu übersehen und die Vorzüge zu lieben.

Ihre Fehler – oder vielmehr ihre Untugenden – habe ich aufgezählt. Worin bestehen nun ihre Vorzüge? In einer Verbindung von Gefühlen: sie rufen alles wach, was wir jemals von Rosen in Gedichten gelesen oder auf Bildern gesehen haben. Oder vielleicht eine persönliche Erinnerung: wir sind ihnen einmal begegnet in den Gärten unserer Kindheit, verwildert und unbeachtet.

Gewöhnlich duften sie auch süßer als ihre modernen Nachfolger. Sie erfüllen die Luft mit dem richrigen Rosenparfum.

Die *Centifolie* (Bauern- oder Kohlrose) mag in dieser Beziehung die Moosrose übertreffen, doch da diese ja nur eine Abart der Centifolie ist, teilt sie mit ihr den tiefen, samtigen Duft und hat dazu noch den Vorzug der pelzigen Kelche und Triebe. Niemand weiß, wann sich die erste Centifolie in eine Moosrose verwandelte; der erste Gärtner, der diese Laune der Natur beobachtete, hat sicher eine unbekannte Krankheit vermutet. In gewissem Sinn war es auch so. Mr. Edward Bunyard, der so viel für die alte Rose getan hat, schreibt in seinem Buch »Old Garden Roses«: Die Moosrose erzeugt eine Wucherung durch »Drüsen«, die sich an jeder Centifolie finden.

Manche Rosenspezialisten behaupten steif und fest, daß die Rose, die von Rot zu Lila verblüht, eine schlechte Rose sei, eine, die sogleich aus dem Garten entfernt werden müsse. Andere wieder finden, das Bischofslila ihrer Sterbestunde verleihe ihr eine zweite Schönheit. Im Fall der Moosrose trifft dies zu. Ich besitze zwei Büsche der *William Lobb* (sie haben eine Höhe von 3,50 m), und wenn sie den Zustand erreicht haben, daß einige der Blüten welken, während andere noch aufgehen, sehen sie aus, als ob ein Priestergewand über sie geworfen wäre. Wachsen sie in einem Beet, so können wir einige graublättrige Pflanzen davor setzen, wie zum Beispiel *Stachys lanata*, denn das sanfte Grau betont noch ihre dumpfen Töne. Aber am liebsten würde ich sie doch ganz allein sehen, zwischen Steinplatten vor einer grauen Mauer, wo vielleicht eine alte Rose mit dem hübschen Namen *Veilchenblau* hochklettert und zu ihren Füßen ein paar Grüppchen der roten Gartennelke stehen.

Der Charme einiger Rosen liegt ebenso sehr in ihren Blättern wie in den Blüten. Es sind die Sorten, deren Blätter farnkrautähnlich gefiedert sind. Eine der hübschesten ist *Rosa omeiensis pteracantha* (1890 aus China eingeführt), die sich schon Anfang Mai, vor dem Blattaustrieb, über und über mit kleinen, weißen Blüten schmückt. Sie hat grausame, blutrote Dornen, über einen Zentimeter lang, herrlich anzusehen, wenn die auf- oder untergehende Sonne hindurchscheint. Pflanzen Sie diese Rose also dort, wo das Morgen- oder Abendlicht hinkommt.
Doch den ersten Rang unter den kleinblütigen Rosen würde ich der *Rosa hugonis* einräumen, die im Mai mit buttergelben Blüten bedeckt ist. Dann käme *Rosa rubrifolia,* deren Schönheit vor allem im Kontrast zwischen den graugrünen Blättern und dem pflaumenfarbenen Stiel besteht; oder *Rosa willmottiae,* blaßrosa, frühblühend, aber mit dem ärgerlichen Fehler, daß sie eine Unmasse wirrer toter Zweige produziert, die uns stechen, wenn wir sie zum Wohl der Rose herausschneiden.
Noch andere Sorten zeichnen sich durch besonders zartes Blattwerk und unermüdliches Wachstum aus, so daß sie sich dafür eignen, einen sonst unnützen Winkel zu füllen. Die *Rosa alba Madame Plantier* pflanzten wir am Fuß eines wertlosen alten Apfelbaumes, leise hoffend, daß sie ein paar Meter des Stammes bedecken werde. Jetzt ist sie über vier Meter hoch und hat einen Umfang von dreizehn Metern, spitz zulaufend wie die Taille einer Dame des letzten Jahrhunderts über einer weiten Krinoline, die über und über mit süßduftenden Blüten

bestickt ist. Ich betrachte sie im Mondlicht: sie schimmert geisterhaft und bringt es fertig, zugleich jungfräulich und matronenhaft auszusehen. Sie muß rund um den Baum aufgebunden werden, sonst wäre sie nur ein großer, wilder Busch. Als beste Methode erwies sich ein gegen den Baum gelehnter Dreifuß aus Bohnenstangen, woran wir die Zweige festbanden.

Doch wie verschieden auch unsere Ansichten über Rosen sein mögen – ob unsere Vorliebe mehr den Teerosen, den Kletterrosen oder den alten Buschrosen gilt – etwas gibt es, worüber wir alle einig sind: daß es ein Vorzug ist, wenn eine Rose nach Rose duftet. *Charles Mallerin*, die herrliche schwarzrote Hybride, ist erst zehn Jahre alt und so reich an Duft wie an Farbe. Es gibt Rosen, die man dicht an die Nase halten muß, andere wieder verströmen ihren Duft großzügig in die Sommerluft. Von diesen nenne ich vor allem drei: *Rosa rugosa alba, R. rugosa blanc double de coubert* und die schon früher erwähnte *Rosa moschata.* Sie alle werden große Büsche und sollten an einer Ecke stehen, wo man oft vorübergeht. Sie blühen unaufhörlich, und rugosa alba trägt im Herbst leuchtend rote Hagebutten wie kleine runde Äpfel zwischen den gelb werdenden Blättern.

Chinesische Schönheit

Wenn jemals eine Pflanze all das ausdrücken kann, was wir angesichts der Feinheit, der Poesie und der Linienführung einer chinesischen Zeichnung empfunden haben, dann ist *Rosa moyesii* diese Pflanze. Wir könnten ihr auf einer chinesischen Tapete begegnen, mit einem grünen Papagei, der ganz unproportioniert auf ihren schlanken Zweigen sitzt. Ein Künstler braucht sie nicht erst zu stilisieren, das hat die Natur schon zur Genüge getan. Wir sehen sie oft aus englischen Rasen steigen oder über unsere Flüsse hängen – doch bleibt sie der Inbegriff von China. Mit der seltsamen Anpassung des wahren Genies ist sie überall zu Hause und fühlt sich in England ebenso wohl wie auf den Felsen im asiatischen Hochland.

Sie verblüht rasch, höchstens drei Wochen dauert ihr jährliches Blüten-Feuerwerk. Doch diese Schönheit ist so überwältigend, daß man sie für diese drei Juniwochen pflanzen muß. Während dieser Zeit sind ihre Zweige übersät von großen, einfachen blutroten Blumen. Die Farbe ist nicht zu beschreiben. Ich halte eine ihrer Blüten gerade in der Hand und bin überwältigt. Ungefähr so stelle ich mir die Felsen von Petra bei Sonnenuntergang vor. Oder die gefärbte Lederscheide eines arabischen Dolches – jawohl, denn ich halte beide nebeneinander, die Dolchscheide und die Blume. In diesem dämmerigen Rot liegt eine ganze Welt von Romantik.

Sogar nach der Blütezeit sind die ausladenden Zweige noch lieblich genug. In wenigen Jahren wird ein Busch bis drei Meter hoch und zwei oder zweieinhalb Meter breit; lange, wehende Zauberruten mit kunstvoll angeordneten Blättern stehen gegen den Himmel oder die Hecke oder die Mauer oder was immer der Hintergrund sein mag. Niemals aber darf man sie fest an eine Wand binden: sie will frei wachsen, will frei in einer vollkommen geformten Fontäne aufsteigen. Es wäre auch ein Fehler, ihr in der Hoffnung auf eine zweite Blüte die verwelkten Rosen abzuschneiden; die zweite Blüte wird sich doch nicht einstellen, und man würde sich nur um die weitere Freude bringen, die sie im Herbst schenken will: die langen, flaschenförmigen, scharlachroten Hagebutten. Diese Siegellack-Früchte sind leuchtender als die der Stechpalmen.

Die Moyesii wird noch nicht lange in europäischen Gärten kultiviert. Zuerst fand man sie 1890 an der tibetanischen Grenze, 1903 wurde sie neu entdeckt, 1908 ausgestellt und 1910 auf den Markt gebracht; wir haben also noch nicht viel Zeit gehabt, ihre Möglichkeiten auszuschöpfen. Mit ziemlicher Sicherheit läßt sich sagen, daß sie nicht leicht (wenn überhaupt) aus Stecklingen Wurzel schlägt, so daß wir auf Samen angewiesen sind; jedermann weiß jedoch, wie aufregend und unerwartet Sämlinge sich benehmen können. Mögen die Amateure nur einmal ihr Glück damit versuchen!

Es gibt jetzt eine Abart, *Geranium* genannt, von stämmigem Wuchs, und die wunderschöne weiße *Nevada*, die kein zufälliger Sämling ist, sondern beabsichtigte Kreuzung.

Wer Vergnügen am Grotesken hat, der findet sicherlich an der *Rosa turkestanica* oder *chinensis mutabilis* Gefallen. Bei guter Pflege wird ein großer Busch daraus, der scheinbar von verschiedenartigen Schmetterlingen bedeckt ist: rosa, gelb und cremefarben. Er wird den ganzen Sommer blühen, vor allem an einem sonnigen, geschützten Platz. Ich kann ihn sehr empfehlen. Er stammt aus China, hat eine lange Geschichte und die Ehre, von Redouté gemalt worden zu sein.

Der Verfasser des klassischen Werkes »The English Flower Garden« äußert sich in diesem Buch sehr geringschätzig über *Allium* oder den Zier-Knoblauch. Er schreibt, dieser wäre »im Garten ohne jeden Nutzen«, er produziere so viele kleine Knöllchen, daß man ihrer nicht mehr Herr werde, und wenn man sie zerdrücke, verbreiteten sie Gestank. Dieses Mal stimme ich der großen Autorität nicht zu. Ich finde im Gegenteil, daß die Allium-Sorten für den Juni-Garten von großem Wert sind; und was den schlechten Geruch anbelangt – wer in aller Welt wird schon ohne Not seine eigenen Blumen zerdrücken?

Allium rosenbachianum ist außerordentlich hübsch, 120 cm hoch, mit großen, runden, grün gesprenkelten lila Köpfen. Die Blätter allerdings sind nichts weniger als hübsch, deshalb sollte man sie hinter etwas anderes setzen, das sie verbirgt. Sind Sie eine Hamsternatur, so können Sie die langen Stiele abschneiden, nachdem die Blume verblüht ist, und sie mit ihren Samenkapseln aufbewahren für das, was die Blumenhändler »winterliche Innendekoration« nennen. Wie fast jeder Knoblauch, verlangt er einen sonnigen, trockenen Platz. Für das, was er darstellt, ist er nicht teuer und wird von Jahr zu Jahr schöner.

Allium albo-pilosum, mein besonderer Liebling, ist ungefähr 60 cm hoch und aus Turkestan gebürtig. Er blüht wie ein Strubbelkopf aus vielen sternförmigen Blumen in glänzendem Lila, jede mit einem kleinen grünen Knopf in der Mitte und auf langen dünnen Stengeln, so daß der Eindruck eines lila-grünen Spinnennetzes entsteht, das durch eigene

Schwungkraft und Leichtigkeit immer ein wenig zittert. Schon eine Gruppe von sechs Pflanzen wirkt prachtvoll. Sie bevorzugen leichten Boden und einen sonnigen Standort und lassen sich in jedem Ausmaß vermehren durch die kleinen Knöllchen, die sich um die Mutterknolle bilden – ein sehr billiger Weg, den Vorrat aufzufüllen. Sie würden sich mit dem blauen *Allium azureum* im Vordergrund glücklich ergänzen. *Allium cyaneum* ist ein Zwerg, nur 20–30 cm hoch, hellblau, geeignet für Schalen oder Töpfe, wo wir ihn in Augenhöhe betrachten können. *Allium giganteum*, 1,50 m hoch, violettblau, wird allgemein als die prächtigste Sorte gewertet, ist aber auch die teuerste. Ich kaufte letztes Jahr eine einzige und beobachte sie nun besorgt; sie sollte im Juli blühen.

Stattliche Päonien

Wie oft werde ich nach Pflanzen gefragt, die den Halbschatten lieben, und da wir gerade im Juni sind, kommt mir die edle Päonie in den Sinn. Ich meine die buschige Sorte, nicht die Baum-Päonie (Pfingstrose). Ist sie nicht der Juni in Person? Größer als jede Rose, gleicht sie in der Struktur der Centifolie; und wenn sie schließlich verblüht, wirft sie ihre weiten Unterröcke mit einem Plumps hin, in einem unversehrten Haufen, so wie eine Rose plötzlich fällt, so daß wir von unserem Buch oder Gespräch aufschauen, um für einen Augenblick den Tod der eben noch lebenden Schönheit zu bedauern. Um zur Praxis zurückzukehren: die Pfingstrose ist sehr zu empfehlen. Ich werde ihre Tugenden aufzählen: Sie ist ein langlebiges Gewächs und wird jedes Jahr kräftiger, wenn sie ungestört bleibt. Sie braucht weder geteilt noch versetzt zu werden, ja sie haßt es geradezu. Sie blüht, wie schon gesagt, im Halbschatten, und ihr Prahlen mit Größe und Farbe gewinnt durch das gebrochene Licht überhängender Äste. Sie ist unempfindlich gegen Lehm, und Wühlmäuse scheinen sich aus ihren jungen Trieben nichts zu machen. Auch Schnecken verschmähen sie, und das einzige, was ihr ernstlich zusetzen kann, ist ein Pilz, die Welke (Botrytis). Wird sie davon befallen, so müssen alle erkrankten Teile ausgeschnitten und verbrannt werden; doch in all den Jahren, seit Päonien in meinem Garten stehen, habe ich nie eine Spur davon an meinen dicken Prunkdamen gefunden.

Natürlich werden auch sie sich für gute Behandlung dankbar erweisen, zum Beispiel für ein bißchen untergeharktes Knochenmehl im Herbst. Aber nötig ist es nicht. Eine entscheidende Rolle spielt nur die erste Pflanzung. Das Loch sollte etwa 50 cm tief sein, auf den Grund kommt etwas Kompost, dann wird mit gewöhnlicher Erde aufgefüllt. Die Wurzeln müssen flach gepflanzt werden, nicht tief in den Boden. Das ist sehr wichtig. Auf diese Weise werden die Päonien wachsen und wahrscheinlich ihren Besitzer überleben, so daß die Enkel in fünfzig Jahren noch schönere Blumen schneiden können. Aus einigen Samen, die ich von einer ziemlich matten, braunen Pfingstrose, *Paeonia delavayi*, nahm, entstand ein lackrotes Kind. Die Mutter überlebte es mit der üblichen Unberechenbarkeit der Pflanzen und wurde viel zu groß für den ihr angewiesenen Raum; ein Buchfink nistet darin, was reizend ist, doch nie hätte ich gedacht, daß sie über zwei Meter hoch würde. Das Kind jedoch, auf das ich so stolz war, ging ohne Warnung ein, vermutlich an der Welke.

Die liebliche blaßgelbe *P. mlokosewitschii* variiert ein bißchen in bezug auf die Farben ihrer Nachkommen. Ich bekam eine grünlich-gelbe von buttergelben Eltern. Diese beiden glücklichen Zufälle bestärken mich im Glauben, daß es der Mühe wert ist, die Spezies aus eigenen oder gekauften Samen zu züchten. Man verwechsle übrigens diese Sorten nicht mit den alten Pfingstrosen der Staudenrabatten. Sie sind bedeutend feiner und köstlicher und haben nur den einen Fehler, daß ihre Blüten kurzlebiger sind. Allerdings läßt sich dem durch einen Standort im Halbschatten weitgehend vorbeugen. Dadurch eignen sie sich gut als Unterpflanzung in einem Hain von kleinen, nicht gestützten Bäumen, wie Zierbirne und Prunus, wo sonst der Boden leer bliebe. Flüchtig betrachtet gibt es also zwei Arten von Pfingstrosen: die buschige und die Baumpäonie, *Paeonia suffruticosa* oder *moutan*. Der Baum ist heute nicht ohne weiteres erhältlich, aber lohnend, weil er schon jung zu blühen beginnt und mit fortschreitendem Alter immer üppiger wird.

Er darf niemals zurückgeschnitten werden. Meine Exemplare wurden für immer durch einen Hilfsgärtner zerstört, der die Bäume im Herbst bis auf den Boden zurückstutzte.

Der botanischen Päonie begegnen wir in den Gärten in nicht sehr ansprechenden Tönungen von Rot und Rosa, doch es wäre unrecht, sie deshalb zu verurteilen. Heute gibt es viele Arten, gefüllte und halbgefüllte, von reinstem Weiß über Weißgelb zu

Hellrosa, Dunkelrosa und zu den Sonnenuntergangsfarben, die wir bei *P. peregrina* finden; sie ist tatsächlich flammend rot. *Sarah Bernhardt* hat riesige blaßrosa Blüten, gefüllt; *Kelway's Glorious* ist eine schöne weiße; *Duchesse de Nemours* ist rahmweiß, mit kleineren Blüten.

Gärten der Kindheit

In uns allen kann irgendein Reiz irgendeine Kindheitserinnerung wecken, es mag ein Duft sein oder eine Berührung oder ein Anblick. Für einige unter uns ist es die Erinnerung an die Blumen, die wir in den Gärten unserer Großeltern sahen und nun vergeblich suchen.

Weshalb wohl sind diese guten alten Einfassungsblumen der Küchengärten aus der Mode gekommen? Weil sie nichts Großartiges an sich hatten, verbannte man sie meist auf die Beete zwischen Apfelspalier und Weg. Dort standen sie bei den alten gefüllten Primeln, bei Tausendschön, Maßliebchen und einigen Aurikeln und waren sehr glücklich zusammen. Die Pflanzen, an die ich denke, kamen gleich hinter diesen niedrigwachsenden, in die mittlere Reihe des Beetes.

Wir kannten sie nur unter ihren volkstümlichen Namen. Da waren das Fliegende Herz, Studentenherz, Frauenherz – Namen, die viel bekannter waren als *Dicentra* oder *Dielytra spectabilis.* Man konnte jedes Medaillon des Fliegenden Herzens in verschiedene Formen ziehen; die hübscheste war eine kleine rot-weiße Balletteuse.

Dann stand da die Sterndolde oder *Astrantia*, grünlichweiß oder blaßrosa, eine währschafte alte Pflanze, die man nur noch selten sieht. Auch Salomonssiegel war dabei, *Polygonatum multiflorum*, und die Schattenblume, *Smilacina racemosa*, beide mit breitlanzettförmigen Blättern und langen Ketten von mondweißen Blüten. Die Smilacina hat den Vorteil, stark zu duften und sich lange im Wasser zu halten; sie verdiente es, mehr gepflanzt zu werden.
Ein anderer meiner alten Lieblinge ist die *Tradescantia virgilania*, so genannt nach John Tradescant, dem Gärtner von Karl I. und Henriette Maria. Sie wird auch Dreimasterblume genannt, nach ihren drei Blütenblättern in sattem Violett, die seltsam zwischen den grasartigen Blättern hervorlugen. Völlig winterhart, hat sie eine lange Blütezeit, von Juni bis in den Herbst hinein. Sie liebt die Sonne, gibt sich aber auch mit etwas Schatten zufrieden. Bitte nicht mit einer anderen Tradescantia zu verwechseln, einer kriechenden Pflanze fürs Treibhaus mit grün-weiß gestreiften Blättern.

Liebliche Akelei

Viel zu wenig bekannt ist die eleganteste, duftigste Blume, die Garten-Akelei. Selbst unsere alte blaue *Aquilegia vulgaris* ist voller Charme. Nie bringe ich es über mich, sie auszureißen, wo immer sie sich hinsetzt, obwohl ich weiß, daß sie beinahe ein Unkraut ist und sich zum Nachteil der edlen Sorten vermehrt. Tatsächlich gibt es wenige Blumen, die sich so gern untereinander kreuzen – oder wie ein

Züchter es ausdrückte: »Ihre Moral läßt zu wünschen übrig.« Im Falle der Akeleien aber ist dies sehr erfreulich, denn es bedeutet, daß wir Zufalls-Sämlinge in nie erwarteten Farben bekommen.

Ihre andern Vorteile: sie sind mehrjährig, was uns viel Mühe erspart; sie sind winterhart; sie sind licht und duftig in einem gemischten Strauß. Ein wenig Schatten schadet ihnen nicht, im Gegenteil. Sie können leicht aus Samen gezogen werden, und es gibt eine erstaunliche Auswahl von Schattierungen und Größen, von der winzigen blauen *alpina*, deren Wuchs für Steingärten paßt, bis zu den 70 cm hohen langsporigen Hybriden in Gelb, Weiß, Blau, Lila, Rosa, Rot mit Gold; und – für den Liebhaber von Absonderlichkeiten – sogar in Grün mit Braun.

Ich stelle mir einen Glückspilz mit viel Platz vor, mit einem kleinen eingehegten Garten oder ummauerten Hof wie bei alten Landhäusern. Sollte der Hof Steinplatten haben, um so besser; denn die Pflanzen setzen sich gern in die Ritzen und strecken ihre Wurzeln in das kühle Erdreich darunter, um sich so vor dem kleineren Feind, dem Frost, und vor dem größeren Feind, der Feuchtigkeit, zu schützen. Solch einen kleinen ummauerten Garten oder Hof stelle ich mir vor – in den Farben der Akelei leuchtend.

Romantisches Geissblatt

Wie ich schon schrieb, verbinden wir alle irgendwelche Empfindungen mit den bekannten Gerüchen unserer Kindheit, sei es der Duft von Heckenrosen

an einem feuchten Abend oder von einer roten, sonnenwarmen Centifolie oder von unserem Geißblatt, das sich über eine Hecke schlingt. So wirkt es fast wie ein Schock, einem Geißblatt zu begegnen, das keinen Duft hat, dafür aber Blüten von so überraschender Schönheit, daß es allein seiner Farbe wegen gepflanzt zu werden verdient.
Einige Exemplare blühen jetzt gerade in meinem Garten. Ich schätze und bewundere sie, aber ich kann sie nicht so lieben wie die alten Sorten, die immer so herrlich dufteten. Diejenige mit den großen, gelben, duftlosen Blüten heißt *Lonicera tellmanniana*. Es gibt auch eine leuchtend orangerote, *Lonicera brownii fuchsioides*. Sie scheinen sich sowohl in der Sonne wie auch im Schatten wohlzufühlen, an einer Wand gezogen oder über eine Hecke hängend. Ich kann nie sagen, ob ich sie lieber in der Sonne oder im Schatten sehe. Die Sonne bemalt sie mit Glanz, mit einem Lackpinsel aus Licht; doch in einer schattigen Ecke haben sie ein tiefes, stilles Leuchten wie verborgene Dinge.
In der letzten Zeit habe ich bereut, daß ich nicht noch mehr Geißblatt in meinen Garten pflanzte. Jeder Gärtner wird wohl plötzlich von ähnlichen Reuegefühlen überfallen. Glücklicherweise handelt es sich hier um ein Versäumnis, das schon im Herbst gutgemacht werden kann, da das Geißblatt sehr schnell wächst. Von den duftenden Sorten werde ich *Early Dutch* pflanzen, im Mai und Juni blühend, und *The late Dutch*, die von Juli bis September oder Oktober blüht. Beide sind unserem alten Geißblatt nah verwandt. Für die Winterblüte besitze ich bereits *Lonicera fragrantissima* und den vielleicht noch besseren Vetter, *Lonicera standishii*. Nach

meinen Erfahrungen blühen sie nicht übermäßig, doch schon ein paar im Januar geschnittene Zweige sind willkommen und parfümieren ein ganzes Zimmer. Leider sind nicht alle diese Sorten hierzulande erhältlich.

Königskerze – Wetterkerze

Sicher kennt jeder Gärtner die Königskerze, *Verbascum thapsus*, das Unkraut, das überall erscheint, manchmal mitten in einem sorgfältig angelegten Blumenbeet, wo es in der guten Erde anderthalb bis zwei Meter hoch wird, manchmal in einer ausgetrockneten Mauer, wo es nicht größer wird als ein Löwenzahn. Sie versamt sich ringsum und wird zu einer Plage und zum Problem, weil sie mit ihren wolligen grauen Blättern und dem gelben Blütenschaft fast zu schön ist, um ausgerissen zu werden. Wüßten wir nicht, daß sie zu den Unkräutern gehört, so würden wir sie als dekorative Gartenblume ansehen.

Unkraut oder nicht, die Königskerze besitzt vielerlei Fähigkeiten. Es scheint praktisch kein Übel zu geben, das sie nicht heilen könnte. Der aus ihr zubereitete Tee ist eine uralte Arznei gegen Husten und Lungenkrankheiten; angeblich soll sie auch gegen so verschiedenartige Leiden wie Würmer, Warzen, Zahnweh, Kopfweh, Ohrenweh und Gicht wirksam sein. Und weiter: sie soll vor dem bösen Blick schützen und die Haare zu glänzendem Gold färben, wie die Römerinnen vor langer Zeit entdeckten. Die Hexen machten aus den Blättern Fak-

keln für ihre Walpurgisnacht; Wildfrevler warfen die Samen ins Wasser, um die Fische zu vergiften; die Armen legten die Blätter in ihre Schuhe, um warme Füße zu haben. Wäre es nicht undankbar, eine so vielseitige Pflanze geringzuschätzen?
Glücklicherweise existieren einige Verwandte der gewöhnlichen Königskerze, die einwandfreie Beetpflanzen sind: *Verbascum Cotswold Gem* oder *Cotswold Queen*. Es spielt keine Rolle, welche Sorte wir wählen, alle sind sie gleich begehrenswert, alle verstaubt, gedämpft, verblichen in den Farben – seltsamen Farben, die man kaum benennen kann: weder Rosa noch Gelb noch Rot noch Aprikosenfarbe, nur eine wolkige Mischung von allem. Sie sollten nicht in einem orange und scharlachrot leuchtenden Garten gepflanzt werden, eher in einem stillen, eingeschlossenen, wo sie sich mit anderen verblaßten Farben zusammenfinden, die sie nicht beschämen können. Da ihre lange Blütezeit von Juni bis Juli dauert, wäre es hübsch, sie mit altmodischen Rosen wie *Tuscany* oder *Red Damask* oder *Purple Moss* zusammenzupflanzen.
Im ersten Jahr werden die Königskerzen nicht viel tun. Sie sind mit dem Formen von Wurzeln und Blättern zu sehr beschäftigt, als daß sie daran denken könnten, einen Blütenschaft emporzutreiben, und falls sie es doch tun, wird es ein magerer sein. Also schneidet man ihn am besten ab und läßt die Pflanzen ihre Kraft für nächstes Jahr sammeln – man wird später durch eine Blumengruppe von einem Meter Höhe belohnt. Vorsichtshalber bindet man sie frühzeitig auf, denn sie werden leicht vom Wind nach allen Seiten geweht. Vier, fünf Stöcke und eine Schnur erfüllen den Zweck, und wenn

man außerdem die verblühten Stengel abschneidet, darf man auf eine zweite Blüte hoffen. Letzteren Rat gebe ich nur, weil er richtig ist, nicht weil ich behaupten könnte, daß ich selbst ihn befolge. Meist hat man um diese Jahreszeit so viel zu tun, daß diese kleinen Arbeiten vernachlässigt werden.

Ein Sommer-Exote

Mutige Gärtner, die ein sonniges Plätzchen übrig haben, vielleicht an einer Südmauer, und magere, sandige Erde, sollten dort ein paar Zwiebeln der *Ixia* pflanzen, der afrikanischen Kornlilie. Es ist ein reizendes Ding, etwa 40 cm hoch, mit binsenartigen Blättern und Blütenähren in wunderschönen Farben: weiß, gelb, korallenrot, manchmal auch bunt gestreift, wie die Bonbons unserer Kindheit.

Die Ixia ist nicht ganz winterhart, wenn auch widerstandskräftiger als die Freesie, der sie ein wenig ähnelt. Sehr durchlässiger Boden, tiefes Pflanzen (bis zu 15 cm) und eine leichte Winterdeckung sollten ihr Überleben sichern; die Pflanzen, die nicht mehr erscheinen, lassen sich für wenig Geld ersetzen. Je zahlreicher sie sind, desto besser, denn ihre Zartheit nimmt sehr wenig Raum ein. Ihre Blütezeit ist im Juni, und sie sind ideale Schnittblumen, weil sie im Wasser lange halten und sich in einem hohen Glas sehr schlank und elegant ausnehmen.

Auch als Topfpflanzen im kalten Glashaus oder im Wintergarten gedeihen sie gut; sie brauchen keine Wärme, nur Schutz gegen Frost. Sie dürfen mit

höchstens 3 cm Erde bedeckt werden: sandiger Lehm und eine Handvoll Lauberde für jeden Topf und Scherben für den Wasserabzug am Boden.
Ich hoffe sehr, daß Sie im Oktober oder November einige Ixias pflanzen. Trotz der Gefahr des Absterbens sind sie im Juni eine Gottesgabe für alle Gärtner, die armen, mageren Boden und ein sonniges Eckchen besitzen.

Juli

Der Etagengarten

Die versenkte Badewanne

Sommer-Arbeiten

Das Zimmetröschen

Hecken

Und noch eine Idee für Hecken

Über Gruppierungen

Rosengenealogie

Floribunda

Kletterrosen

Zwergrosen

Das schwierige Aufbinden

Die Zaubergläser

Seidelbast aus Samen

Der Lilienschweif

Der Phlox als Tröster

Der Etagengarten

Die Stadt New York, so sagt man uns, konnte infolge der geologischen Beschaffenheit ihres Fundaments nicht über ein bestimmtes Gebiet hinauswachsen, und weil ihre horizontale Ausdehnung begrenzt war, mußte sie vertikal zum Himmel steigen. Diese seltsame und interessante Tatsache ließ eine originelle Form der Architektur, die Wolkenkratzer, entstehen. Vordem hatte niemand daran gedacht, Wolkenkratzer zu bauen, weil immer genügend Bodenfläche vorhanden gewesen war.

Kleine Grundstücke bieten dem tatendurstigen Gärtner nicht immer genügenden Raum, und vor kurzem stieß ich im relativ kleinen Garten einer Freundin auf eine sehr sinnreiche Maßnahme gegen die engen Verhältnisse. Ein flaches Blumenbeet stand ihr zur Verfügung, doch anstatt sich einfach damit zu bescheiden, baute sie es mit groben Steinen zu kleinen Terrassen aus, drei Etagen hoch. In diese steinummauerten Terrassen stopfte sie all die Arten von Pflanzen, die gute Entwässerung lieben: Nelken, Grasnelken, Campanulas, Violas, lauter gewöhnliche Sachen, aber äußerst effektvoll in Schichten gepflanzt, in schäumenden Massen und Kaskaden von Blüten und Farben.

Ist die Idee nicht einleuchtend? Sie bietet dreifache Chancen: erstens die Steinmauer, zweitens die flachen Partien unter der Mauer, drittens noch ein Beet zuoberst, in das man pflanzen kann, was immer man will.

Abgesehen davon ist es immer amüsant, Experimente mit einer Trockenmauer zu machen, auch wenn sie nur zwei Steine hoch ist. Gar manche Pflanzen werden dort gedeihen, die sonst in unserem feuchten Klima sterben würden. Wenn sie ihre Wurzeln zwischen Steine schieben können, scheinen sie sich einzunisten und vor Fäulnis bewahrt zu sein. Wir brauchen keine Wolkenkratzer zu bauen: wir brauchen nur zwei Etagen Steine, um unsere *Cheddar-Nelke* hineinzupacken oder ein paar der *Allwoodii-Nelken,* die uns in einem gewöhnlichen Beet leicht enttäuschen.

Die versenkte Badewanne

Ich kenne einen Mann, der Badewannen sammelt. Er kauft sie alt für wenig Geld auf Versteigerungen und vergräbt sie in seinem Garten, mit geöffnetem Ausguß und einer tüchtigen Lage Kokssplitter oder ähnlichem, um das Wasser versickern zu lassen. Dann füllt er die Wanne mit passender Erde, bedeckt auch noch den unschönen Rand damit und hat nun einen sicher abgegrenzten Raum, in den er seine auserlesenen Gewächse pflanzen kann.

Der Gedanke, unsere Gärten in Friedhöfe für ausrangierte Badewannen verwandeln zu wollen, liegt mir fern; aber es scheint mir eine gute Idee für Leute, die mit schwierigem Boden zu tun haben oder die etwas pflanzen möchten, was einen anderen Boden verlangt, als ihn ihr Garten bietet.

Lehmige Erde könnte entfernt werden zugunsten eines weichen Bettes für torfliebende Pflanzen. Wünscht man sich jedoch sumpfigen Grund für feuchtigkeitsliebende Primeln, so wäre er in der versenkten Wanne leicht herzustellen. Und wo steiniger Boden ist, der immer und immer wieder vom Grunde her Steine heraufwirft, so würde man dieses ärgerliche Stück Land durch reiche Erde ersetzen, die in der unsichtbaren Wanne wohlbehütet ist.
Eine Idee, die sich weiterentwickeln läßt!

Sommer-Arbeiten

Es gibt keine günstigere Zeit, um Vorrat für die Zukunft anzulegen. Pflanzen und manchmal auch Samen sind nicht gerade wohlfeil, aber wenn wir unseren eigenen Kindergarten haben, können wir Tausende von Pflanzen ziehen, die uns nichts kosten als Zeit und Arbeit. Deshalb lohnt es sich, die Samen von Einjährigen, Zweijährigen und sogar Mehrjährigen zu sammeln, aus dem eigenen Garten oder dem unserer Freunde, die vielleicht andere Sorten besitzen als wir. Diese Samen müssen ganz reif sein, in luftdichten Tütchen aufbewahrt und im August ausgesät werden, damit sie noch vor dem Winter erstarken. Stiefmütterchen, Akelei, Fingerhut, Vergißmeinnicht, Primeln, Anemonen, Lupinen und viele andere können auf diese Weise geerntet werden. Man sät sie dünn in Rillen auf ein feingesiebtes Samenbeet und versetzt sie im Frühling an ihren endgültigen Platz.
Leider gehen hausgeerntete Samen oft nicht auf,

weil Insekten ihr Unwesen treiben. Trotzdem ist es der Mühe wert, und vielleicht entstehen auch interessante Mischungen.

Wer ganz sicher gehen will, kauft ein paar Säckchen der neuesten Sorten beim Samenhändler. Es gibt jetzt zum Beispiel, wie schon früher erwähnt, wunderschöne Akeleizüchtungen; von den *Coerula-Hybriden* sind besonders reizvoll *Crimson Star* (weiß mit rot), *Edelweiß*, *McKana-Riesen* (langgespornt und in allen Farbtönen), *Mrs. Nicholls* (dunkelblau), *Rosa-Königin* (kirschrosa). Ihr Anblick wird eine Überraschung sein. Und was aus einer Messerspitze voll Samen des großartigen neuen Delphiniums entsteht, wird allen Stolz auf die bisherigen Sorten ins Wanken bringen.

Auch Lilien brauchen nicht für teures Geld gekauft zu werden; sie lassen sich leicht aus Samen ziehen. *Lilium regale* wird so dicht sprießen wie Kresse; vielleicht dauert es zwei oder drei Jahre, bis die Zwiebeln zu blühen beginnen, aber dafür bekommt man eine verblüffende Menge, wenn man nur jedes Jahr eine kleine Schale voll ansät.

Clematis und Ginster gedeihen ebenfalls gut aus Samen. Doch da sie jede Störung verabscheuen, ist es ratsam, sie einzeln in kleine Töpfe zu säen und dann direkt mit dem Topfballen auf den endgültigen Platz zu setzen, so daß sie nicht merken, was geschieht.

Stecklinge von Blütensträuchern, wie zum Beispiel *Ceanothus*, werden im Juli genommen. Wir setzen sie fest in eine mit scharfem Sand gefüllte Rille im Schatten. Die Regel für Rosenstecklinge gilt auch hier: man sollte immer eine größere Anzahl stecken, als man später braucht. Ein verglaster Rahmen oder ein darübergestülptes Windlicht wird ihnen in den ersten zehn Tagen das Wurzelschlagen erleichtern; aber auch ohne diese Hilfe werden sie sich entwickeln. Außerdem gibt es die für Rosenstecklinge empfohlenen Hormonpräparate, die jeden Steckling in der Wurzelbildung fördern.

Das Zimmetröschen

Die Schönheit des Philadelphus hat mich diesen Monat besonders gepackt. Wir nannten ihn früher Syringa, doch »Philadelphus« paßt gut zu ihm: es bedeutet auf griechisch Geschwisterliebe, der alle Leidenschaft fern liegt. Und doch wirkt diese Pflanze bräutlich, mit ihren riesigen Büschen von makellosem Weiß.

Ich sah ihn in zwei berühmten Gärten schäumen, die ich kürzlich in Gloucestershire besuchte. Ich sah ihn auch in allen Gärten der unvergleichlichen Cotswold-Gegend. Er war überall, allgegenwärtig. Ich beschimpfte mich selbst, daß ich versäumt hatte, ihn in Massen zu pflanzen, als ich meinen Garten anlegte – aber es ist nie zu spät.

Wenigstens besitze ich den lieben alten *Philadelphus coronarius*, den süßduftenden Busch, der uns in die Kindheit zurückversetzt. Vor dreihundert Jahren schrieb Gerard, der Botaniker, er habe einige Blüten dieses Busches geschnitten und in sein Zimmer gestellt, doch sei ein so unbeschreiblicher Duft von ihnen ausgegangen, daß er erst Ruhe gefunden habe, nachdem er sie vor die Tür verbannt hatte.

Was ich nicht wußte: daß die späterblühenden Sorten fast ebenso üppig duften. Jetzt weiß ich es. Der kleine *P. microphyllus* ist nicht sehr auffällig, seine kleinen weißen Blüten riechen aber wunderbar. Auch *lemoinei erectus* duftet lieblich; *Belle Etoile* dagegen nicht, jedenfalls bemerke ich nichts davon. Vielleicht ist meine Nase schuld daran. So oder so ist er ein herrlicher Busch, den wir alle pflanzen sollten.

In der Philadelphus-Familie herrschen so komplizierte Verwandtschaftsverhältnisse, daß man sie kaum überblicken kann. Sie mischen sich sehr großzügig, fast niemand weiß, welche Spezies sind und welche Hybriden. Sollen wir uns dadurch anfechten lassen? Wollen wir nicht lieber in diesem Herbst so viele wie nur möglich pflanzen, in der Erwartung großer weißer Büsche in ein paar Jahren?

Hecken

Wie viel man doch lernt, wenn man fremde Gärten besucht! Ich brachte von einem solchen Besuch so viele Ideen heim, daß ich mir wie ein überschäumendes Sektglas vorkam. So viele, daß ich nicht weiß, wo ich beginnen soll. Also will ich mich zuerst auf die Hecken konzentrieren, die ich in dem berühmten Garten sah.

Hecken, ob klein, ob groß, sind für jeden Garten von Bedeutung. Hecken trennen einen Teil des Gartens vom andern; Hecken spielen eine wichtige Rolle in der allgemeinen Anlage. Die einzige Frage ist: Was sollen wir als Hecken pflanzen?

Ich verzichte hier auf die Nennung der blühenden

Hecken; auf dieses Thema möchte ich später zurückkommen. Jetzt beschäftigt mich einzig die solide, praktische Hecke, laubabwerfend oder immergrün. Wir haben viel zu wenig Phantasie, wir bleiben bei dem langweiligen Liguster oder *Lonicera nitida* und sind uns nicht bewußt, daß wir eine lustig gemischte Hecke pflanzen könnten, die Widerstandskraft und eigenen Charakter hat.

In diesem Garten sah ich viele verschiedene Arten von Hecken: Eibe mit Buchs gemischt, Eibe mit Stechpalme, Stechpalme gemischt mit Rotbuche und Hainbuche mit gewöhnlicher Buche; und eine Hecke bestand aus fünf verschiedenen Pflanzenarten: Buche, Stechpalme, Eibe, Buchs und Hainbuche. Die herrlichste jedoch, für meinen Geschmack, war die Hecke aus Rotbuche.

Wir kennen sie alle als Baum, aber wer hat schon daran gedacht, sie als Hecke zu pflanzen? Als Baum hat sie bereits etwas leicht Spießiges, ebenso wie *Prunus pissardii,* sicher hübsch in seiner Art, aber schon zu sehr bekannt. Als Hecke gewinnt die Rotbuche einen völlig anderen Charakter. Der Reichtum ihrer Farben ist unglaublich. In der Tiefe schimmert sie fast purpurn, rot wie ein Maulbeerbaum, dann wieder venezianisch rot. Die Spitzen der jungen Triebe glänzen wie Rubine, wenn sie das Sonnenlicht einfangen – warum nur, fragte ich mich, pflanzen wir nicht alle wenigstens ein kurzes Stück Rotbuchenhecke? Ich für meinen Teil werde es bestimmt tun.

Oft werde ich nach Heckenpflanzen für kleine oder neu angelegte Gärten gefragt; manchmal sollen sie den Nachbarn, manchmal Tiere jeder Größe fernhalten, von Hasen bis zu Kühen. Für ersteren Zweck empfehle ich meist die Hain- oder Weißbuche, die schnell wächst, nicht teuer ist und hübsch aussieht, ob grün im Frühling und Sommer oder braun im Herbst und Winter; ein herrlicher Nistplatz für Vögel und genauso hoch wachsend, wie wir sie haben wollen – wenn nötig bis zu vier und sechs Meter hoch. Als Schutz gegen Tiere fällt mir sofort eine Berberitze ein, *Berberis stenophylla:* im ersten Teil des Jahres sehr dekorativ mit den goldgelben Blüten, im Herbst immergrün mit dunkelblauen Beeren. Kaninchen sollen eine verständliche Abneigung dagegen haben, durch die stachligen Berberitzen zu schlüpfen.

Natürlich wären noch eine Menge Heckenpflanzen zu empfehlen. *Pyracantha* (Feuerdorn) zum Beispiel. Wir sind gewohnt, sie an einem Haus hinaufklettern zu sehen, übersät mit roten und gelben Beeren im Herbst, aber selten denkt jemand daran, daß daraus eine gute, dornige Hecke werden könnte, jedem Schnitt gefügig und zornig genug, um jeden Eindringling abzuwehren. Ich würde zu *P. lalandii* raten oder zu *P. kasan* für eine wirklich starke Hecke, die unangenehm für Zudringliche ist, aber angenehm für uns selbst, wenn wir sie vom Fenster aus betrachten.

Es gibt noch viele andere Gewächse, die als Trennungslinie zwischen den Gärten gepflanzt werden können. Eine Hecke aus Flieder etwa; oder eine aus *Cydonia japonica,* der japanischen Quitte. Oder eine Hecke aus Buschrosen, die so wenig Pflege brauchen . . . endlose Möglichkeiten! Keine Ursache, dem alten Liguster oder Kirschlorbeer unserer Großväter treu zu bleiben, der so dunkel, so feucht, so staubig ist – und langweilig, tödlich langweilig.

Manchmal gibt es in einem Garten eine alte widerspenstige Hecke: ein schwieriges Problem. Sie auszugraben, erfordert zuviel Mühe, sie zu erneuern, kostet zuviel Geld. Zwar ist sie von nützlicher Dichte in ihrem dornigen Durcheinander, aber wahrhaftig keine Augenweide. Um dieser Reliquie Farbe und Leben zu verleihen, können wir Kletterpflanzen darüber ziehen.

Es leuchtet ein, daß diese Kletterer recht zäh sein müssen. Sie haben allerhand auf sich zu nehmen: einen gehässigen Gastgeber, der die Erde aussaugt – und im Herbst einen nicht sehr rücksichtsvollen Schnitt. Und doch gedeihen in der freien Natur manche Pflanzen unter ähnlich ungünstigen Umständen: Geißblatt, Clematis, die Waldrebe. Es sollte also möglich sein, einige veredelte Kletterer zu finden, die die alte Hecke hier und dort mit Girlanden behängen.

Wichtig ist nur, daß man sie so reichlich wie nur möglich füttert, sei es mit organischem oder mit Kunstdünger, um die unterirdische Räuberei zu kompensieren; und zweitens, daß man Sorten wählt, denen es nichts ausmacht, irgendwie und irgendwann geschnitten zu werden.

Nach dieser warnenden Vorrede wird man eine Aufzählung zäher Kletterer von mir erwarten. Nun, ich würde *Clematis montana* pflanzen, entweder die gewöhnliche weiße oder die hellrosa Abart *C. rubra*, die sich wie ein Mantel über die Hecke wirft. Sie erträgt jede Grausamkeit. Ferner würde ich Glyzinen, *Wisteria*, wählen, die lilafarbene oder die exquisitere weiße, beide ausgesprochen starkwüch-

sig: selbst wenn sie nicht richtig zurückgeschnitten, sondern in haarsträubender Weise verstümmelt werden, gedeihen sie unentwegt und entwickeln sich vielleicht noch schöner. Auch ein paar rankende Kletterrosen der Wichuriana-Art müßten sich eignen: *Alberic Barbier*, rahmweiß; *Albertine*, kupferrosa; *New Dawn*, duftend, weißrosa, und ihre verbesserte Form *Morning Dawn* oder *Golden Glow* mit zartem Teerosenduft.
Schön müßten die herbstroten Reben sein, die Gartenarten des kletternden Geißblatts, der prachtvoll riesenblättrige Zierwein, *Vitis coignettiae*, rotleuchtend im September; oder *Vitis odoratissima*, im Herbst mit Büscheln von blaubereiften Trauben behängt. Und ganz sicher würde ich mir zwei oder drei Exemplare des schlingenden Baumwürgers, *Celastrus orbiculatus*, zulegen, der im Sommer nicht viel darstellt, uns aber im Herbst mit seinen rotgelben Früchten überrascht und unbezahlbar ist für unsere Vasen; denn er hält sich viele Wochen lang. Nachteilig bei Reben und Celastrus wäre die Notwendigkeit, den Heckenschnitt erst spät im Jahr vorzunehmen, doch sehe ich nicht ein, warum man sich für den Schnitt solch häßlicher Hecken wie Liguster sklavisch an den Kalender halten soll. Sie sind ohnedies unzerstörbar, was immer wir tun, es sei denn, wir rissen sie mit einem Bulldozer aus. Also brauchen wir uns von Terminen nicht beeindrucken zu lassen. Ich bin immer dafür, mit groben Dingen auch grob umzugehen und sie zu unseren Dienern, nicht zu unseren Herren zu machen.

Über Gruppierungen

Ich habe einen Gartenkniff, den ich sehr nützlich finde. Er betrifft Farbzusammenstellung und Pflanzengruppen. Man vergißt leider sehr rasch, wie der Garten während der verschiedenen Wochen, die nacheinander folgten, ausgesehen hat. Man macht sich eine Notiz im Kopf oder sogar auf dem Papier, dann wechselt die Jahreszeit, und schon weiß man nicht mehr, was man damals wollte. Vielleicht haben wir notiert: »Etwas Gelbes neben die gelben Tulpen pflanzen« oder »Etwas Hohes hinter die Lupinen«, und wenn der Herbst kommt und die Pflanzen abgestorben sind, kratzt man sich den Kopf und versucht, sich zu erinnern, was um alles in der Welt man damit gemeint hat.

Mein System ist viel praktischer. Ich betrachte mir zum Beispiel eine große, rosa Spitzenkrinoline der im Mai blühenden Tamariske, von der ich vor Jahren zwei Schnipselchen pflanzte und die nun ihre ausladende Blütenrobe weit über eine vernachlässigte Ecke des Gartens breitet. Was könnte ich in ihre Nähe pflanzen, das ihre Farbe erhöhen würde? Es müßte natürlich etwas sein, das zur gleichen Zeit blüht. So mache ich Proben, schneide Blumen, ungefähr so, wie man einen Blumenstrauß im Haus zusammenstellt, stecke sie in die Erde und trete zurück, um die Harmonie zu prüfen. Die dunkelrote *Iris Senlac* hat genau die richtige Farbe. Ich werde die Gruppe auflösen, sobald sie verblüht ist, und sie für nächsten Mai in die Nähe der Tamariske versetzen. Die gewöhnliche rosa Akelei, fast ein Unkraut, wäre wunderbar als Unterpflanzung, auch einige rosa Stiefmütterchen *Crimson Queen;* und als etwas wahrhaft Vornehmes die Riesen-Lilie *Eremurus robustus*, der Lilienschweif, zwei bis drei Meter hoch. Widerstrebend schneide ich eine der kostbaren Ähren aus einer entfernten Gruppe und stecke sie in die Erde; es sieht wunderbar aus, wie die von der Abendsonne bestrahlte Spitze einer Kathedrale. Ohne Zweifel, ich sollte nächstes Jahr einige Eremuri dort haben, als Hintergrund für die duftigen Vorhänge der Tamariske.

Das ist nur ein Beispiel. Es gibt uns die Illusion, ein Künstler zu sein, der ein Bild malt – ein Farbklecks hier, ein anderer dort, bis die ganze Komposition uns gefällt; zumindest wissen wir genau, wie der Eindruck zwölf Monate später sein wird.

Zum Abschluß möchte ich das Pflanzen der eben erwähnten Tamariske empfehlen. Sie ist anmutig, winterhart und macht keine Mühe. Wenn nötig, können Sie ihre Größe durch energischen Schnitt eindämmen, obwohl ich selbst sie freiwachsend liebe. *Tamarix pentandra*, manchmal *T. hispidi aestivalis* genannt, blüht im August und September; *T. tetrandra* ist die, über welche ich schrieb, und blüht im Mai. *T. odessana* blüht von Ende Juli bis August in langen, hellrosa Rispen. Die ganze Familie wächst leicht an, wenn man im Herbst Stecklinge nimmt.

Rosengenealogie

Eine Rose, die allen meinen Gartenbesuchern auffällt, ist eine alte Hybrid perpetual namens *Baron Giraud de l'Ain:* dunkelrot mit gekräuselten, weißumrandeten Blütenblättern. Ich bin in schneidertechnischen Ausdrücken nicht sehr bewandert, aber man sagt mir, daß diese Art von Umrandung »picot« heißt, auf französisch »engrêlure«, ja nicht zu verwechseln mit »engelures«, nämlich Frostbeulen! Diese picot-geränderte Rose ist nach meiner Erfahrung viel starkwüchsiger als die fast gleichartige *Roger Lambelin* (1890): Giraud ist offenbar mit einer besseren Konstitution gesegnet als sein jüngerer Bruder Roger.

Auch die grüne Rose muß ich erwähnen. Zugegeben, sie ist eine Mißgeburt und gefällt vielleicht nicht jedermann. Ich selbst schätze sie nicht besonders, fühle aber eine sentimentale Anhänglichkeit zu ihr, weil sie bei mir zu Hause wuchs, als ich ein Kind war, und wir hängen ja an allem, was wir als Kinder kannten, bevor die Mühen und Sorgen des Erwachsenenlebens begannen. Die grüne Rose heißt *Rosa chinensis viridiflora*, und obwohl man sie im Garten kaum beachtet, ist sie in einer Vase von überraschender Wirkung. Nur sollte sie ihrem Namen gerecht werden und wirklich grün sein, nicht ins Bräunliche spielend. Eine jadegrüne Rose, das ließe ich mir gefallen, aber selbst die Liebhaber der grünen Rose können nicht bestreiten, daß die Blüten ein bißchen schmutzig sind. Entweder lieben wir sie oder wir können nichts mit ihr anfangen – es hängt von unseren Gefühlen ab.

Und nun die *Rosa alba*. Dem Namen nach müßte sie weiß sein, doch das Adjektiv ist irreführend. Es mag sein, daß die *Rosa alba semi-plena*, die »Weiße Rose von York« und daß *alba maxima* die »Große gefüllte Weiße« oder »Jakobiter-Rose« war; aber die Alba-Rosen treten in vielen Variationen auf, die nicht weiß, sondern rosa sind. Die alte *Maiden's Blush* unserer Landgärten ist eine alba; die Franzosen nannten sie *Cuisse de Nymphe*, und als sie in einer noch rosigeren Variante erschien, nannten sie sie *Cuisse de Nymphe émue*. Im puritanischen England will man natürlich nichts mit den Schenkeln einer Nymphe zu tun haben; so bleibt ihr der Name Maiden's Blush, und sicher ist sie eine sehr reizende und unschuldig aussehende Debütantin in Weiß und Rosa.

Rosen sind an sich romantisch, sind es erst recht, wenn sie auf einer Insel beheimatet sind, weil auch eine Insel romantisch ist.

Die Insel, die ich meine, liegt vor der südöstlichen Küste von Afrika, in der Nähe von Mauritius. Früher hieß sie Ile Bourbon, heute Réunion. Die Bewohner dieser kleinen Insel hatten die freundliche Gewohnheit, für ihre Hecken Rosen zu verwenden: nur zwei Sorten, die Damaszener Rose und die chinesische Rose. Diese beiden heirateten heimlich, und eines Tages, 1817, entdeckte der Kurator des botanischen Gartens ein junges Pflänzchen, das er versetzte und pflegte – einen einsamen kleinen Bastard, der die Sorte *Bourbon-Rose* begründete.

Merkwürdigerweise schreibt Mr. Edward Bunyard in seinem 1936 erschienenen Buch »Old Garden Roses«, die Bourbon-Rosen wären »heute fast vergessen«; er nennt nur vier von ihnen, die man »noch bekommen könne«.

Mme. Lauriol de Barny, groß und stolz, scheint in Deutschland nicht bekannt zu sein. Von weitem könnte man sie für eine kleine Pfingstrose halten. Aus der Zeit um 1868 stammend, besitzt sie die rosige Pracht der Damen des Second Empire. Wer mag Mme. Lauriol in Wirklichkeit gewesen sein, daß man eine so üppige Blume nach ihr taufte? Gehörte sie der »haute cocotterie« von Paris an? Oder tue ich ihr mit diesem Verdacht unrecht, war sie die ehrenwerte Frau eines M. de Barny, eines Rosenzüchters aus Lyon? Eigentlich sollte jemand die Biographien jener Leute schreiben, nach denen die Rosen benannt wurden. Wer war Mme. Hardy? Wer Charles de Mills? Ich weiß es nicht und wünsche mir ein »Who's Who«, um meine Unwissenheit zu beheben.

Souvenir de la Malmaison, 1843, ist leichter zu erklären, obwohl Josephine Beauharnais sie zweifellos nie gesehen hat. Ich fürchte auf Protest zu stoßen, wenn ich gestehe, daß diese berühmte Rose nie zu meinen Favoriten gehörte. Eine wunderbare Blüte, ja; aber allzu leicht wird sie braun und verwaschen. Das beste, was von ihr gesagt werden kann, ist, daß sie bei der Züchtung der *Gloire de Dijon* mitwirkte, dieser zart parfümierten, zerknitterten, strohfarbenen alten Dame – charmant als Rankrose wie als Busch.

Die Bourbon-Rosen dürfen nicht stark zurückgeschnitten werden; ihre volle Schönheit kommt nur zur Geltung, wenn sie sich zu großen, hohen Büschen entwickeln können, wie es ihrer Natur entspricht. Totes und wildes Holz sollte ausgelichtet werden – leicht gesagt, aber dornig zu tun!

Aus der Bourbon-Rose entstand die Rasse der *Hybrid Perpetuals,* aus diesen wiederum die *Hybrid-Tea* (Teerose). Die Hybrid Perpetuals sind fast vergessen, leider, denn sie verlängern das Rosenjahr und halten sich lange im Wasser. Das trifft besonders auf *Ulrich Brunner* zu, langtriebig, fast dor-

nenlos, kirschrot, unerschöpflich blühend und von köstlichem Duft.
Diese starkwüchsigen Rosensorten lassen sich verschieden behandeln. Man kann ihnen ihr freies Wachstum lassen, ungefähr zwei bis drei Meter hoch; allerdings stehen sie dann über Augenhöhe, und wir können sie nicht richtig betrachten; außerdem werden sie durch Sommergewitter zerzaust. Besser, wenn auch mühsamer, ist die Methode, die langen Ranken über gebogene Haselruten zu binden, die mit jedem Ende fest in der Erde stecken. Der Zeitaufwand lohnt sich, zumal die Rose dadurch in jedem Gelenk leicht geknickt wird und infolgedessen um so reicher blüht. Falls Sie Ihre Hybrid Perpetuals auf diese Weise hinunterbinden, ist gute Nahrung wichtig: organischer Dünger, sofern Sie ihn bekommen, oder selbstgemachter Kompost, jedenfalls etwas, was eine Entschädigung darstellt für die ungeheure Anstrengung der geknickten Zweige. Man darf von einer Pflanze nicht alles verlangen, ebensowenig wie von einem menschlichen Wesen, ohne eine Belohnung zu bieten. Sogar der Seehund bekommt nach der Vorstellung einen Extra-Hering. Die eben erwähnte Ulrich Brunner und die blendendweiße *Frau Karl Druschki* eignen sich besonders gut für das Hinunterbinden.

Floribunda

Kein Wunder, daß die *Floribunda-Rosen* jetzt gerade sehr im Vordergrund stehen: ihre Auswahl ist groß, ihre Farben leuchtend, ihre Blütezeit verlängert, ihre Güte als Schnittblumen bemerkenswert und ihre Lebenskraft zufriedenstellend. Es ist nichts gegen sie und alles zu ihren Gunsten zu sagen. Und dennoch prophezeie ich, daß schon in wenigen Jahren die anspruchsvolleren Gärtner sie mit der gleichen Verachtung ansehen werden, wie sie heute *Dorothy Perkins*, *American Pillar* und manche Mitglieder der *Poulsen*-Familie ansehen. Die Floribunda beginnen bereits die städtischen Gärten und die Straßen-Rondelle zu überschwemmen, und obgleich ich nicht zu den Garten-Snobs gehöre, kann ich den Verdacht nicht loswerden, daß sie die Gefahren solcher Allgegenwart nicht überstehen werden.

Vorläufig aber bleibt ihre Nützlichkeit unbestritten. Wer sie noch nicht ausprobiert hat, der tue es unverzüglich. Ein reiches, dunkles Rot bieten: *Frensham*, *Minna Kordes*, *Red Triumph*, *Schweizergruß*, *Brennende Liebe* und *Alain*. Ein gutes Gelb: *Goldilocks*, *Allgold*, *Golden Delight*, *Doctor Faust*. Ein hübsches Rosa: *Rosenelfe*, *The Queen Elizabeth-Rose*, von zartem, silbrigem Rosa oder die ausgezeichnete *August Seebauer*. Diese war eine Überraschung für mich, als sie im Juni zum erstenmal aufbrach und immer weiter ihre großen Blüten entfaltete, die sich mit den graugrünen Blättern des buschigen kalifornischen Mohns *Romneya coulteri* vermischten, eine wundervolle Verbindung von Rosa und Grau.

Dann gibt es noch die kleine *Fashion*, außerordentlich hübsch als spitzige krabbenrote Knospe und genauso hübsch, wenn sie sich zur lachsrosa, schwach duftenden Blüte öffnet. Fashion ist ein Schatz, eine Floribunda für jeden, der Form, Farbe und Feinheit einer Rose zu würdigen weiß.

Zum Schluß möchte ich auf einen der seltsamen Mischlinge hinweisen, die die Floribunda-Rasse hervorbringt. *Masquerade* scheint schon ziemlich bekannt zu sein. Kein Wunder! Sie ist ein richtiger Blickfang, blüht in Büscheln von Rosa, Rot, Gelb und Orange, alle aus dem gleichen Stiel und zur gleichen Zeit, als ob sie sich noch nicht für eine Farbe entschieden hätte und alle zusammen ausprobieren wollte. Der Eindruck ist fröhlich wie eine Fahne. Überdies ist die Pflanze starkwüchsig und offenbar immun gegen die meisten Rosenkrankheiten, die uns so viel zu schaffen machen.
Noch ein paar Floribunda, die wir jetzt bestellen und mit Erfolg in unseren Gärten pflanzen können: *Café*, kaffeebraun mit cremefarbenem Schimmer, *Chic*, gelblich-lachsrosa, *Copper-Delight*, gelb mit Kupferschimmer, *Feurio*, feurig-zinnober, *Gletscher*, rosig-weiß, wundervoll duftend, *Harmonie*, orangerosa, *Rigoletto*, aprikosengelb, duftend, *Vogue*, kupfrigrot, duftend – um nur einige zu nennen.

Kletterrosen

Nicht immer werden die vielen erhältlichen Sorten auf die beste Weise ausgenützt. Dabei gibt es so viele Möglichkeiten, ob wir nun die Rosen an einer Mauer pflanzen oder an einer Böschung, an einer Säule oder an einem Torbogen oder die langen Ranken zu einem alten Baum hinaufklettern lassen, wo sie sich leicht und ungehindert schwingen.
Die rankenden *Wichurianas* eignen sich dafür besonders, denn mit ein oder zwei Ausnahmen, wie

Albertine und *Alberic Barbier*, werden sie an Mauern leicht von Mehltau befallen und ziehen es vor, luftig zu stehen. *Félicité et Perpétué*, dem Andenken zweier junger Frauen gewidmet, die in Karthago A. D. 203 als Märtyrerinnen litten, wird mindestens sechs Meter hoch ins Geäst eines Baumes wachsen. Leider ist diese Sorte kaum mehr erhältlich. Etwas kräftiger und aufrechter sind *New Dawn* und *Morning Dawn*, zwei der besten Kletterrosen, den ganzen Sommer hindurch reich blühend, von zartem, aber ausgesprochenem Rosarot. *Gloire de Dijon*, mein alter Liebling, gelblich-rosa, und *Elegance*, reingelb, beide mit süßem Duft, sind sehr zu empfehlen. Vielleicht ist *Mermaid* zu bekannt, um genannt zu werden; wir sollten sie aber nicht vergessen, um der hellgelben Blumen willen, die sich flach und einfach öffnen, und wegen der späten Blüte, die erst beginnt, nachdem die meisten Kletterrosen bereits ihre Schönheit eingebüßt haben. Ich muß hinzufügen, daß Mermaid in kalten Gegenden mit Vorsicht zu behandeln ist.

Wer die Wahl hat, hat die Qual – und die Wahl ist groß. Doch muß ich noch *Spectacular* erwähnen, von wunderbarem dunklem Orangerot, duftend, den ganzen Sommer über blühend; herrlich auf grauem Stein oder an weißgetünchten Wänden. Eine sehr kräftige weiße Rose, duftend und selten ohne Blüten, ist *Mary Lowett*. Wenn es eine gelbe sein soll, kräftig reingelb, pflanzen Sie *Climbing Goldilock*, die vom ersten Flor bis zum ersten Frost ununterbrochen blüht.

Und denken Sie daran, daß die meisten und beliebtesten Teerosen auch als Kletterrosen erhältlich sind, wie zum Beispiel *Climbing Château de Clos Vougeot* und *Solo,* beide samten dunkelrot, *Climbing Crimson Glory,* karmesinrot, duftend, *Climbing Etoile de Hollande,* blutrot, wundervoll duftend, *Climbing Fashion,* lachsrosa, *Climbing Golden Dawn,* goldgelb, duftend.

Zwergrosen

Die meisten Rosenliebhaber kennen bereits die kleinste Miniaturrose, *Rosa Roulettii,* wissen aber vielleicht noch nicht, daß diese hübschen Zwerge heute schon in verschiedenen Variationen zu haben sind. Selten höher als 20 bis 30 cm und dadurch ein Minimum von Platz einnehmend, sind sie ideal für den Kleingarten, für den Garten eines Kindes, für den Steingarten oder für einen auf Augenhöhe stehenden Steintrog. Ich kann sie mir auch gut im Fensterkasten eines Krankenzimmers vorstellen, wo sie sicher Freude und Interesse erwecken würden. In bezug auf Erde sind sie nicht heikel, stehen jedoch, wie alle Rosen, gern in voller Sonne. Wir kaufen sie in Töpfen und können sie deshalb zu jeder Jahreszeit einsetzen, sogar jetzt, im Sommer.

Ein paar ihrer Namen sind etwas kindisch, aber das war vielleicht zu erwarten: *Baby Gold,* einfach, goldgelb, duftend, *Mon Petit,* karminrot, 15 cm hoch, *Perle de Montserrat,* rosa, mit perlmutterweißem Rand, *Zwergkönig,* blutrot, *Zwergkönigin,* seidiges Rosa, *Baby Maskerade,* rot in der Knospe, gelb aufblühend, *Coralin,* korallenrot.

Im allgemeinen habe ich für die als Hochstamm gezogenen Rosen nicht viel übrig. Ihre großen Köpfe sind zu schwer für den dünnen Stiel, sie sehen aus wie Kraniche auf einem Bein; und doch wird man dem Reiz der Hochstammrosen mit ihren 30 bis 40 cm langen Stielen kaum widerstehen können. Ähnlich geht es mir mit den Zwergrosen. Für mich besteht ihr Charme darin, daß sie nicht verkrampft und deformiert wirken wie die japanischen Zwergbäume. Es sind ganz einfach Rosen, durch das verkehrte Ende eines Feldstechers gesehen.

Das schwierige Aufbinden

Dieser Tage muß ich mich mit dem beschäftigen, was einst ein Staudenbeet zu werden versprach, heute aber nur noch ein Durcheinander und ein Kompromiß ist. Vielleicht sind die Tage der Staudenbeete überhaupt gezählt. Sollen sie ihr Bestes geben, so müssen sie tadellos gehalten und sorgfältig geplant sein; sie können uns keine Freude bereiten, wenn sie aus einem Mischmasch von Pflanzen bestehen, die ohne Rücksicht auf Farbe und Charakter hineingesteckt werden, nach jedem Regen herunterhängen, nach einem Sommergewitter am Boden liegen, in nassem Wirrwarr nach allen Seiten fallend, Delphinium in der hintersten Reihe, Lupinen und Phlox in der mittleren, Minze und Nelken im Vordergrund ... wir kennen das alles zur Genüge. Das Aufbinden ist immer ein schwieriges Problem. Verzweigte Erbsenstecken, schon früh neben den Pflanzen angebracht, sind vorteilhafter als Bambusstäbe, die man hastig herbeiholt, wenn die Köpfe zu schwer werden. Erbsenstecken lassen sich besser verbergen als Bambus.

Kürzlich hörte ich von einer sinnreichen Methode, Stauden aufzubinden: In der Mußezeit, während der langen Wintertage, wird ein großer Ring aus kräftigem Draht fabriziert und mit dünnem Draht kreuzweise verstrebt, so daß, sagen wir, vier Segmente entstehen, die sich in der Mitte wie in einer Nabe treffen. Dann beschafft man sich einen Mittelstab, möglichst aus Metall, vielleicht von einem alten Eisenzaun, was solider als Holz ist. Im Frühling setzt man den Drahtreifen nur wenig über der Erde ein und schiebt ihn – je höher die Pflanze wird – nach und nach den Mittelstab entlang hinauf. Mir scheint, man könnte diese Idee noch verbessern, indem man zwei oder drei solcher Drahtreifen um den Stab legt, je nach der erwarteten Pflanzenhöhe. Dadurch würde man sich das fortwährende Nachsehen, ob die Reifen höher geschoben werden müssen, ersparen und zugleich den leicht knickenden Stielen mehr Halt geben.
Man braucht dazu: beträchtliche Winterarbeit, geschickte Finger, eine Drahtschere, eine Kneifzange und einige Rollen dicken und dünnen Draht. Doch damit hätten wir eine Stütze, die ohne Erneuerung jahrelang hielte. Auch wo kein Staudenbeet ist, wäre die Idee wertvoll für besondere Lieblinge, die zu brüchig und zu hoch sind, um den Sommer unversehrt zu überdauern.

Die Zaubergläser

Vor ein paar Tagen traf ich einen Herrn, der eine bernsteinfarbene Brille trug. Er war so freundlich, mir zu sagen, daß er die Farbenzusammenstellungen in meinem Garten gut finde. Ich äußerte mein Erstaunen, denn zweifellos konnte er die Farben nicht in ihrer wahren Tönung sehen, sondern sie mußten ihm in phantastischen Veränderungen erscheinen.

»Ja«, sagte er, »natürlich, aber es macht mir Spaß. Betrachten Sie Ihre Rosen doch einmal durch meine Brille oder schauen Sie auf das braune Ziegeldach oder auf die Wolken am Himmel«.

Damit reichte er mir die Brille. Schon der erste Blick versetzte mich in eine andere Welt. Ein Vulkanausbruch oder ein Erdbeben schien nahe bevorzustehen. Erschreckend vielleicht, doch seltsam zauberhaft! Alles war intensiver geworden. Das Grün der Wiesen und Bäume wirkte tiefer; alles Blau war verschwunden oder hatte sich in schwärzliches Braun verwandelt, alles Weiß in ein Butterblumengelb. Das Außerordentlichste aber geschah, wenn Rosatöne ins Blickfeld kamen. Ich hatte erst kürzlich über die gute alte Rose *Zéphyrine Drouhin* geseufzt. So lieb sie mir war: wunderbarer Duft, kräftiger Wuchs, prächtige Blüte und gutmütig dornenlos – nie ein böses Wort oder ein Stich, wenn man sie pflückte – so hatte ich doch immer das süßliche Rosa ihres Teints beklagt. Es war ihr einziger Fehler. Durch die magischen Gläser verwandelte sich ihr Rosa in flammendes, unwahrscheinliches Kupfer-Orange.

Seidelbast aus Samen

Die Büsche von Seidelbast oder *Daphne mezereum* sollten jetzt mit Früchten behangen sein, falls die Vögel sie noch nicht abgepickt haben. Es wäre der Mühe wert, einige zu sammeln und zu säen; sie keimen gut und bringen eine Menge junger Pflanzen. Man sagt mir, daß die Daphne nicht langlebig sei, aber bessere Lebensaussichten habe, wenn sie aus ihren eigenen Wurzeln lebe, das heißt nicht aufgepfropft sei; deshalb ist der Rat, sie aus Samen oder Stecklingen zu ziehen, berechtigt.

Seidelbast scheint wie die Madonnenlilien eine Vorliebe für Bauerngärten zu haben: Büsche von eineinhalb bis zwei Meter Umfang tragen die weinfarbenen Blüten an nackten Zweigen Jahr für Jahr im Februar und März, in einer Fülle, wie sie in größeren Gärten, wo man ihnen viel sorgfältigere Pflege widmet, völlig unbekannt ist. Die Landleute stecken sie offenbar irgendwie und irgendwo in den Boden, wo sie dann mit aufreizender Bereitwilligkeit anwachsen. Es wäre verlorene Mühe, diese eigenartige Verhaltensweise gewisser Pflanzen erklären zu wollen. Man kann sie nur hinnehmen und sein möglichstes tun, die ihnen zusagenden Bedingungen nachzuahmen.

Nach jahrelangen Versuchen, Daphne mezereum in meinem Garten einzugewöhnen, habe ich endlich einen jämmerlichen Erfolg erzielt, indem ich sie in einer Mischung von Lauberde und Sand im Halbschatten einiger Haselnußbäume ansiedelte. Das ist die Behandlung, die ich empfehle: schwammiger Boden und Baumschatten im Sommer. Der Seidelbast wächst ja auch in Wäldern, also scheint es rich-

tig, für dieselbe Bodenbeschaffenheit zu sorgen wie in der Natur: Humus und faulende Blätter, voll vom gefallenen Reichtum der Jahrhunderte.
Andererseits behaupten manche Leute, Seidelbast gedeihe nirgends besser als an einem trockenen, heißen Ort, wie etwa an einem Kiesweg vor einer Hausmauer. Was soll man nun glauben?
Von Daphne mezereum gibt es zwei Arten. Eine ist die bekannte bordeauxfarbene, hell wie ein Vin Rosé, wenn man ihn in der Karaffe gegen das Licht hält. Die andere ist weiß, *Daphne mezereum alba.* Auch ihre Beeren sind verschieden. Die bekannte Sorte hat glänzend rote, die weiße Art glänzend gelbe Beeren. Ich möchte noch einmal dringend raten, einige Samen in kleine Blumentöpfe zu versenken, statt sie den Vögeln zu überlassen. Beide Sorten wollen nicht versetzt werden und sollten immer direkt aus dem Topf in die Erde kommen wie Ginster oder Clematis.

Der Lilienschweif

Wer im Schaufenster der Blumengeschäfte oder auf einer Ausstellung diese riesigen, wohl 1,80 bis 2,50 m hohen Ähren zum erstenmal sieht, wird an Riesenlupinen erinnert, bemerkt aber beim Näherkommen, daß sie ganz anders sind. Sie existieren in verschiedenen Farben: Blaßgelb, Butterblumengelb, Grünlichgelb, Weiß und Grünlichweiß, Rosa und in seltsamem Rehkitz-Rosa, das so schwer zu beschreiben ist wie die Farbe einer Buchfinkenbrust.
Das sind die *Eremuri,* auch Lilienschweif und

manchmal Riesen-Asphodel genannt, die ich schon früher erwähnte. Sie gehören tatsächlich in die botanische Familie der Lilien, wachsen aber nicht wie diese aus Zwiebeln, sondern aus seesternartigen Wurzeln, die sehr brüchig sind und beim Verpflanzen geschont werden müssen. Wahrscheinlich ist dies der Grund, daß manche Menschen mit dem Eremurus kein Glück haben. Er sollte in den letzten September- oder in den ersten Oktoberwochen verpflanzt werden, und zwar so rasch wie möglich. Niemals darf man die Wurzeln außerhalb der Erde warten lassen, wenn sie aus der Gärtnerei kommen. Breiten Sie die Wurzeln flach in ziemlich reiche, lehmige Erde und bedecken Sie sie mit dürrem Farnkraut, um sie im ersten Winter vor Frost zu schützen. Geben Sie ihnen, wenn möglich, einen Platz vor einer Hecke, wo sie Deckung haben; sie sind starkem Wind abgeneigt, und die Pracht ihrer Ähren kommt gegen einen dunklen Hintergrund am besten zur Geltung. Sie lieben Kalk und Sonnenschein.
So behandelt, sollte uns der Lilienschweif immer mehr erfreuen. Je älter er wird, desto schöner wird er und läßt Ähre um Ähre aus jeder Seesternwurzel steigen. Leider ist er ziemlich teuer, aber es ist eine gute Anlage. Es gibt verschiedene Sorten: den Riesen *Eremurus robustus*, im Juni blühend, und die kleineren, die *Shelford-* und *Warei-Hybriden* in merkwürdigen Farben. Prächtige Gesellen; blasse Fackeln, alles überragend, so daß die Einjährigen daneben zu Zwergen werden. Aristokraten des Gartens, die ihren Preis wohl wert sind.
Eine andere turmhohe Pflanze ist *Yucca gloriosa*. Sie wird im Juli als elfenbeinfarbene Pyramide von hohem architektonischem Wert emporstreben. Da

sie nicht in jedem Jahr zur Blüte kommt, sollte man mindestens drei Pflanzen haben, und dafür ist ziemlich viel Platz nötig. Doch wenn in einem kleineren Garten auch nur drei Meter zur Verfügung stehen, wird die Yucca gloriosa im Juli als wunderbare Überraschung erscheinen und meine Theorie bestätigen, daß erst durch die Vielfalt von Form und Höhe ein ästhetisches Ganzes entsteht. Die Yucca, ein Kind der mexikanischen Wüste und der heißen Gegenden von Amerika, wie Kalifornien, liebt den sonnigsten und trockensten Standort, findet sich aber auch mit unserem Boden und Klima ab.

Der Phlox als Tröster

Ich werde immer traurig, wenn der erste Phlox erscheint. Das bernsteinfarbene Licht kündet das Ende des berauschenden Frühsommers an und mahnt uns, an den Herbst zu denken. Nicht, daß ich etwas gegen die Herbstzeit hätte, die voller Schönheit ist; aber es schmerzt mich, wieder einen Sommer scheiden zu sehen, und ich sträube mich gegen das, was auf den Herbst folgt.

Der Phlox trägt viel dazu bei, uns im Spätsommer und Frühherbst zu trösten. Er ist eine glühende Pracht, besonders in einem halbschattigen Beet, wo sich seine Farben in der Abendsonne seltsam wandeln und in der Dämmerung unerwartete Töne annehmen.

Ich bin fest überzeugt, daß dies die richtige Art ist, Phlox zu setzen: in ein kühles, gegen Norden gerichtetes Beet, ganz allein, mit nichts anderem gemischt. So sieht er am besten aus, dicht zusammengepflanzt, in einem eher feuchten Boden mit viel gutem Dünger. Damit ist organischer Dünger gemeint, aus einem Kuh- oder Schweinestall, oder das unentbehrliche Knochen- oder Hornmehl. Eine Bodenbedeckung aus Torfmull oder Kompost wirkt belebend auf ihn, kurz alles, was die Wurzeln kühl hält und sie ernährt.

Der Hauptfeind des perennierenden Phlox sind die kleinen, aber bösen Fadenwürmer. Es sind nicht die gleichen, die Kartoffeln oder Narzissenzwiebeln angreifen. Die Phlox-Fadenwürmer beschädigen den Stiel, nicht die Wurzel. Die Blätter rollen sich ein, und die ganze Pflanze beginnt unmißverständlich zu kränkeln. Abhilfe gibt es nicht, es sei denn, man entschlösse sich, die befallenen Stiele jetzt hinunterzuschneiden und im nächsten April, wenn die Pflanze zu sprießen beginnt, Wurzelstecklinge zu nehmen. Auf diese Weise erhält man gesunde Pflanzen, frei von dem winzigen, zerstörerischen Fadenwurm. Er muß wohl auch sein Leben leben wie wir alle, im räuberischen Existenzkampf auf Kosten anderer, aber angenehmer wäre es doch, wenn er seine Nahrung nicht ausgerechnet an unserem Phlox suchte.

August

Erlesene Blütensträucher

Jeder Gärtner weiß es: zwischen Ende Juni und Anfang September gibt es »unausgefüllte« Momente, vor allem für diejenigen, die aus Zeitmangel mit dem sogenannten Staudenbeet aufgeräumt haben; der Garten ist in diesen Hochsommermonaten oft leer, grün und farblos. Wir setzen unsere Hoffnungen auf die Einjährigen, die aber ziemlich viel Arbeit machen, vor allem bei trockenem Wetter. So wenden wir uns den treuen Freunden, den blühenden Sträuchern, zu – und finden leider nicht allzuviele.

Der neblig-blaue *Ceanothus Gloire de Versailles* (Säckelblume), der sowohl als Busch wie auch an einer Mauer gezogen werden kann, ist im Juli am schönsten. Der noch tiefer blaue *Plumbago ceratostigma willmottiana* (Bleiwurz) blüht ein wenig später, trifft aber manchmal mit dem Ceanothus zusammen, und welch liebliches Bild, wenn sie nebeneinander stehen! *Caryopteris clandonensis* (Bartblume), ein niedrig wachsender Busch mit grauen Blättern und kobaltblauen Speeren, sollte der Dritte im Bunde sein, während im Vordergrund *Perowskia atriplicifolia* (Silberstrauch) stehen müßte: eine blausilberne Gruppe, von der nur die Namen häßlich sind.

Dann die Lavendelarten, zu allen Jahreszeiten befriedigend, aber ganz besonders in der mageren Zeit von Juli und August. Der alte englische Lavendel, *Lavandula spica,* ist ein treuer Beistand, ob wir ihn als Wegeinfassung oder als einzelnen Busch pflanzen. *L. spica gigantea* ist der größte von allen, doch gibt es noch andere, weniger bekannte Arten. Zum Beispiel den sehr dunkel-violetten *L. atropurpurea nana compacta* sowie weiße und rosa Sorten: eine große, liebenswerte Familie. Sie sind nicht schwieriger zu ziehen als der gewöhnliche Lavendel. Versuchen Sie es. Ein guter Gärtner ist der, der Experimente wagt.

Alle Lavendelarten sollten bis auf das alte Holz zurückgeschnitten werden, sobald sie verblüht sind, sonst werden sie leicht unordentlich.

Wenn Sie weiße Blumen lieben – und was könnte romantischer sein als weiße Blumen in mondübergossenen Sommernächten? – pflanzen Sie *Romneya coulteri,* den großen und buschigen kalifornischen Mohn. Mit seinen graugrünen, flaumigen Blättern bringt er breite, lockere, weiß-goldene Blüten hervor auf Stielen, die über einen Meter hoch werden. Die Blütenblätter sind wie zerknittertes Seidenpapier, die Staubblätter zittern gleich einem goldenen Schwarm in der Mitte – ein zarter, wundersamer Anblick.

Mit »zart« ist nicht etwa seine Konstitution gemeint, außer vielleicht in sehr rauhen Gegenden. Sobald er einmal im Garten ist, läuft er in alle Richtungen, denn seine Wurzeln dehnen sich aus, und er ist imstande, sogar mitten auf einem Weg zu erscheinen. Ich kenne einen, der sich unter einer Ziegelmauer durchgeschlängelt hat und mannhaft auf der anderen Seite weiterwächst. Die Hauptschwierigkeit ist, ihn einmal festzusetzen; er haßt es, gestört und verpflanzt zu werden, und am besten überlistet man ihn, indem man ihn aus Wurzelstecklingen in einem Topf zieht. Dann können wir ihn mit dem Topfballen in das einladende Loch setzen, dort, wo wir ihn haben wollen, und hoffen, daß er nichts davon bemerkt. Pflanzen, die armen, arglosen, sind leicht hinters Licht zu führen.

Der Romneya-Mohn will sonnig und in nicht zu reichem Boden stehen. Im Winter wird er möglicherweise zurückfrieren, aber das schadet nichts, weil er im Frühjahr wieder aus dem Wurzelstock austreibt und keinesfalls am alten Holz zu blühen scheint. Eventuell müssen wir ihn im Frühling zurückschneiden, wenn es der Winter nicht schon für uns besorgt hat.

Sehr reizvoll sind auch die Eibische *(Althaea frutex* oder *Hibiscus syriacus)* mit ihren malvenartigen Blüten in Blau, Rosa, Rot, Lavendel oder Weiß. Sie können sehr alt werden; ich erinnere mich, im Südwesten von Frankreich einen gesehen zu haben, dessen Stamm so dick war wie der einer jungen Eiche. Seine Besitzerin versicherte mir, er sei schon seit über hundert Jahren in ihrem Garten. »Mais bien sûr, Madame, c'est mon arrière-grand-père qui l'a planté.« Er war als freistehender Baum gezogen, und seine große, runde Krone war von cremefarbigen, rotgefleckten Blüten übersät wie ein altmodischer Chintz. Doch so hübsch der Hibiscus auch sein kann, ich traue ihm nicht ganz: um so zu blühen, wie wir es gerne möchten, braucht er meiner Ansicht nach mehr Sonne, als er bei uns bekommt. Vielleicht hatte ich selbst zwar nur Pech, obwohl ich ihm den wärmsten, sonnigsten Standort gegeben hatte.

Viel befriedigender finde ich die winterharten Fuchsien. Verschiedene Sorten werden in jedem halbwegs milden Klima blühen, und wir brauchen uns nicht aufzuregen, wenn sie im Winter bis zum Boden erfrieren: im Frühling treiben sie wieder zur rechten Zeit aus dem Wurzelstock, um im Sommer neu zu blühen. Gegen Frost kann die Krone mit dürrem Laub, Farn oder Erde (bis zu 10 cm hoch darübergehäuft) geschützt werden, und an außergewöhnlich kalten Tagen bedeckt man sie mit einem Sack. Ihre gebogenen Zweige sind voller Grazie, die roten und lila Blüten im dunkelgrünen Laub machen einen feierlichen Eindruck; und wer absolut nichts anderes zu tun hat, kann die runden Knospen zerknallen lassen.

Die bekannteste ist wahrscheinlich *Fuchsia magellanica riccartoni*, die von Juli bis Oktober blüht. *Fuchsia gracilis* sagt mir weniger zu; sie ist ein spindeliges Ding mit meist einzelnen, bis 5 cm langen, lebhaft roten Blüten. *F. magellanica Madame Cornelissan* ist eine neue frostharte Züchtung mit großen, leuchtend rot-weißen Blüten.

Sie verlangen Wärme, aber nicht zuviel Sonne, und einen eher nährstoffreichen, humosen, leicht sauren Boden, der gut durchlässig ist. Im Frühling lassen sie sich durch Stecklinge vermehren, die im warmen Kasten gesteckt werden.

Weitere hübsche und praktische Gewächse für den Spätsommer sind die *Indigofera* (Indigostrauch). Sie haben rötliche, wickenähnliche Blüten, die graziös an den gebogenen Zweigen hängen. Wie die Fuchsien werden sie im Winter herunterfrieren, doch sollte man sie auf jeden Fall im April zurückschneiden, bevor sie wieder hervorsprießen. Sie gedeihen am Fuß einer Südmauer und kommen in verschiedenen Arten vor, wovon die bekannteste *I. gerardiana* heißt.

Lespedeza (Buschklee), manchmal *Desmodium penduliflorum* genannt, ist den Indigofera ähnlich, eine reizende Pflanze aus Nordchina und Japan. *Lespedeza bicolor* wird bei uns nicht höher als anderthalb Meter und trägt längliche, purpurrosa Blütentrauben. *Lespedeza sieboldii* oder *thunbergii* bildet bis zwei Meter hohe, nach allen Seiten elegant überhängende Büsche, die sich besonders zur Bepflanzung sonniger, durchlässiger Böschungen eignen.

Hortensien

Ich weiß, daß ich fortwährend über den Mangel an Blütensträuchern jammere, die den Garten im August und September beleben könnten; so war ich freudig erstaunt, als ich kürzlich bei einem abgelegenen Bauernhof drei Büsche erspähte, die wie rosa Flieder aussahen.

Es war *Hydrangea paniculata grandiflora*, auch gefiederte Hortensie genannt. In Japan, ihrer Heimat, soll sie bis zu sieben Meter hoch werden, doch hier beschränkt sie sich anscheinend auf etwa zwei Meter, was für einen mittelgroßen Garten auch völlig genügt. Nicht zu verwechseln mit *H. hortensis,* die manchmal himmelblau, öfter aber in schmutzigem Rosa blüht. Eine besonders hübsche Abart heißt *H. sargentii*, mit großen, flachen Blütentellern, am Rande weiß, nach innen violett. Doch H. paniculata grandiflora ist, trotz ihres hochtrabenden Namens, weniger prächtig, aber von raffinierter Einfachheit. Ja, es ist so, als ob sie Humor und sogar Phantasie besäße, so wie sie sich im Lauf ihres Blütenlebens ändert. Sie beginnt mit unschuldigem Weiß, färbt sich dann süßrosa und zu guter Letzt grünlich, fast meergrün, so daß man nie weiß, woran man mit ihr ist; wie man das oft auch mit menschlichen Wesen erlebt, die dadurch nur um so interessanter werden. Als ich mich über den Gartenzaun lehnte und dieses letzte rosa-grüne Aufblühen betrachtete, trat der Besitzer des Gartens zu mir. »Ja«, sagte er, »der Busch blüht seit drei Monaten. Er wechselte ständig seine Farbe während dieser Zeit.« Er wußte, daß es eine Hydrangea war, konnte sich aber an den zweiten Namen nicht erinnern. Er war offensichtlich stolz auf seine Büsche. Ein Fremder war es, ein schwarzhaariger Fremder. Und obwohl er fließend Englisch sprach, hatte er einen seltsam schweren Akzent, dessen Herkunft ich nicht heraushören konnte. Während wir uns über den Zaun weg unterhielten, fuhr ein Zirkus mit all seinen Wohnwagen und Karussells vorbei, und ich hatte das Gefühl, daß der fremde Mann und der Zirkus und der englische Bauerngarten alle irgendwie zusammengehörten und daß ich bestimmt eine H. paniculata grandiflora bestellen, sie an einen feuchten, schattigen Platz setzen und hoffen würde, sie möge so gut wie die seine gedeihen.

Noch mehr blühende Sträucher

Jede Post bringt neue Kataloge voll sinnverwirrender Vorschläge. Alles und jedes klingt so verlockend und leicht zu erreichen. Wie in einem Opiumtraum hat man Visionen von den hängenden Gärten Babylons. Man weiß genau, daß der eigene Garten nicht so ist und niemals so sein wird, doch wie schwer ist es zu widerstehen. Nur 6.50, sagen wir uns, und in ein paar Jahren werden wir einen großen, schäumenden Busch besitzen oder einen hohen Baum. Und leichtsinnig bestellen wir.

Doch ein paar Sträucher möchte ich auf jedermanns Liste sehen. Für die frühen Monate des Jahres die einfach blühende *Kerria japonica* (Ranunkelstrauch), viel hübscher als die gefüllte, die man in alten Gärten trifft. Die einfachblühende wirkt wie ein mit gelben Schmetterlingen übersäter Busch und hat dazu den Vorteil, auch im Schatten, sogar unter einer Nordmauer, zu gedeihen.

Später gibt es für sonnige Beete zwei rosa Sträucher: *Kolkwitzia amabilis* blüht im Mai und Juni, *Indigofera,* der bereits erwähnte Indigostrauch, im Juli und August und erregt allgemeine Bewunderung. Nochmals empfehlen möchte ich auch einen kleinen Strauch, *Caryopteris clandonensis* (Bartblume). Er steht, leuchtend blau und gefranst, ab August in Blüte, zu einer Zeit also, in der blühende Sträucher selten sind. Schneiden Sie ihn Ende Februar nicht zu stark zurück, dann wird er ein gerundeter, 1 bis 1,20 m hoher Busch. Sollten Sie die Varietät clandonensis nicht bekommen, so ist *incana* ebenso gut. Alle bevorzugen einen sonnigen Standort, sind aber mit dem Boden nicht heikel. Um einen schönen Eindruck zu erhalten, würde ich mindestens drei von ihnen zusammenpflanzen.

Und wer sich schließlich nach Farben sehnt, die Monate hindurch und vor allem im Herbst leuchten, möge sich *Rhus cotinus foliis purpureis* (Essigbaum) besorgen. Ich muß wegen des furchtbaren Namens für einen so herrlichen Busch um Verzeihung bitten; viel lieber nenne ich ihn bei seinem anderen Namen, venezianischer *Sumach.* »Venezianisch« läßt an all die Brokate und Samte von Tizian und Veronese denken, und genau daran erinnert der glühende Rhus. Ein sehr guter Gärtner empfahl mir einst, ihn im Februar radikal zurückzuschneiden, ehe die jungen Triebe, rot wie Granaten, aufschössen. Wir könnten uns zwei solcher Pflanzen anschaffen und eine davon für dieses ziemlich brutale Experiment reservieren.

Es gibt wohl kaum eine Gehölzgattung, mit der man innerhalb kurzer Zeit, bis in den Spätsommer, solch herrliche Blütenwirkung erzielen kann wie mit der lieblichen *Buddleia* (Sommerflieder, Schmetterlingsstrauch). Am reizvollsten ist wohl *B. alternifolia* mit ihren langen lavendel-purpurnen Blütenrispen, die die Schmetterlinge magisch anziehen. Man schneidet sie am besten nicht zurück, da sie am vorjährigen Holz blüht.

Clerodendron fargesii (Losbaum) und *Clerodendron trichotomum* sind stämmige kleine Bäume, die man selten in den Gärten sieht. Ihre Blüten sind unscheinbar, aber die türkisblauen und scharlachroten Beerenbüschel wirken wie eine künstliche Hutgarnitur, glänzend, als hätte man sie lackiert. Versuchen Sie, wenigstens einen in Ihrem Garten zu pflanzen. Fargesii ist die bessere der beiden Sorten.

Mein kleiner Kräutergarten findet immer großen Anklang, sogar bei Männern und vor allem bei den Empfindsamen, von denen ich im voraus weiß, daß sie ihn von »altmodischem Reiz« finden. Deshalb scheue ich mich nicht, von einer Idee zu berichten, die aus Amerika stammt. Sie ist nicht kunstgewerblich, sondern streng praktisch, denn viele Kräuter sind wilde Wucherer, die im Zaum gehalten werden müssen; überdies scheint es mir genau das richtige für alle, die sich einen Kräutergarten wünschen und wenig Platz haben.

Sie verschaffen sich ein altes Wagenrad, je größer, desto besser, bemalen es weiß und außen, dort, wo der eiserne Reifen ist, grün; dann versenken Sie die Nabe in ein Loch im Boden, damit das Rad flach aufliegt. So bekommen Sie verschiedene Abschnitte zwischen den Speichen, um die Kräuter einzupflanzen, und dazu noch in der Mitte die Nabe, die Sie durchbohren und mit Erde füllen, um eine kleine, buschige Spezialpflanze zu setzen (ich empfehle den zwergigen, dunkelroten Lavendel, *Munstead).* Die Amerikanerin, die mir von ihrer Idee schrieb, hatte vierzehn Abteilungen, in die sie Schnittlauch, Raute, Salbei, Majoran, Basilikum, Dill, Petersilie, Rainfarn, Estragon, Rosmarin, Thymian usw. pflanzte. Ich persönlich hätte noch Liebstöckl, Knoblauch und Kümmel hinzugefügt, aber das mag jeder halten, wie er will.

Meine Ratgeberin schickte mir eine Farbenphotographie, auf der der ganze Effekt sehr hübsch zu sehen war. Zwischen Steinplatten dürfte er noch reizvoller sein. Rund um das Rad hatte sie die Namen der Kräuter in Rot aufgemalt und hinter dem Rad, in einem Halbkreis, große Büchsen ohne Boden in die Erde versenkt und die üppigsten Wucherpflanzen, wie Minze, Borretsch und Melisse, hineingesetzt.

Natürlich versuchen wir immer, die Ideen anderer Leute zu vervollkommnen, und so dachte ich mir, es wäre wohl besser, nur niedrige Kräuter zwischen die Speichen zu pflanzen; höhere Gewächse würden den flachen, uhrengleichen Eindruck des Rades bald zerstören. Und weiter dachte ich, wie reizend es sein müßte, nicht nur Kräuter, sondern andere kleine Kostbarkeiten, wie Alpenpflanzen, in der gleichen Art unterzubringen, in besonders zubereiteter Erde zwischen den Speichen: Saxifraga und Lewisia, die Zwerg-Narzissen und die kleinen Iris, Leberblümchen und all die anderen Miniatur-Pflänzchen, die im Frühjahr erscheinen.

Und noch einmal Hecken

Ich muß noch einmal auf die Hecken zurückkommen. Sie spielen eine immer wichtigere Rolle, weil so viele Menschen in neuen Häusern und auf einem kleinen Grundstück leben, das eine Abgrenzung verlangt. Was sollen sie pflanzen und wann? Die beste Zeit ist im allgemeinen der frühe Herbst, und das Geld, das wir für eine Hecke aufwenden, ist auf jeden Fall gut angelegt.

Es gibt zweierlei Arten von Hecken, die nützliche und die dekorative. Die nützliche Hecke hat in erster Linie die Aufgabe, Tiere fernzuhalten, und bietet

deshalb weniger Auswahl im dekorativen Sinn. Doch schließlich besteht das Landleben nicht aus dem fortwährenden Kampf mit Kühen und Schafen, und es gibt viele Pflanzen, die uns mit Schönheit und Farbe erfreuen und die auch als »Grenzbefestigung« gut sind. Rosenhecken zum Beispiel versprechen, immer beliebter zu werden, und was könnte lieblicher sein als eine lange Reihe von Moosrosen oder süßduftenden Rugosa? Auch immergrüne blühende Büsche wie *Osmanthus* (Duftblüte) oder *Choisya ternata* (Orangenblume), der silberblättrige *Elaeagnus* (Ölweide) oder die vielfarbenen *Cydonias* und auch die verschiedenen Arten der *Escallonia* – unmöglich, eine vollständige Liste aufzustellen!
Aber ich will wenigstens ein Wort für die schottische Zaunrose, *Rosa rubiginosa*, einlegen. Wir können uns nichts Zauberhafteres wünschen als eine solche Hecke. Ihre Dornen schrecken die Eindringlinge ab; im Frühsommer ist sie so hübsch wie die Hundsrose, *Rosa canina*, mit ihren einfachen rosaroten Blüten und der nach Äpfeln duftenden Belaubung, im Herbst dicht besetzt mit roten Hagebutten; und an einem feuchten, schwülen Abend liegt ihr Duft wundervoll stark in der Luft. Man braucht nicht einmal ein Blatt zwischen den Fingern zu zerreiben, um diesen Duft hervorzubringen: er schwillt uns entgegen, als füllte sich plötzlich ein großes Segel mit einer Brise von den Gewürzinseln, die Kolumbus zu entdecken hoffte.
Wie wäre es wohl mit einer gemischten Hecke aus Geißblatt und Heckenrosen und einem wilden Wein dazwischen? Der purpurblättrige *Vitis vinifera purpurea* würde im Oktober zwischen den Hagebutten sicher prachtvoll aussehen. Ich habe zwar nie eine

solche Hecke gesehen, aber warum nicht? Ideen sind wohlfeil, es bleibt nur noch das Problem der Verwirklichung. Am nächsten kam ich der meinen, indem ich die gewöhnliche *Clematis jackmanii* in meine wilden Rosen verflocht; die Clematis setzte ich auf die Nordseite der Hecke, wo die Wurzeln kühl und beschattet sind und die großen violetten Blüten sich der Sonne entgegenwinden. Es sieht wunderschön aus, und die Rose gibt der Clematis gerade den Halt, den sie braucht.

Die wilde Rose ist starkwüchsig, wird jedoch oft gegen die Wurzel hin dünn und mager. Diese Schwäche läßt sich beheben, indem man die Hecke von Anfang an mit Pfosten und Draht versieht und später die langen Schosse dort befestigt, statt sie zurückzuschneiden. Zieht man die Schosse horizontal oder, wenn nötig, nach unten, so entsteht ein dichtes Wachstum als reichlicher Lohn für alle Mühe.

Trost im August

Um diese Jahreszeit, die so öde und eintönig wirkt, weil nichts mehr jung ist, sondern alles reif und üppig wird, blüht die japanische Anemone auf und erinnert uns seltsam an den Frühling. Kühn, hoch und steif, erscheint sie jedes Jahr und wächst und verbreitet sich so verschwenderisch, daß man sie fast schon als Unkraut betrachten könnte.

Die gewöhnliche weiße *Anemona japonica alba* kennen wir alle. Sie ist in jeder Beziehung bescheiden, findet sich mit Halbschatten ab, stellt keine Ansprüche an den Boden und braucht auch nicht aufgebunden zu werden. Das einzige, was sie übelnimmt, ist das Versetzen: sie braucht mindestens zwei Jahre, um sich davon zu erholen. Dann aber dankt sie uns mit weißen, in der Mitte goldenen Blüten und sehr langer Blütezeit. Außer dieser bekannten weißen gibt es noch andere Arten, und auf diese möchte ich hier aufmerksam machen.

Die leuchtend rosa *A. hupehensis praecox* ist wahrscheinlich ebenso bekannt wie die weiße. Seltener sieht man *Prinz Heinrich*, halbgefüllt in tiefem Violettrot, bis zu einer Höhe von 70 cm wachsend und von August bis September blühend. Eine großblumige hupehensis ist *September-Charm*, in gedämpftem Altrosa, 70 cm hoch; *Profusion*, weinrot, wird 50–60 cm hoch. Ich muß gestehen, daß ich diese beiden nur vom Hörensagen kenne; aber Prinz Heinrich wächst in meinem Garten, in einer zufälligen und glücklichen Verbindung mit der weinroten *Clematis kermesina*. Diese spätblühende Clematis, die zur *Viticella*-Gruppe gehört, sollte mehr gepflanzt werden. Sie bedeckt sich mit einer Unzahl kleiner, weinfarbener Blüten, genau zur selben Zeit, in der die japanische Anemone Prinz Heinrich am schönsten ist. Sie passen wunderbar zusammen. Nur eines bekümmert mich: daß die japanische Anemone traurig den Kopf hängen läßt, wenn man sie schneidet, und sich daher nicht für die Vase eignet.

Meine Freunde, denen ich dieses Kapitel vorlas, machten mir Vorwürfe, weil ich den August öde nannte. Sie malen mir Bilder von solcher Fülle und Fröhlichkeit, daß ich mich schäme. Gewiß, wenn wir den Einjährigen genug Zeit widmen können, haben wir bis spät in den September hinein einen berauschenden Farbenzauber in unserem Garten. Es ist nicht schwer, sich solche bunt bepflanzten Beete vorzustellen: Petunien, Leberbalsam, Löwenmaul, Portulak, Cosmeen, Arctotis, Rittersporn, Levkojen, Verbenen, Zinnien ... Dazu kommen noch die Mehrjährigen, wie Helenium, die flachen, gelben Teller der Schafgarbe, die Rudbeckien und Gaillardien. Und die Dahlien, Gladiolen, Montbretien! Ja, ich hatte vielleicht Unrecht, hatte mehr an die trägen Bäume, die ausgewachsenen Hecken und die Brombeeren gedacht, die das erste Zeichen des Herbstes sind. Und so muß ich zugeben, daß meine Abneigung gegen den August-Garten eher psychologisch bedingt als den Tatsachen entsprechend ist. Der Gedanke, daß der Sommer seinem Ende entgegengeht und der Frühling so weit entfernt ist, scheint mir fast unerträglich.

Notizen im August

Haben Sie die Gewohnheit, immer Bleistift und Notizbuch einzustecken? Dann sollten Sie jetzt einige Bemerkungen über das Licht eines Sommerabends aufzeichnen. Die Sonne im Westen scheint durch die Blumenblätter, als leuchteten sie von innen, so wie es im blendenden Mittagsglanz nie möglich wäre. Dieser Gedanke kam mir, während ich eine Gruppe *Alstroemeria* (Inkalilie) betrachtete, die sich korallenrot und golden schimmernd von den hohen Federn der *Bocconia cordata* (Federmohn) abhob, hinter der wiederum die kleinblütige weinrote *Clematis kermesina* sich an der Mauer hochrankte. Die Sonne fing sie alle ein, und ich dachte, als ich dort in den

Anblick versunken stand: das ist ihre beste Stunde, und das ist die richtige Art zu gärtnern – alles an den Platz zu pflanzen, wo es höchste Schönheit erreicht.

Im Grund ist es selbstverständlich, daß man herbstblühende Pflanzen dorthin setzt, wo die Sonne auf sie scheint. Jedermann weiß das. Aber man sollte diese Dinge doch im Notizbuch festhalten. Wir sagen so leicht: Oh, das werde ich mir merken! Und dann vergeht die Zeit, und wir versuchen vergeblich, uns an den Augustabend zu erinnern – die Vision ist verschwunden, das nächste Jahr zieht herauf und nichts bleibt, es sei denn, wir hätten einen Bleistift und ein Notizbuch zur Hand gehabt.

Der goldgelbe Garten

Zu den schönsten Erlebnissen beim Gärtnern gehören die Überraschungen, wenn etwas, das wir vor Jahren geplant hatten, auf einmal gelingt und genau unserer Vorstellung entspricht. Zugegeben, die Dämmerung mit ihren längeren Schatten ist die beste Stunde, weil das Licht intensiver wird und alles Unkraut verbirgt; aber trotzdem war ich auch im Glanz des nächsten Morgens nicht enttäuscht, als ich die große goldene Gruppe wiedersah, die ich bei Sonnenuntergang entdeckt hatte.

Sie war aus gewöhnlichen, leichtwachsenden Pflanzen zusammengestellt, und was sie so effektvoll machte, war wohl die Tatsache, daß alle gleichzeitig aufblühten. Im Vordergrund stand ein rundes Fingerkraut, *Potentilla fruticosa*, dessen silberne Blät-

ter mit zitronengelben Blüten übersprenkelt waren. Dahinter ragte die höhere, flachgesichtige gelbe Schafgarbe empor, *Achillea eupatorium*, und hinter dieser die fedrige Wiesenraute, *Thalictrum glaucum*. Ein paar blaßgelbe Nachtkerzen, *Oenothera missouriensis*, hatten sich vorwitzig einen Weg gebahnt durch einen mächtigen Busch von Johanniskraut, *Hypericum patulum forrestii*, das seine glänzenden Butterblumen bereits aufgesteckt hatte und viele verheißungsvolle Knospen dazu. Schon das allein war schön, aber über all dem erhob sich die fließende Pracht des großen Aetna-Ginsters, *Genista aetnensis*, drei Meter hoch, ein erstarrter Springbrunnen aus geschmolzenem Gold.
Alle diese Pflanzen sind bescheiden, für jede Geldbörse erschwinglich, und wer genügend Platz hat, in einem verschwiegenen Winkel, den die Abendsonne erreicht, diese Gruppierung nachzuahmen, wird sich darüber freuen. Da der Mensch aber trotzdem nie zufrieden ist, machte ich mir gedankliche Notizen für eine Verbesserung. Die reichblühende *Hidcote*-Varietät des Johanniskrautes zum Beispiel ist noch besser als die von Forrest aus China eingeführte Art. Warum hatte ich nicht diese gepflanzt? Wir sollten immer nur das Beste bestellen, doch im Anfang ist man unwissend, und es dauert Jahre, bis man mehr weiß. Und warum hatte ich nicht neben dem erstarrten Feuerwerk des Ginsters ein paar Raketen steigen lassen in Form der riesigen Königskerze *Verbascum olympicum?* Nächstes Jahr soll es verbessert werden, aber inzwischen macht mir meine goldene Gruppe tausendmal mehr Vergnügen als alle Goldbarren in der Bank von England.

Allen Gartensnobs zum Trotz muß gesagt sein, sie ist und bleibt eine der besten Schlingpflanzen für unsere Gärten. Ich zähle ihre Vorzüge auf: ihre Schönheit, die flammend oder zart sein kann; ihre lange Blütezeit von April bis November; die Tatsache, daß sie sich leicht ziehen und vermehren läßt und kalkhaltigen Boden verträgt. Überdies ist sie selbst dann noch hübsch, wenn sie nicht mehr blüht und ihre silbrig-seidenen Samenkörper sehen läßt, die mich immer an einen zusammengerollten Yorkshire-Terrier erinnern. Und welch unendliche Auswahl an Spezies und Hybriden, wie groß die Verwendungsmöglichkeiten zur Bekleidung von Schuppen, Zäunen, Pergolas, Hecken, alten Bäumen oder Hausmauern! Die perfekte Kletterpflanze? Beinahe — wenn nicht zwei Haken wären, die vielen Gärtnern Sorgen machen.

Erstens das Problem des Zurückschneidens. Es ist zu kompliziert, um hier ausführlich behandelt zu werden, doch allgemein gilt die Regel, daß diejenigen Sorten, die im Frühling und Frühsommer blühen, gleich nach der Blüte geschnitten werden müssen, während die späterblühenden (die an den Frühlingstrieben blühen) im frühen Frühling zum Schnitt kommen sollten.

Die zweite Sorge ist der Mehltau. Auch wenn man ihn feiner Ascochyta clematidina nennt, hat er dieselbe Folge: eine vielversprechende Pflanze wird urplötzlich, ohne die leiseste Warnung, wie ein armseliges nasses Band herunterhängen. Die Ursache ist ein Pilz, aber das Heilmittel ist unbekannt. Der einzige Trost ist der, daß die Pflanze wahrscheinlich

von der Wurzel her wieder austreiben wird; natürlich muß man die befallenen Schosse bis zum Boden wegschneiden, um ein Weitergreifen der Krankheit zu verhindern.
Die Clematis hat ihre Wurzeln gern im Schatten und darf auch nicht allzu trocken werden. Schnekken, Raupen, Mäuse und Kaninchen lieben die jungen Clematistriebe sehr, doch das sind ja normale Gärtnersorgen. Mehltau dagegen ist eine Spezialität der Clematis. So ist es wohl besser, die Sorten zu pflanzen, die anscheinend immun sind.
Ich fand die Sorte *C. viticella* (Italienische Waldrebe) am wenigsten anfällig und freute mich, zu lesen, daß Ernest Markham meine Ansicht teilt. Mr. Markham war der Obergärtner von William Robinson in Gravetye, wo sorgfältig und erfindungsreich mit Clematis experimentiert wurde und wo ein zufälliger Sämling der lavendelblauen *C. macropetala* rosafarben blühte und den Namen *C. macropetala var. markhamii* erhielt, zu Ehren des großen Obergärtners eines großen Gärtners. Sie hat leuchtend petunienrote Blüten und gilt als eine der wertvollsten Sorten. Die wenigsten Gartenfreunde können dem herrlichen Sommer-Purpur der *Jackmanii*-Hybriden widerstehen, obgleich es manch andere verlockende Arten gibt, wie *Clematis Henryi*, eine großblumige, reinweiße Sorte mit dunklen Staubgefäßen; *Mme. le Coultre*, eine großblumige alabasterweiße Art mit weißen Staubgefäßen (beide Juni bis Juli blühend); oder wenn Sie eine rauchblaue Wolke vorziehen: *Prins Hendrik* (Juli—August) oder *Crimson King*, eine leuchtend weinrote, spätblühende (Juli-August) Sorte. Sehr nützlich, weil von August bis Oktober blühend, ist *Clematis paniculata*, eine winterharte

Liane mit dunkelgrüner Belaubung, übersät von kleinen, weißen, duftenden Blütenrispen. Da zu dieser Zeit das Laub sich herbstlich zu färben beginnt, stehen die zarten Blüten dazu in herrlichem Farbkontrast.

Und nun zu praktischen Taten. Jetzt, im August, ist es Zeit, Stecklinge zu nehmen. Die Clematis wurzelt schnell an, besonders wenn man sie zwischen den Knoten nimmt. Das mag merkwürdig klingen, denn gewöhnlich nimmt man Stecklinge direkt unter dem Knoten, Blattwinkel oder Auge. Aus Gründen, die ich nicht zu verstehen vorgebe, zieht die Clematis den Zwischen-Knoten-Steckling vor, halbwegs zwischen einem Knoten und dem nächsten geschnitten. Es sieht sehr wenig überzeugend aus, aber es gelingt. Versuchen Sie es.

Versuchen Sie auch, Clematis aus Samen zu ziehen. Nehmen Sie den Samen von den seidenhaarigen Köpfen, die wie Federturbane wirken, mit ihrem schwarzen kleinen Fleck – es ist der Same. Er sollte unfehlbar aufgehen. Das gleiche gilt für die Beet-Clematis, die man weniger häufig sieht als die kletternde, obwohl zumindest eine von ihnen, *C. integrifolia*, seit 1596 bekannt ist. Sie wird als samtgrau mit dunkelblauer Rückseite beschrieben, etwa 60 cm hoch. *C. recta*, eine andere Beet-Pflanze, wird höher und blüht im Juni mit Massen von kleinen, weißen Blüten, sehr lieblich.

In der Hoffnung auf neue Ideen habe ich zehn Tage lang Gärten besichtigt, berühmte und bescheidene. Mein Interesse konzentrierte sich auf Sträucher, Bäume und Kletterpflanzen, die zu dieser Jahreszeit blühen, also auf etwas, das ich noch nicht kannte oder aus Vorurteil nie gepflanzt hatte. Ich will sogleich gestehen, daß ich mich zu einigen der Hortensien bekehrte, nicht zu den kugeligen Sorten, sondern zu jenen mit flacher Mitte, umringt von geöffneten Blüten. Sie sind als *Hydrangea aspera* bekannt. Weitere dekorative Sorten werden *villosa* (rötlich-lila), *sargentiana* (hellviolett) und *japonica* (rosa-lila) genannt. Ein wohlgebildeter Busch, der sich über einen Steinpfad ergießt oder den Winkel einiger Stufen verdeckt, ist ein überraschender und angenehmer Anblick im August, wenn alle sonstigen Büsche schwer und dunkel und traurig werden. Beeindruckt war ich auch von einem *Acanthus* (Bärenklau) in Blüte. Diese Pflanze hat nicht nur sehr vornehme Blätter, die zu jeder Jahreszeit gut und klassisch aussehen, sondern auch ihre lila Blütenähren, die im August-Beet von großem Wert sind. Weiter sah ich einen riesenhaften Busch von *Cotoneaster rotundifolia*, der mit seinen Unterröcken den Boden fegt wie bei einem Hofknicks und rote Beeren zwischen kleinen, dunkelgrünen Blättchen präsentiert. Und einen kleinen Baum, der mir besonders gut gefiel: Blasen-Senna, *Colutea arborescens*, mit bronzefarbenen, erbsenähnlichen Blüten und großen Samenschoten. Schoten, die aussahen, als würden sie mit demselben leichten Knall zerspringen wie eine aufgeblasene Papiertüte, die wir zerplatzen lassen. Der kleine Baum belustigte mich, weil er zur gleichen Zeit Blüten und Samenschoten trug. Die Schoten begannen sich rosa zu färben, was sich zwischen den bronzefarbenen Blüten wunderhübsch ausnahm.

Die *Indigofera* (Indigostrauch) sah ich häufig und wunderte mich, wie schon oft, daß diese graziösen Büsche nicht noch mehr gepflanzt werden. Sie strekken lange Zweige aus, an denen im August und September zartrosa, wickenartige Blütentrauben hängen. Ich könnte sie mir mit einer Vorpflanzung der mauve-farbenen, liebreizenden *Scabiosa caucasica ballerina* denken, und als Hintergrund die graublaue Clematis, *Perle d'azur*. Wer im glücklichen Besitz einer Mauer ist, könnte die Clematis daran hinaufziehen; aber auch ein paar hohe Stangen würden als Stütze genügen.

Die Myrte

Meine Myrte wächst an einer Mauer und ist nur eine gewöhnliche Myrte, *Myrtus communis;* aber mir scheint, man müßte weit reisen, um einen reizvolleren Strauch zu finden, der im Juli und August blüht. Die spitzen, kleinen, tiefgrünen Blätter sind um diese Zeit fast versteckt unter den zahllosen weißen Blüten mit blaßgrünen Staubfäden, die wie zarte Schmetterlingsflügel zittern.

Ein Hauch von Romantik umgibt die Myrte: aus der Mythologie und Dichtung kennen wir sie als Symbol der Venus und der Liebe. Die Blätter, eigentlich immergrün, werden von Frost oder kalten Winden manchmal braun, aber das ist kein Grund zur Sorge; im Frühjahr sprießen sie aufs neue. Nur in nördlichen Gegenden ist die Myrte dankbar für eine Bedeckung mit Asche oder Tannengrün. Sie läßt sich leicht aus Stecklingen vermehren, und es ist hübsch, sie in einem Topf neben die Haustür zu stellen, wo wir ihre aromatischen Blätter beim Ein- und Ausgehen zwischen den Fingern reiben können. Auf die Blüten folgen kleine, tintenblaue Beeren, die dekorativ wirken und wahrscheinlich keimen würden, wenn man eine Handvoll in die Erde versenkte.

Die mexikanische Tigerlilie

»Kann mit Erfolg in einem heißen, trockenen Beet gepflanzt werden.«
Das ist in Gartenbüchern und Samenkatalogen die typische Anleitung, bei der wir uns fragen, wo in unseren Landen ein heißes, trockenes Beet zu finden wäre. Meist sind diese Beete infolge von Sonnenmangel recht kühl und infolge von Dauerregen recht feucht. Neidvoll denken wir an die Terrassengärten der Provence, die als heiß und trocken gelten dürften und für Sonnenanbeter wie die mexikanische Tigerlilie eine passende Heimat wären.
Trotzdem brauchen wir die Hoffnung nicht aufzugeben, denn die empfohlenen Bedingungen lassen sich auf verschiedene Weise ersetzen. Sonnenschein können wir zwar nicht beschaffen, wenn die Sonne streikt, aber wir können immerhin ein Beet wählen, das im Laufe des Tages jeden Strahl auffängt, also nach Süden oder Osten gerichtet ist. Auch

für die gewünschte Trockenheit können wir sorgen, indem wir entweder das Beet an einen steilen Abhang legen oder es etwas überhöhen, mit Steinen umranden und die Erde über einem Fundament von Topfscherben oder Schlacke aufschütten. Beide Systeme erfordern Arbeit und Mühe. Einfacher wäre es, ein paar Schritte ums Haus zu tun und einen schmalen Streifen Erde zu entdecken, der vom Dach fast ganz gegen Regen geschützt ist. In solcher Lage erreichen höchstens ein paar Gewitterregen das schmale (nur 20–30 cm) Beet am Fuß der Hausmauer. Und hier, in leichter, trockener Erde, ist der ideale Platz für *Tigridias*.

Das Beet müßte nur für diese glänzende, kurzlebige Blume da sein. Ich möchte diese zwei Adjektive erklären. »Glänzend« wird zu oft und zu unbesonnen für Blumen gebraucht, für die Tigridias jedoch mit vollem Recht, denn ein Beet mit diesen Mexikanern gleicht tatsächlich einer Kolonie von riesigen, glänzenden Insekten auf grünen Blättern, jeden Augenblick zum Wegfliegen bereit. Sie sehen aus wie Riesenschmetterlinge, flach, mit ausgebreiteten Flügeln; weiß, gelb, orange, karminrot, getupft, gefleckt und wunderbar geformt. Aber wie kurzlebig! Schon ein paar Stunden nach dem Erblühen schließt die Blume ihre Blätter und hängt traurig herunter. Überraschung zum Frühstück – Enttäuschung zum Mittagessen. Es kommt uns fast tragisch vor, daß ein so erlesenes Geschöpf sich solcherart verschwendet; aber als herrliche Entschädigung ist am nächsten Morgen ein neuer Schwarm schwebender Insekten da, ein neuer Trost nach der Enttäuschung.

Und die Moral von der Geschichte ist, daß die Tigerlilie im Dutzend oder zu Hunderten gepflanzt werden sollte. Sie wirkt nur in Mengen. Jede Pflanze blüht reich, aber man braucht viele, um den täglichen, stündlichen Bedarf zu erfüllen. Wie Dahlien oder Gladiolen sollten sie im Herbst aus der Erde genommen und in einen Raum gebracht werden, wo Frost und Mäuse sie nicht erreichen; doch im Unterschied zu Dahlien und Gladiolen brauchen sie keine Stützen, denn sie wachsen niedrig.

Die kapriziöse Lilien-Familie

Viele Menschen haben Schwierigkeiten mit Lilien. Mir ergeht es nicht anders. Ich versuche. Es mißlingt. Ich verzweifle. Dann versuche ich's von neuem. Erst letzte Woche fiel mir ein, daß ich einen berühmten Lilienzüchter um Rat fragen könnte. Es hätte mir früher einfallen können. Er wird es mir sicher nicht verübeln, wenn ich seine Winke hier weitergebe; vielleicht ermutigen sie sogar zu Versuchen mit einigen Varietäten dieser außerordentlich schönen Familie.

Wie beim Kompaß gibt es vier Hauptpunkte, sagt er: Punkt 1: gute Durchlässigkeit ist wichtig; keine stehende Feuchtigkeit, selbst wenn das bedeutet, daß man ein Loch graben und Topfscherben oder groben Kies hineinlegen muß. Punkt 2: ein gutes Bett für die Zwiebeln, ein reiches Humusbett, d. h. Lauberde, Torfmull, Kompost, Farnkraut-Häcksel, was immer Sie bekommen können. Punkt 3: pflanzen Sie niemals Lilienknollen, die schon zu lange aus der Erde heraus oder deren Wurzeln abgeschnitten sind. Weisen Sie sie zurück, auch wenn sie besonders billig sind. Lilienzwiebeln sollten frisch ausgegraben und rasch wieder eingepflanzt werden; es ist deshalb ratsam, sie von einem bekannten Gärtner zu kaufen, der sie in feuchten Torfmull verpackt und sie vor dem Absenden nicht austrocknen läßt. Punkt 4: teilen Sie die Zwiebeln, wenn sie zu dicht werden.

Diesen Tips möchte ich noch einen hinzufügen. Die meisten Lilien hassen das, was Berufsgärtner »bewegte Luft« nennen und was einfach Wind oder Durchzug ist. Auch habe ich entdeckt, daß die Königslilie, *Lilium regale*, sehr gerne zwischen schützenden Nachbarn wächst, wie *Santolina* (Heiligenkraut) oder *Artemisia* (Beifuß); ich nehme an, weil deren niedrige weißfilzige Blätter die jungen Lilienschößlinge vor spätem Frost schützen, vielleicht auch, weil sie sich gut vertragen. Tatsächlich sehen die langen weißen Trompeten am besten und königlichsten aus, wenn sie neben dem Graugrün dieser wolligen, sanften, aromatischen Kräuter wachsen oder auch über den Wolken der *Gypsophila* (Schleierkraut).

Lilium regale, diese süßduftende Trompete, ist die einfachste dieser kapriziösen Familie, ja, sie läßt sich ganz leicht aus Samen ziehen. Die Zwiebeln sind nicht billig, so daß es sich lohnt, für eine größere Menge jetzt nach Samen im eigenen oder Freundesgarten Ausschau zu halten. Man kann auch Samen kaufen, aber es macht mehr Spaß, die Samenkapseln aufzuknacken und die sorgsam eingepackten, papierdünnen Samen herauszuschütteln. Jeder einzelne sollte keimen, und eine Kapsel allein ergibt mehr Lilien, als man jemals unterbringen könnte. Wählen Sie die Samen von der stärksten Pflanze, säen Sie sie in ein tiefes Kistchen, stellen Sie dieses auf einen Boden von Asche, um unliebsame Insekten fernzuhalten, und pflanzen Sie die kleinen Zwiebeln nächstes Jahr in einer Reihe auf ein »Kindergartenbeet«, wo sie unter Aufsicht sind. Am Ende des zweiten Jahres müßten bereits ein paar einzelne Blüten erscheinen, und am Ende des dritten werden sie voll entwickelt sein.

Unnötig zu sagen, daß Sie dasselbe mit den kleinen, schwarzen Schuhknöpfen tun können, die sich an den Stielen der alten Tigerlilie bilden.

Ich will noch eine amüsante Methode erwähnen, wie man Lilien aus Samen zieht. Man braucht dazu ein Einweckglas mit Schraubverschluß, eine Mischung aus Lauberde, Torfmull und Lehm und eine halbe Handvoll Samen. Man feuchtet die Erdmischung an und knetet sie in der Hand, bis sie nicht mehr tropft und wie ein feuchter Schwamm ist. Damit füllt man das Glas und streut den Samen lagenweise dazwischen, bis zum Rand. Dann wird der Deckel zugeschraubt und der Topf aufs Fensterbrett in ein warmes Zimmer gestellt. Allmählich sieht man an den Außenseiten, wie sich die Samen zu kleinen Kaulquappen entwickeln, aus denen, so wollen wir hoffen, einmal Zwiebeln werden.

Auch für die Madonnenlilie, *Lilium candidum*, ist August der Pflanzmonat. Da ich mit ihr nie Erfolg hatte, kann ich mir nicht anmaßen, über sie zu predigen; meine Bemerkungen sind rein theoretischer Art. Nach alter Überlieferung soll die Madonnenlilie in Bauerngärten am besten gedeihen, weil die Hausfrau ihr Seifenwasser ins Blumenbeet auszuschütten pflegt. Interessanterweise wird diese Sage heute durch den Ratschlag bestätigt, die jungen

Pflanzen mit Schmierseifenwasser zu besprengen, um die »Botrytis« genannte Krankheit zu verhüten. Die Sorte *Salonica* gilt als weniger anfällig für Botrytis. Auf jeden Fall, welche Sorte es auch sein mag, sollten die Zwiebeln so flach gepflanzt werden, daß ihre Nasen noch sichtbar sind. Vergräbt man sie zu tief, so müssen sie sich den Weg nach oben bahnen, und diesen Kraftaufwand wollen wir ihnen lieber ersparen. Also oberflächlich einsetzen, und zwar sofort, nachdem man sie bekommen hat. Dann aber brauchen sie Ruhe. Man darf sie nicht ausgraben, um sie zu versetzen; sie sind nicht modern gesinnt, nicht reiselustig, sondern sie möchten an Ort und Stelle bleiben, sobald sie sich einmal eingewöhnt haben.

Die Madonnenlilie bildet die Ausnahme in der allgemeinen Regel, daß Lilien viel Humus verlangen. Sie liebt Kalk – auch in Form von Mörtelresten – und steinigen Boden. Dies bestätigt abermals eine alte Theorie: daß ihr Erfolg in Bauerngärten zum Teil dem Kies zu verdanken war, der von den Landstraßen über die Hecken flog und sich in der Gartenerde festsetzte. Das kann noch heute gelten, dort, wo die Landstraßen nicht geteert sind; ich kenne Bauern, die ihre Kinder mit Schaufeln und einer auf einem alten Kinderwagen montierten Kiste ausschicken, um groben Kies für den Garten zu sammeln. Man tut gut daran, von der Weisheit derer zu lernen, die ihr Wissen nicht aus Büchern haben.

Ich könnte noch viel mehr über die Madonnenlilie sagen, aber auch *Lilium auratum* soll zu ihrem Recht kommen. Sie ist weniger launenhaft als die *L. candidum*, nein, überhaupt ohne Launen, und so gibt es keinen Grund, weshalb die goldgestreifte japanische Lilie nicht für alle von uns blühen sollte. Man erzählt, die Japaner hätten die Zwiebeln mit Genuß verzehrt, so wie wir Kartoffeln oder Artischocken essen, bis sie ihren kommerziellen Wert für europäische Gärten herausfanden. An den Hängen des Fujiyama werden sie geerntet, um uns bald nach Neujahr zu erreichen.

Diese wundersame Lilie kann auf zweierlei Art gepflanzt werden: im Garten, möglichst im Schutz von Sträuchern, oder in Töpfen. Ich selber kann mich mit der Zusammenstellung von Lilien mit Sträuchern nicht befreunden. Es sieht mir zu sehr nach Strauch-Anlagen aus und erregt sofort meinen Verdacht, daß die Lilien uns über das Verblühen der Sträucher hinwegtrösten sollen. In meinen Augen wirkt Lilium auratum gegen den Hintergrund von Azaleen oder Rhododendren keineswegs vorteilhafter; ich finde sie unvergleichlich schöner, wenn sie für sich allein im Topf, vielleicht auf den Stufen einer Gartentreppe steht. Selbstverständlich macht das etwas mehr Mühe: wir müssen die Töpfe an ihren Standort tragen und sie während des Wachstums fleißig gießen. Aber die Arbeit lohnt sich, und in der Nähe eines Sitzplatzes ist schon ihr Duft allein beglückend.

Guterweise sind sie dem Leben im Topf sehr zugetan, falls der Topf groß genug und mit reichlich Kompost und Torfmull gefüllt ist. Am besten stecken wir schon beim Pflanzen der Zwiebel Stäbe dazu, denn sie kann bis zu zwei Meter hoch werden, vor allem die Sorte *L. platyphyllum*, die schönste von allen. Weiß und golden und gelockt, entfaltet sie sich, um ihren leopardenähnlichen Schlund in überlegener, herrlicher Arroganz zu öffnen.

Wer eine Extra-Ausgabe nicht scheut, sollte sie für die bezaubernde Himalaja-Lilie, *Lilium giganteum* (heute *Cardiocrinum giganteum* genannt), bestimmen. Zu großartig, um vulgär genannt zu werden, ist sie jedoch überlebensgroß. Unbewußt setzen wir auch der Größe einer Blume gewisse Grenzen, und hier ist eine, die alle überschreitet. Fast sieht es so aus, als hätte sie sich den Größenverhältnissen ihrer ungeheuren Heimat angepaßt. Es gibt wohl kaum eine majestätischere Landschaft auf der Welt als die der zentralasiatischen Berge. Reginald Farrer entdeckte die Lilie in Tibet, und wer sein Buch gelesen hat, wird sich von dieser einsamen fernen Gegend ein Bild machen können: nur von wenigen Menschen bewohnt, dafür aber von zahllosen Blumen – eine bezaubernde Bevölkerung, eine Kompensation für das harte Leben, die Heftigkeit des Klimas und die Einsamkeit der Berge.

So hat die Riesenlilie ihre Gestalt den gewaltigen Gipfeln und den großen Schluchten angeglichen. In unsern Gärten wirkt sie tatsächlich erschreckend, aber in ihrer Heimat ist sie ein großartiges Ornament mit ihren langen, schweigenden Trompeten, ihrem dunklen, ruhigen Laub. Ich weiß nicht, bis zu welcher Höhe sie in ihrer Heimat wächst, aber bei uns wird sie gut zwei Meter hoch.

Eine Gruppe solcher Lilien, in der Dämmerung oder bei Mondlicht im Waldschatten glänzend, ist ein imponierender Anblick. Ihr Duft ist überwältigend und scheint das einzige Lebenszeichen dieser Schildwachen zu sein, die eine so seltsame Stille um sich verbreiten. Ich könnte sie mir zwischen Silberbirken vorstellen, deren bleiche Stämme mit den merkwürdig grünlich-weißen Trompeten zusammenklingen würden. Leider haben wenige von uns ein Birkenwäldchen, wo sie es sich wünschen; und selbst wenn wir eines pflanzen könnten, lassen sich die Stämme der jungen Birken nicht mit denen der alten vergleichen.

Doch auch ein Hasel- oder Kastanienwäldchen dürfte den Dienst tun, der darin besteht, Schatten und Kühle zu spenden. Dort gräbt man ein 60 bis 80 cm tiefes Loch und füllt es mit dem reichsten Material, das zur Verfügung steht: Lauberde, Kompost, Torfmull, verrottetem Dünger. Dieser einfache Rat erinnert mich an den Ausspruch einer Freundin: »Es scheint mir«, sagt sie, »daß diese Lilie alle Tugenden und nur vier Untugenden hat: sie ist ziemlich teuer, die Zwiebeln brauchen drei Jahre, bis sie blühen, nach der Blüte stirbt sie ab, und man muß ein totes Pferd unter ihr begraben, damit sie überhaupt zum Blühen kommt.«

In gewissem Sinn hat sie recht. Eine Zwiebel, die zum Blühen kommt, ist teuer, sie stirbt ab, und sie verlangt sehr viel Nahrung. Andererseits bildet sie eine Anzahl Zwiebelchen, die man weiterpflanzen kann, so daß man immer genug hat. Am besten kauft man so viele dreijährige Zwiebeln wie nur möglich und dazu zweijährige, die billiger sind. Bis die zweijährigen geblüht haben und abgestorben sind, wird man bereits einige dreijährige aus eigener Zucht besitzen und auf ewig versehen sein.

Hat man im Oktober ein Loch gegraben und die Zwiebeln so eingesetzt, daß ihre Nase knapp über die Erde schaut, legt man eine Deckung aus Laub oder Farnkraut gegen späten Frost darüber. Auch hohe Stangen darf man nicht vergessen, die die *L. giganteum* braucht und die, wenn man sie erst später einschlägt, die Zwiebeln verletzen können. Sobald im Frühling die Blätter erscheinen, streut man Schneckengift, denn die glänzende Vollkommenheit der riesigen Blätter muß unbedingt erhalten bleiben. Dann erwartet man den Juni ...

Im folgenden Oktober wird die alte Zwiebel ausgegraben und weggeworfen, wobei man natürlich die Nebenzwiebelchen sammelt, die sich um sie scharen wie Kücken um die Henne.

September

Die Pflanz-Monate

Narzissen-Geschichten

Selbstgezogene Rosen

Wie ich meine Tulpen pflanze

Von den Stecklingen

Guter Rat für Gladiolen

»Grüne Finger«

Einige Alpenpflanzen

Etwas über Geräte

Der wohlgeplante Garten

Die Pflanz-Monate

September und Oktober sind die beiden großen Pflanz-Monate, und diejenigen Gärtner, die sich ein Maximum an Schönheit mit einem Minimum an Arbeit ersehnen, sollten sich jetzt mit blühenden Sträuchern und Bäumen beschäftigen. Wie sehr bedaure ich, daß ich vor fünfzehn Jahren, als ich meinen Garten anlegte, nicht größere Mengen davon pflanzte. Jetzt wären sie gewichtige Erwachsene statt der spindeligen, mageren Kinder, die ich ungeduldig beobachte.

Vor diesem Versäumnis möchte ich meine Mitgärtner bewahren und sie beschwören, sich von ihrem Lieferanten Bäume und Sträucher zu besorgen. Sie machen viel weniger Arbeit als ein Staudenbeet, sie müssen nicht jährlich geteilt werden, viele von ihnen brauchen nicht einmal einen Rückschnitt – sie erwarten nur, daß man ihnen zuschaut, wie sie jedes Jahr schöner und größer werden. Was könnten wir von einer Pflanze mehr verlangen?

Die Wahl wird natürlich von der Größe des Gartens abhängen, aber in jedem Garten steht ein Haus, und dieses Haus hat Mauern – eine wichtige Tatsache! Wie oft höre ich sagen: »Sie haben Glück, solch alte Mauern zu besitzen; es läßt sich alles daran hinaufziehen«, und wenn ich dann bemerke, daß jedes Haus zumindest vier Wände hat, Nord, Süd,

Ost und West, so antwortet man mir: »Daran habe ich noch nie gedacht.«
An die Nord- und Westseiten also können Sie Magnolien pflanzen, auf der Ostseite, in die Morgensonne, praktisch alle winterharten Sträucher und Schlingpflanzen, von der prachtvollen *Cydonia* (Zierquitte) bis zu dem robusten *Ceanothus* (Säckelblume), kobaltblau oder violettblau. Für die Südseite ist die Auswahl noch größer; ein echter Weinstock zum Beispiel wird sehr bald eine breite, hohe Mauer bedecken und in einem vernünftigen Sommer seine kleinen, süßen Trauben reifen lassen.
Abgesehen von diesen Schlingpflanzen können mancherlei kleine Bäume gesetzt werden. Die Zierkirschen beziehungsweise -pflaumen (Prunus) und Äpfel (Malus) haben sich glücklicherweise in den meisten Gärten ihren Platz erobert. Viele von ihnen tendieren leider zu einem etwas süßen Rosa, und wer diese Farbe vermeiden möchte, sollte lieber die feinere grünlichweiße Kirsche, genannt *Ukon (Prunus lannesiana grandiflora)* oder den weißblütigen Zierapfel *(Malus prunifolia)* pflanzen, der im Herbst gelb-orangerote Früchte von besonderer Schönheit trägt; oder auch die Sorte *niedzwetzkyana* mit noch schöneren dunkelpurpurnen Früchten.
Der Mandelbaum wird immer beliebt sein, zum Teil schon deshalb, weil er so früh im Jahr blüht; doch wenn Sie jetzt daran denken, Mandelbäume zu pflanzen (die auch zur Prunus-Familie gehören), würde ich *P. pollardii* sehr empfehlen, mit feineren, gewölbten Blüten als die der bekannten Sorten.
Wenn er zu seiner vollen Größe von 10 bis 12 m herangewachsen ist, kommt im Juli–August nichts der Schönheit des Baumes gleich, der *Koelreuteria api-*

culat oder *paniculata* (Blasenbaum) genannt wird. Es dauert einige Jahre, bis er eine solche Höhe erreicht, und deshalb richtet sich meine Anregung nur an solche, die für die Bepflanzung öffentlicher Gärten oder Parks verantwortlich sind oder andere, die auf ihrem eigenen Grund und Boden zu bleiben gedenken.

Ich sammelte den Samen der Koelreuteria im verlassenen Garten einer alten Abtei in Frankreich, ohne zu wissen, was es war. Ich sah nur, daß sie hübsch gewachsen und mit Samenschoten behängt war, die aussahen wie kleine chinesische Laternen oder wie die Samen der als Winterschmuck bekannten Lampionpflanze *(Physalis capensis).* Zu Hause in einer Schale sprossen die Samen dicht wie Gras; nach kurzer Zeit hatte ich einen zukunftsverheißenden Wald. Ich pflanzte ein paar der Sämlinge aus und bemerkte bald, daß die Blätter eine schöne rosa Farbe annahmen. Doch erst nachdem ich im nachbarlichen Garten ein ausgewachsenes Exemplar gesehen hatte, wurde mir der Wert meiner Beute bewußt. Dieses Exemplar stand in voller Blüte: leuchtend gelbe Blumen an gerade aufstrebenden Ähren, ähnlich der Goldraute, falls Sie sich Goldraute aus einem Baum wachsend vorstellen können, mit Quasten von korallenroten Samenschoten zwischen Blättern von leichtem, fedrigem Grün. Es ist keine Übertreibung, wenn ich sage, daß der Anblick vor dem blauen Himmel überwältigend war.

Ein großer Vorteil von Bäumen und Sträuchern liegt darin, daß wir sie mit Zwiebeln unterpflanzen können – eine Arbeit, die wir bald vornehmen müssen. Osterglocken, Narzissen und Hyazinthen sollten jetzt ohne Aufschub in den Boden. Zwiebeln sind immer eine gute Anlage; sie vermehren sich unter der Erde. Wir können sie nach dem Verblühen herausnehmen und die kleine Brut, die Knöllchen, in einer Ecke vergraben, bis sie entwickelt sind. Diese eigenen Züchtungen sind viel befriedigender, als einen Scheck zu schreiben oder eine Bestellung aufzugeben.

Narzissen-Geschichten

Die große Familie der Narzissen ist sicherlich eine der zuverlässigsten. Wo immer man sie pflanzt, kann man damit rechnen, daß aus den Zwiebeln die Blumen emporsteigen, die im Innern schon vorbereitet waren. Jahr um Jahr vermehren sie sich, bis die Qualität nachzulassen beginnt, worauf man sie ausgräbt und zweimal soviel Zwiebeln findet, als man gesetzt hatte.

Ich nannte sie Narzissen, denn es gibt im Grunde keinen andern Unterschied zwischen Osterglocken (Jonquillen) und Narzissen als den zwischen Trompete und Flachgesicht. Je früher man sie pflanzt, desto besser. Oktober ist nicht zu spät, aber September ist noch günstiger. Nur Ausstellungsblumen gehören in ein Beet; viel hübscher und heiterer ist die Wirkung, wenn man eine Handvoll ins Gras wirft und sie dort pflanzt, wohin sie gerollt sind. Keine Sorge, wenn ihre Verteilung unregelmäßig aussieht; wenn sie im März zum Blühen kommen, wird es bestimmt richtig sein.

Ich sehe sie am liebsten in Gruppen derselben Sorte, viel lieber als gemischt. Es gibt schon so viele Arten, daß die Auswahl schwierig ist. Hier sind ein paar Osterglocken, die ich nicht entbehren möchte: *Gol-*

den Harvest, Magnificence, Rembrandt, alle gelb; von den billigeren gelben bleibe ich *King Alfred* und *Wintergold* treu, obgleich ich weiß, daß die Experten sie als unmodern betrachten. Bevorzugen Sie die Reinheit der weißen Trompeten, so können Sie nichts Besseres finden als *Mount Hood;* die bekanntere weiße *Beersheba,* so lieblich sie ist, hat die Tendenz, den Kopf hängen zu lassen, und ist als Schnittblume hübscher als im Garten. Die alte rosafarbene Osterglocke, *Mrs. R. O. Backhouse,* ist einer meiner Lieblinge.

Von den großkronigen Narzissen ist die zitronengelbe *Fortune* immer noch eine der schönsten. Als sie zuerst auf den Markt kam, kostete eine Zwiebel 500 Pfund. Die elfenbeinweiße *John Evelyn* vermehrt sich ungeheuer und eignet sich besser zum Verwildernlassen im Garten als zum Schnitt. *Carlton* ist riesenblumig und zart hellgelb; *Aranjuez,* mit hellgelben Deckblättern und weitgeöffneter Krone in dunklem Orangerot, wirkt prächtig wie ihr Name; und als letzte dieser viel zu kurzen Liste nenne ich *La Riante,* die weiße, mit scharlachroter Krone, zu Recht die »Lachende« genannt.

Noch habe ich die kleinen der Familie nicht angeführt, den Kindergarten, wie *Narcissus cyclamineus, bulbocodium, juncifolius* und *Narcissus triandrus albus.* Wo beginnen? Mit der kleinsten von allen, *minimus,* der gelben Miniaturtrompete, nicht mehr als 8 cm hoch, die Torfmull liebt, aber Kompost haßt und wahrscheinlich in einer Schale am hübschesten wirkt, wo sie vom Februarregen nicht durchnäßt wird und aus Augenhöhe betrachtet werden kann. Da sie winterhart ist, eignet sie sich gut für den Steingarten oder als Rasenpflanzung.

Die bulbocodium oder Reifrock-Narzisse ist wunderhübsch in Massen auf einer Wiese. Sie steht nicht gern zu trocken, und das gleiche gilt für die frühblühende cyclamineus, die ihre Ohren erschrocken zurücklegt, wie die richtigen Cyclamen es zu tun pflegen. Narzissus triandrus albus, Engelssträhne genannt, mit einer Dolde zierlicher, rahmweißer Blümchen, legt ebenfalls die Ohren zurück.
Die aus den Pyrenäen stammende juncifolius ist mit ihrem warmen Goldgelb für Schalenbepflanzung besonders geeignet. Diese duftenden Kleinen geben ihr Bestes, wenn man sie aus der Nähe sieht, aus der Nähe riecht. Draußen im Freien geht ihr Duft verloren, doch ihre im Wind sich wiegende Grazie ist ein überaus lieblicher Anblick.

Selbstgezogene Rosen

Gegen Ende September oder im Oktober mache ich meine Versuche mit Rosenstecklingen.
Es gibt darüber immergrüne Streitgespräche. Berufsgärtner mißbilligen die Methode, denn aus verschiedenen Gründen ziehen sie es vor, ihre jungen Stecklinge auf wilde Rosenstöcke zu pfropfen, wodurch sie in kürzerer Zeit eine Pflanze von gangbarer Größe erhalten. Als Hauptargument wird die Tatsache angeführt (vielleicht mit Recht), daß die Vitalität der wilden Rose die Konstitution ihrer Stiefkinder gut beeinflußt.
Da ich kein Berufsgärtner bin, finde ich es billig und unterhaltend, meine Rosen selbst zu ziehen. Entweder vermehre ich eine Sorte, die ich bereits

habe, oder ich bitte Freunde um den Steckling einer begehrten Sorte. So bekomme ich in ein paar Jahren eine kräftige kleine Gesellschaft, die fröhlich aus ihren eigenen Wurzeln wächst. Sie kostet mich nichts, und wenn sich ein frischer Trieb zeigt, so weiß ich, daß es sich nicht um einen jener widerlichen Schmarotzer handelt, der, wenn ich ihn übersehe, meine Rose wieder auf den Stand einer Wildrose zurückwirft.

Es ist eine einfache Prozedur: Sie nehmen Stecklinge (Rieslinge) von gut ausgereiften Trieben und pflanzen sie sehr fest in Reihen auf ein unbenutztes Beet, wo die Sonne sie nicht austrocknen kann. Dort bleiben sie ein Jahr lang; während dieser Zeit sollten sie sich bewurzelt haben und sind bereit, an den vorgesehenen Ort versetzt zu werden. Die beste Zeit, finde ich, ist Ende September oder Anfang Oktober, obgleich es Leute gibt, die für Juli sind. Die wichtigsten Punkte sind: das Holz soll reif sein, das heißt, nicht zu weich, und die Stecklinge müssen so fest eingetreten werden, daß kein Wind sie lokkern und kein Tauwetter nach Frost sie heben kann. Sobald solche Gefahren drohen, muß nachgesehen und eventuell neu festgetreten werden.

Erwarten Sie keinen hundertprozentigen Erfolg; einige werden sicher mißraten. Deshalb ist es weise Voraussicht, zweimal soviel Stecklinge zu pflanzen, als Sie wirklich brauchen. Auch ist es gut zu wissen, daß gewisse Sorten, wie einige Centifolien, keine Wurzeln schlagen. Erfahrung allein kann uns helfen, und im allgemeinen wird das Resultat ermutigend sein. Ein gesunder Rosenbusch, den man selbst gezogen hat, ist doch bei weitem befriedigender als einer, der fix-fertig ankommt, mit beigelegter Rechnung. Nach dem ersten Erfolg werden wir weitere Experimente machen und uns, nach derselben Methode, bald auch an blühende Büsche wagen. Ich sollte vielleicht hinzufügen, daß gewisse Hormon-Präparate sehr günstig sind, um das Wachstum der Wurzeln zu unterstützen.

Wie ich meine Tulpen pflanze

Ich weiß nicht, auf welche Art Sie Ihre Tulpen pflanzen; ich kann nur erzählen, wie ich selbst sie pflanze. Natürlich bewundern wir alle die großartigen Tulpenbeete in den öffentlichen Parks, wo die Blüten zu Tausenden beieinander stehen, aber das ist nichts für unsere eigenen Gärten. Im allgemeinen gefällt es mir nicht, wenn die Tulpen übertrieben ordentlich aufgereiht stehen, es erinnert mich zu sehr an eine Regimentsparade: man erwartet, daß sie in Formation abziehen, rechtsumkehrt machen und in wohlgeordneten Reihen wiederkommen.

Ebenso ungern sehe ich sie aus einer Unterpflanzung von Vergißmeinnicht aufsteigen. Die Tulpe, wie ich sie sehe, ist aufrecht und stolz und hält ihren Kelch hoch über den sauberen Stiel. Es beleidigt mich, wenn ihre gazellenschlanken Knöchel von Vergißmeinnicht verdeckt werden, so hübsch, so farbenfroh, so praktisch es auch sein mag.

»Wie also«, werden Sie nun fragen, »pflanze ich meine Tulpen?« Nun, mein Garten ist ein zwangloses, unbekümmertes Durcheinander. Zwei meiner Besucher haben mir das neulich klargemacht. Einer nannte es unordentlich, der andere nachlässig. Beide meinten damit ungefähr das gleiche: daß ich die Dinge aufs Geratewohl wachsen und stehen lasse, wie und wo sie wollen, selbst wenn ich nie beabsichtigt hatte, sie dort zu pflanzen. Eine verirrte weiße Darwintulpe stand wunderbar vor einer Irischen Eibe. Hatte eine Zwiebel sich versehentlich dorthin verirrt? Ich werde es nie erfahren. Manchmal verrät die Natur einen göttlichen Instinkt, ihre Pfleglinge am richtigen Platz anzusiedeln.

Meine Tulpen stehen niemals in geraden Reihen, sondern in Gruppen. Die riesige gelbe *Mongolia* steht neben der gelben Pfingstrose *Paeonia mlokosewitschii*, absichtlich so gepflanzt; doch der spanische gelbe *Cytisus spartium junceum* hat sich aus eigener Wahl daneben versamt und erhielt die Erlaubnis, sich zu einem goldenen Regen zu entwickeln – zu üppig, ich gebe es zu, aber seltsam eindrucksvoll, weil alles zur gleichen Zeit blüht. Ich pflanzte auch einige der dämmrig-roten Ginster, *Cytisus burkwoodii* und *Killiney Red*, ohne mich zu erinnern, daß dort bereits orangerote Tulpen waren; das Resultat, als sie zwischen dem Ginster aufblühten, war überraschend. Die Tulpen glühten wie ein Waldbrand zwischen den dunkelgrünen Ginsterzweigen.

Ich behaupte nicht, daß diese wirre, unordentliche, nachlässige Methode für alle Gärten und jeden Geschmack passe, aber ich finde, daß ein Versuch sich lohnt.

Von den Stecklingen

Ich frage mich oft, ob meine Leser mich verstehen, wenn ich von »Vermehrung« spreche. Vermutlich kennt jedes Schulkind das Prinzip des Säens, aber vielleicht ist der Lehrsatz »Machen Sie Stecklinge wie gewöhnlich« nicht sehr aufschlußreich für jene, die nicht wissen, was »gewöhnlich« heißen soll.

Kurz gesagt gibt es zwei Pflanzenarten, die sich durch Stecklinge vermehren lassen: die hartholzigen und die weichholzigen. Die hartholzigen sind blühende und immergrüne Sträucher wie Forsythia und Lorbeer, Rosen und Fruchtbüsche. Um von ihnen Stecklinge zu nehmen, was am besten im September oder Oktober geschieht, wählen Sie junge Triebe, die während des Sommers gewachsen sind. Brechen Sie sie von der Mutterpflanze ab oder schneiden Sie sie knapp unter einem ihrer Knoten oder Augen. Alles bis zu 30 cm ist eine richtige Länge. Entfernen Sie die unteren Blätter und die weichen, unreifen Spitzen, setzen Sie die Stecklinge aufrecht in eine sandige Rille, die Sie vorbereitet haben, pressen Sie sie fest in den Sand, füllen Sie den Graben auf, stampfen Sie die Erde fest und kümmern Sie sich nicht darum, bis die Stecklinge Wurzeln gebildet haben und versetzt werden dürfen. Diese Methode im Freien ist die einfachste, denn man braucht dabei nur nachzusehen, ob kein Frost die Pflänzchen gehoben und gelockert hat. Noch sicherer wäre dieselbe Prozedur in einem geschlossenen Treibkasten, aber dann müssen Sie sich um Feuchtigkeit und Ventilation kümmern.

Ein paar unserer Sträucher lassen sich nicht durch Stecklinge vermehren, wie *Magnolia*, *Azalea*, einige

Rhododendren, Camelia, Choisya (Orangenblume), einige *Daphnes* (Seidelbastarten) – von ihnen allen müssen Ableger gemacht werden.
Weichholz-Pflanzen, die als Stecklinge gedeihen, sind *Lupinus, Delphinium, Phlox.* Sie treiben im Frühling viele junge Schößlinge aus den Wurzeln, die am besten in Töpfen in sandigem Kompost anwachsen und bis zur Bewurzelung im Treibbeet bleiben.
Dies alles ist sehr unvollständig und einfach dargestellt, aber jeder, der mehr davon wissen möchte, findet Anleitung in guten Gartenbüchern.

Guter Rat für Gladiolen

Kein Zweifel, Gladiolen sind zu begrüßen, weil sie den Garten mit ihren Farben beleben, auch dann noch, wenn die andern zu verblassen beginnen. Sie sind so prächtig wie Dahlien, aber längst nicht so mühsam zu pflegen; zu meiner Genugtuung habe ich Jahre hindurch bewiesen, daß sie über den Winter ohne Schaden im Boden bleiben können. Das kam so: ich hatte eine Anzahl Gladiolen, die ich nicht besonders mochte, und so beschloß ich, mir das langweilige Herausnehmen und Aufbewahren zu ersparen. Halb und halb hoffte ich, daß sie den Winter nicht überstehen würden. Doch sie tauchten unversehrt wieder auf, und seither tun sie es immer wieder. Vermutlich wurden die Zwiebeln von Anfang an ziemlich tief gepflanzt, mindestens 15 bis 20 cm, so daß ihnen deshalb der Frost nichts anhaben konnte.

Ich weiß, daß dies gegen alle üblichen Vorschriften verstößt, aber ich zeichne ja nur meine eigenen Erfahrungen auf und übernehme keine Verantwortung, falls es bei meinen Lesern mißrät.
Mein Haupteinwand gegen die Gladiolen ist der, daß der Blütenschaft von unten zu blühen anfängt anstatt von oben. Sicherlich arbeitet irgendein Botaniker daran, diesen Mißstand zu beheben und sämtliche Blüten zur gleichen Zeit erblühen zu lassen. Der Name *Gladiolus*, Schwertblume, geht zurück bis auf den älteren Plinius, der sie mit dem Diminutiv von gladius, das Schwert, taufte. Plinius, Gärtner und Naturforscher, wurde vor 1883 Jahren durch einen Ausbruch des Vesuvs verschüttet. Er wäre gewiß überrascht, wenn er unsere Hybriden heute sähe; wahrscheinlich würde er sie den Urpflanzen des Mittelmeeres vorziehen, den einzigen, die er kannte. Ich selbst jedoch finde die kleinen Gladiolen schöner als die Riesenblüten, die so schwer sind, daß man sie aufbinden muß. Mir gefallen die *primulinus* und die *Schmetterlings-Gladiolen* mit ihren zarten Farben und der hübschen Gewohnheit, ein Blütenblatt zurückzuschlagen, wie es die Zyklamen tun. Ich erinnere mich, wie ich bei Sonnenuntergang auf einem Berg in Persien einen Strauß der kleinen wilden Gladiolen pflückte und ihn in einem Marmeladen-Glas auf die Holzkiste stellte, die uns beim Campieren als Eßtisch diente. (Diese winterharte, violettrote Wildgladiole führen auch einige deutsche und Schweizer Pflanzenkulturen.)

Wie unfreundlich manche Pflanzen doch sind! Sie wollen oft nicht versetzt werden, wenn wir es gerne möchten. Da sieht man im Garten von Freunden genau das, wonach man lange gesucht hat; die Garten-Freunde, in der Regel die freigebigsten Menschen, versprechen »ein bewurzeltes Stück, wenn ich im Herbst teile« – und wie selten kommt das bewurzelte Stück bei uns an! Kein Mangel an gutem Willen, ganz einfach Vergeßlichkeit. Man könnte natürlich ein Wörtchen schreiben, aber entweder tut man das nicht gern oder man hat es selbst vergessen. Wie viel besser wäre es, man könnte das ersehnte Stück sofort mitnehmen.

Manchmal ist das möglich. Erfahrene Gärtner haben die Theorie, daß es nicht so sehr darauf ankomme, w a n n man eine Pflanze versetze, als w i e. Ich stimme dem zu; ich glaube zwar nicht an die Mystik der »Grünen Finger«, sondern ich bin der Ansicht, daß jeder Finger durch gewisse Fäden mit der Gehirnzentrale in Verbindung sein muß. Mit anderen Worten: wir können uns nicht unbeschwert von jeglichem Wissen auf optimistische Instinkte verlassen. So weiß der erfahrene Gärtner, daß er frisch ausgegrabene Wurzeln sogleich bedecken muß, wenn es nicht anders geht, mit einer Seite der neuesten Zeitung, zum Ärger eines jeden, der sie noch nicht gelesen hat – immerhin besser, als die Wurzeln in der Luft austrocknen zu lassen! Er bedeckt sie augenblicklich, innerhalb einer Minute, benützt sein Taschentuch, reißt ein Stück von seinem Hemd ab, falls nichts anderes vorhanden ist. Ich habe schon eine Handvoll feuchtes Gras genommen oder Blät-

ter mit einer Schnur darumgebunden. Dann wird der Gärtner mit seinem Schatz nach Hause eilen, ihn pflanzen und begießen, und auf jeden Fall wird er ihn die ersten Tage gegen Sonne schützen. Ein umgekehrter Blumentopf ergibt einen einfachen Schutz für kleine Pflanzen und Wurzelstücke.
Fern liegt es mir, die Grünfinger-Legende zu verhöhnen. Ich behaupte nur, daß die Geschichten über die Großmutter, der alles gelang, wie sie es auch anpackte, wie roh sie auch vorging, immer auf gesundem Menschenverstand und Naturbeobachtung beruhten. Diese Großmutter hatte gewisse elementare Gesetze in sich aufgenommen und wußte – nicht aus Büchern, sondern durch Beobachtung – was mit Pflanzen geschah und was sie brauchten. Ihr Wissen reichte nicht für alles aus, aber jedenfalls führt sie uns recht weit auf dem richtigen Gartenweg.

Einige Alpenpflanzen

Durch einen Gartenkatalog kam mir eine besonders hübsche Anregung, die einem kleinen Garten viel Farbe und Reiz verleiht, ohne viel Raum und Arbeit zu erfordern. Es ist die einfache Idee, mit niedrigwachsenden Alpenpflanzen einen Weg einzufassen, der vom Gartentor zur Haustür führt; vielleicht beidseitig oder auch nur an einer Seite.
Diese flachwachsenden Sorten bilden Kissen und Polster: Farbkleckse, wenn sie blühen, und saubere Höckerchen in Grau-Grün für den Rest des Jahres. Die Auswahl ist groß. *Saxifraga* (Steinbrech), *Sile-*

nen (Leimkraut), *Sedum acre* (Mauerpfeffer), *Armeria* (Grasnelke), *Raoulia, Acaena* (Stachelnüßchen), *Androsaceen* (Mannsschild), *Aubrietien* (Blaukissen), *Thymus* (Thymian), *Achillea argentea* (Schafgarbe), *Erinus alpinus* (Leberbalsam), *Tunica saxifraga* (Felsennelke), *Bellis Dresden China* (Zwergmaßliebchen), *Sempervivum* oder Hauswurz, einige Glockenblumen wie *Campanula garganica*, so leicht zu ziehen, sich selbst aussäend – die Liste ist endlos und ermöglicht viele Variationen.

Ich würde mich nicht auf Teppich- und Polsterpflanzen beschränken, sondern ihre Fläche mit ein paar höheren Gewächsen durchbrechen, etwa mit orangefarbenem Alpenmohn, *Papaver alpinum*, und einigen Violas, wie *V. gracilis* oder *V. cornuta;* dazwischen ein Grüppchen Federnelken, *Dianthus plumarius*, oder *D. caesius* und *deltoides*, sogar ein paar ausgesuchte Primeln, zum Beispiel *Primula rosea* oder *helenae* (blauviolett) und *juliae* (purpurrosa). Diese Liste ist kein Muß, sie ist nur dazu da, begreiflich zu machen, daß ein farbiges Band, nicht breiter als 30 cm, sich auch im konventionellsten Garten wunderbar ausnehmen würde.

Liegt der Garten an einem Hang, so bestehen noch viel mehr Möglichkeiten. Dann könnte aus dem flachen Band ein Bächlein, ein kleiner Fluß, ein Rinnsal, ein zwischen Steinen sich windender Quell den Abhang hinunterfließen bis zum Tal. Vielleicht gibt es Menschen, die solch einen Garten besitzen. Diese Glücklichen sollten einen riesigen Pinsel in den Reichtum tauchen, der in den Herbstkatalogen angeboten wird, und alle Farben des Regenbogens spielen lassen.

Etwas über Geräte

Es werden unaufhörlich neue Gartengeräte erfunden, und oft werde ich über ihren Nutzen befragt. Die Antwort ist nicht ganz einfach; ich habe die Erfahrung gemacht, daß die neuen Erfindungen, so raffiniert und verlockend sie auch sein mögen, selten die alten, erprobten Geräte ersetzen. Zum Schluß kommt man immer wieder auf die einfachen Grundformen zurück, die sich seit Jahrhunderten bewährten. Es wäre schwierig, den Spaten, die Gabel, die Schaufel, die Schere, den Reisigbesen, den Rechen oder die bescheidene, kleine Harke zu verbessern. Immerhin gibt es manches, was wir im Laufe eines Gärtnerlebens entdecken; nicht gerade neue Erfindungen, aber nützliche Verbesserungen. Beispielsweise finde ich es viel vorteilhafter, einen riesigen Ball von Hopfen-Schnur zu kaufen, so wie man sie in Kent in den Hopfenfeldern braucht, statt vieler Knäuel geteerter Schnur. Da diese Hopfenschnur zwei oder drei Jahre hält, ohne zu faulen, ist sie unschätzbar, um große Büsche oder Buschrosen anzubinden. Sehr praktisch sind auch jene Rollen grüner Schnur, die, ordentlich aufgewickelt, den trügerischen Eindruck erwecken, als könnten sie niemals in Verwirrung geraten. Doch sicherlich geht es auch Ihnen so, daß nach den ersten 10 Metern schon ein heilloses Durcheinander entsteht und Sie verzweifelt versuchen, das richtige Ende zu erwischen. Einen Ausweg aus diesem Dilemma bietet jede alte Blechbüchse, die Schneckentod oder Rosendünger enthielt. In die Mitte des Deckels bohren Sie ein Loch, und zwar von außen nach innen, damit die durchgezogene Schnur nicht hängenbleibt.

Der Witz bei jedem kleinen »Patentgerät« besteht darin, daß es a) klein und b) der gärtnerischen Mitwelt unbekannt ist. Es muß auf dem eigenen Mist gewachsen, aus der eigenen Praxis geboren sein. So betrachtet ist zum Beispiel der Schubkarren auf Gummirädern heute viel zu verbreitet, um noch in diese ehrenvolle Kategorie zu gehören. Aber welch eine Ersparnis an Kraft, welche Schonung unseres Rasens verdanken wir ihm.

Ein Begleiter, den ich auch nicht missen möchte, ist der Jät-Knirps, schmal und unentbehrlich, um zwischen engen Reihen und kleinen Pflanzen zu jäten, im Steingarten zum Beispiel. Wie alle Handwerkzeuge sollte er aus rostfreiem Stahl und leicht zu reinigen sein (mit einem paraffingetränkten Lappen). Berufsgärtner mögen zwar auf die Schere im Taschenformat mit Verachtung herabsehen, doch der Amateur sollte sie immer mitführen; ich wenigstens bin verloren, wenn ich sie einmal verlege. Sehr praktisch sind auch die aus Torfmull gepreßten Blumentöpfe in verschiedenen Größen: für Sämlinge, die sich nicht gern versetzen lassen und lieber im eigenen Topf, der sich in der feuchten Erde bald auflöst, gepflanzt werden.

Ich wollte, ich hätte in der Frage der Namensschilder einen guten Rat zu geben; sie sind mein steter Ärger. Die starken Metall-Etiketten, in die Name und Datum eingeprägt werden, sind völlig zufriedenstellend, aber viel zu teuer, ausgenommen für Büsche und Bäume. Was ich mir wünsche, ist eine nette kleine Etikette, die ich selbst anschreiben und zu besonderen Pflanzen stecken kann.

Damit diese Liste nicht in Klagen ausartet, will ich mit einer Anregung schließen. Es handelt sich um einen Gürtel, wie wir ihn alle tragen. Er könnte aus Steifleinen oder Leder sein, und jeder Schuster oder Sattler müßte ihn herstellen können. An diesem Gürtel würde jedes kleinere Gerät hängen, das der Amateur-Gärtner bei seinem Gang durch den Garten braucht: eine Schnur-Rolle, ein Messer, eine Büchse Schneckentod, ein Bleistift, eine Schachtel, um Samen zu sammeln, eine kleine Hacke, Scheren... Für jeden, was er sich wünscht. Ich könnte die Idee patentieren lassen!

Der wohlgeplante Garten

Je öfter ich die Gärten anderer Leute betrachte, desto klarer wird mir der Wert von guter Gruppierung und Formgebung. Diese Bemerkung gilt vor allem für Gärten, in denen genügend Platz ist für großzügige Gruppen oder Einzelpflanzungen; aber auch in einem kleinen Garten kann der unruhige Eindruck durch Massierung statt Vereinzelung der Pflanzen vermieden werden.

Wie schön wirkt ein Garten, der gut geplant und umsichtig bepflanzt wurde! Jeder Garten, ob groß oder klein, sollte von Anfang an durchdacht und seine Anlage so sein, daß sie sich das ganze Jahr hält, auch nachdem die Blütezeit vorüber ist. Gerade dann, wenn die Farben verschwunden sind, kommt der Moment, alles zu überprüfen, zu verbessern oder sogar zur Hacke zu greifen. Das ist Gärtnern im Großen, nicht im Detail. Regeln gibt es hier nicht, aber sicher bewährt sich der Grundsatz, daß etwas Wesentliches, Dauerndes nur durch gelegentliche Massierung zu erzielen ist, die in der flüchtigen Gesellschaft der kleinen Blumen den Ruhepunkt darstellt.

Woraus diese Masse bestehen soll, hängt von vielerlei Dingen ab: von der Erde, von der Lage, von der Farbe der benachbarten Pflanzen und vor allem vom Geschmack des Besitzers. Ich kann mir ein Beet denken, nur in Purpur und Mauve: *Phlox, Levkojen, Viola tricolor,* das Stiefmütterchen, *Clematis jackmanii,* über niedrige Bögen gezogen – dies alles in Buchten zwischen großen Vorgebirgen aus pflaumenfarbenem Sumach, *Rhus cotinus foliis purpureis.* Manche mögen das zu düster finden und eine Zusammenstellung in Rot und Gold vorziehen. Nichts einfacher als das: eine Pflanzung der fedrigen *Thalictrum glaucum* (Wiesenraute), *Gaillardia, Achillea eupatorium* (die flachköpfige Schafgarbe), *Helenium* (Sonnenbraut), *Lychnis chalcedonica* (Brennende Liebe) und ein Heer von anderen leicht zu ziehenden Gewächsen. In diesem Falle müßte der Schwerpunkt wohl durch Büsche, wie den goldgerandeten Liguster oder gelbtriebige Eiben, dargestellt werden. Beide verabscheue ich, wenn sie als Einzelpflanzen im Rasen stehen, doch in einem goldgetönten Beet müßten sie zur Geltung kommen. Die Möglichkeiten sind unbegrenzt, nur in der Hauptsache sollten wir fest bleiben: Im Wechsel von Farbe und Dichte, Dekoration und Architektur, Spielerei und Ernst. Jeder gute Garten muß eine architektonische Qualität haben. Und abgesehen von der wichtigen Frage der Anlage erreicht man das am besten durch Massenpflanzungen, wie ich sie beschrieben habe.

Oktober

Feuriger Nachsommer

Rosaroter Herbst

Liebe alte Quitte

Zierbäumchen

Der Zwiebel-Zimmergarten

An einem Oktoberabend geplant

Dauerblüher statt Staudenbeete

Obstbäume in Töpfen

Herbstschönheiten

Zum Lernen ist es nie zu spät

Sitzen und denken

Wenn Pflanzen sprechen könnten

Feuriger Nachsommer

Es gibt Pflanzen, die wir alle kennen und besitzen; sie sind nützlich und ein bißchen gewöhnlich. Doch der richtige Gärtner gelangt rasch an einen Punkt, an dem er sich etwas Besonderes wünscht. Für ihn bringe ich diese Anregungen. Sie werden seinen Garten interessanter machen und ein wenig anders als den seines Nachbarn.

Ein kleiner, speziell für den Herbst zu empfehlender Baum dürfte hier nicht ungelegen kommen: *Crataegus crus-galli*, der Hahnendorn. Er wird im Oktober so feuerrot, wie man sich nur wünschen kann, und ist ein tapferer kleiner Baum, der überall gedeiht. *Cornus kousa* und *Cornus florida rubra* (Hartriegel), *Berberis thunbergii atropurpurea splendens* (Berberitze), *Parrotia persica*, *Prunus sargentii* (Japanische Bergkirsche), sie alle flammen den ganzen Oktober hindurch, bis die Blätter fallen. Gibt man ihnen einen Standort, wo irgendwann am Tag die Sonne darauf fällt, um so besser, und die Wirkung wird gesteigert, wenn man zwei oder drei zusammenpflanzt. Dieser Rat gilt für die meisten Pflanzen, doch ganz besonders für diese, die nur im Herbst ihr Feuer entzünden.

Schließlich möchte ich auch hier auf *Abelia grandiflora* und *Indigofera pendula* aufmerksam machen. Abelia grandiflora ist ein überraschend schöner

Strauch; er besteckt sich dicht mit spitzen, leuchtend rosa Knospen, die als weiße Blüten aufgehen. Er ist absolut winterhart, und ich empfehle ihn jedem, der sich im August/September nach Farben sehnt. Indigofera hat lange, schwingende Zweige mit rosa-lila wickenartigen Blüten, die graziös unter dem zarten Blattwerk hängen, sehr schön neben dem im August blühenden blauen *Ceanothus Gloire de Versailles* (Säckelblume) oder sogar dem blauen *Plumbago willmottiae* (auch *Ceratostigma* oder Bleiwurz).

Rosaroter Herbst

Der herbstliche Garten hat seine eigene Schönheit, besonders aber, wenn ein alter Obstgarten dabei ist. Nach einer längeren Abwesenheit, in der sich der Sommer zum Herbst gewendet hatte, fiel mir auf, daß mein Garten vor allem auf Rosa und Grün gestimmt war; nicht bronzefarben und blau, wie wir es eigentlich von sterbendem Gehölz und nebligen Fernen erwarten. Noch waren die Bäume nicht gefärbt, aber die Äpfel im Obstgarten, die Blätter der Pfingstrose und auch die der Azaleen und *Parrotia persica* schimmerten rosig: rosa waren ebenfalls die Blätter des kleinen Baumes mit dem lieblichen Namen *Liquidambar* und die des *Prunus sargentii*, die leider bald auf die rosa Backsteinmauer fallen mußten, neben der er steht.
In den Beeten drängten sich die Astern in starkem Rosa, all die Sorten wie *Beechwood*, *Beechwood Charm*, *Beechwood Challenger* und die besonders gute *Harrington's Pink*. Manche Leute finden Har-

rington's Pink nicht befriedigend. Ich kann nur sagen, daß sie hier unter gewöhnlichen Bedingungen ausgezeichnet gedeiht und ihr leuchtendes Rosa in die reichen fleischfarbenen Töne der Herbst-Symphonie mischt.

Liebe alte Quitte

Es wundert mich immer wieder, daß die gewöhnliche Quitte so selten gepflanzt wird. In einigen Gegenden Frankreichs kann man sie als Heckenpflanze sehen, schwer behangen mit den großen, gelben, birnenförmigen Früchten, die jeder sparsame Dörfler pflücken und in Gelee oder Quittenpaste verwandeln kann.

Die Quitte ist kinderleicht zu kultivieren und paßt sich jeder Art von Boden an, obgleich sie am glücklichsten in leichtem Lehm mit viel Humus ist. Feuchtigkeit ist ihr recht, solange sie nicht im Wasser steht, und sie braucht weder geschnitten noch gespritzt zu werden. So viel ich weiß, wird sie äußerst selten von Krankheit befallen. Die Vögel lassen sie in Ruhe, und ihre Früchte reifen zu spät für die Wespen. Weil die Blütezeit spät ist, entgeht sie auch der Frostgefahr. Die Quitte wird sehr alt und bringt regelmäßig und zuverlässig Früchte. Sie schmeckt vorzüglich als Kompott und Kuchenbelag und ergibt, wie schon gesagt, köstliches Gelee, Marmelade und Pasten. Zu dieser Aufzählung guter Eigenschaften kommt noch hinzu, daß sie wunderschön ist, zuerst im Mai, wenn sie blüht, und dann im Oktober, wenn die Früchte reifen. Kein Wunder also, daß ich für ihre Wiederbelebung bin.

Sozusagen als Nachsatz möchte ich ein Wort zugunsten der Schlehe sagen. Auch diesen Baum sieht man nur noch in alten Gärten. Ich glaube, er ist das Kind einer Ehe zwischen Damaszenerpflaume und Pflaume. Er hat keine besonders dekorative Wirkung, bringt aber jedes Jahr außergewöhnlich viele Früchte.

Zierbäumchen

Merkwürdigerweise bin ich mir noch heute nicht klar darüber, was ich von Sträuchern mit farbigem Laub halte. Früher war ich sicher und arrogant in meiner Ablehnung: ich konnte sie nicht ausstehen, weil sie mich an Markart-Buketts und *Aspidistra* (die weißbunte Metzgerpalme) in altmodischen Wohnungen erinnerten.

Heute bin ich nicht mehr so sicher. Unser Geschmack wandelt sich, aber ob er besser oder schlechter wird, ist schwer zu entscheiden. Es gibt wohl nichts Absolutes in Fragen des Geschmacks, es gibt nur Niveau, und obwohl es immer hoch sein sollte, darf es doch nicht erstarren. Was die farbigen Blätter anbelangt, sind meine Ansichten noch immer schwankend.

Zu diesen Überlegungen veranlaßte mich die Frage eines Gartenliebhabers, welche Pflanzen mit leicht farbigem Laub sich für seinen Garten eignen würden. Ich weiß genau, was ihm vorschwebt: er soll einen kleinen Silberahorn pflanzen, *Acer saccharinum*.

Wir kennen noch manche andere Ahornsorten, rot

belaubt und sehr beliebt in kleinen Steingärten. Ich erkenne ihre Unwiderstehlichkeit an, besonders wenn sie wie Gemsen auf der Anhöhe stehen und die Sonne einfangen. Aber zugleich sagt mir ein unbehagliches Gefühl, daß sie in Massen auf ihren heimatlichen Hügeln in Japan und Nordamerika weitaus besser wirken würden. Wenn mein Fragesteller also entschlossen ist, die altbekannten Arten wie *Acer palmatum* oder *Acer negundo* beiseite zu lassen und sich ein helles, graues, marmoriertes, buntscheckiges, geflecktes Exemplar wünscht, so sollte er *Acer negundo variegatum* wählen, der grüne Blätter mit weißem Rand hat, oder *Acer negundo aureo-variegatum*, der sich, wie sein Name andeutet, durch gelb gesprenkelte Blätter auszeichnet. Beide können in kleinen Gruppen oder als Einzelpflanzen stehen: etwas Torf im Boden sagt ihnen zu, aber vor Frost wollen sie bewahrt werden, weil die jungen Blätter durch ihn und kalte Winde leicht beschädigt werden und dann schäbig und welk aussehen.

Soll der Baum nicht farbig, sondern nur hell sein, so kommt auch *Pyrus salicifolia pendula* in Betracht, als weidenblättrige Birne bekannt, sehr grau, im April weiß blühend und mit hängenden Zweigen, der Trauerweide nicht unähnlich. Sie sollte allein stehen, möglichst an einem Ort, wo man um sie herumgehen und ihre Rundung von allen Seiten bewundern kann. Die außerordentlich grazilen Spitzen ihrer langen Triebe müssen gestutzt werden, damit sie nicht zu Boden hängen.

Eine Freundin fragte mich, ob sie wohl auf einem großen Servierbrett einen Miniatur-Zimmergarten pflanzen könne, »etwas möglichst Leuchtendes zu Weihnachten«. Nun, das Tablett müßte ziemlich tief sein, schon eher eine Schale, um den Wurzeln Spielraum zu lassen, wenn wirklich etwas wachsen sollte; es müßte auch Löcher haben, damit das Wasser abfließen kann. Dieses Problem wäre zu umgehen, indem man Torf-Fiber verwendete, wie man sie zum Treiben von Zwiebeln benützt, die aus mysteriösen Gründen keinen Abfluß brauchen. Ich sehe da also keine unüberwindlichen Schwierigkeiten. Nur der Punkt »etwas Leuchtendes zu Weihnachten« macht mir Sorgen.

Nur wenige Zwiebelpflanzen lassen sich überreden, am Weihnachtstag zu blühen, und jedenfalls nur mit forciertem Antreiben. Die papierweiße Narzisse käme an sich in Betracht, aber für einen Miniaturgarten wird sie fast zu hoch; ferner die römische Hyazinthe, aber beide könnte man nicht gerade als leuchtend bezeichnen. Auch einige Krokussorten wären geeignet, doch ich glaube, meine Freundin sollte einen andern Weg einschlagen und ihr Vorhaben geduldig um ein paar Wochen verschieben. Das Weihnachtsgeschenk, das ich ihr anrate, ist anderer Art: sie kann das Servierbrett mit feuchtem Sand füllen, diesen mit Moos bedecken und irgendwelche Beerenzweige hineinstecken, farbige Blätter und nach Belieben Blumen, die nicht der Jahreszeit entsprechen, wie Primeln und Veilchen oder letzte Rosenknospen oder Christrosen. Es läßt sich erstaunlich viel finden, wenn wir suchen,

und eine solche Zusammenstellung von Kleinigkeiten kann reizend und fröhlich sein.
Nach Neujahr wird die Sache einfacher; wenn meine Freundin ihr Tablett im September mit Zwiebeln füllt, es im Dunkeln läßt, bis die Keime vier oder sechs Zentimeter hoch sind, und es dann ans Licht stellt (nicht zu starkes Licht, bis die Sprossen richtig grün sind), so kann sie sich auf ein hübsches Bild im Januar oder Februar freuen. Ob sie die Zwiebeln mischt oder für jede Farbe ein anderes Behältnis nimmt, hängt von ihrem persönlichen Geschmack ab. Scilla, Traubenhyazinthen, Chionodoxa, Krokus, Iris reticulata, alle lassen sich so verwenden. Ein Büschel Schneeglöckchen, mit der Erde aus dem Garten geholt, wenn die ersten grünen Näschen aus dem Boden schauen, wird im warmen Zimmer in erstaunlich kurzer Zeit zu blühen beginnen. Ich habe auch schon wilde Veilchen und Primeln ausgegraben und sie früh zum Blühen gebracht.
Ich hoffe nur, daß meine Freundin keine Gartenzwerge oder Fliegenpilze in ihrem Miniaturgarten aufstellt. Sie könnte höchstens einen kleinen Spiegel in die Mitte setzen, nicht als Teich-Imitation, sondern um die kleinen Blüten widerzuspiegeln.

An einem Oktoberabend geplant

Oktober ist die Zeit, in der wir den Garten auseinandernehmen und, wenn nötig, neu bepflanzen. Es ist auch der Monat, in dem die langen, dunklen Abende beginnen und wir unter der Lampe Samen-

listen schreiben. Reine Freude, keinerlei Sorgen. Keine Schnecken, keine Maulwürfe, kein Frost, keine Nässe.
Ich denke dabei an eine interessante, ungewöhnliche Pflanze: *Cobaea scandens,* einen Kletterer – und wie rasch er ist! In einem Sommer schwingt er sich zweieinhalb oder drei Meter empor. Schade, daß er nur einjährig und dazu nicht ganz winterhart ist; vielleicht läßt er sich mit einer Schutzdeckung durch einen milden Winter bringen, aber es ist viel sicherer, ihn jedes Jahr aus Samen zu erneuern, die im Februar oder März unter Glas gesät werden. In kleine Töpfe pikiert, wie wir es mit Tomaten tun, härten wir sie nach und nach ab und setzen sie Ende Mai ins Freie.
Die Cobaea liebt reichen, leichten Boden, viel Wasser während des Wachsens und einen sonnigen Platz. Ideal ist ein Spalier oder ein Beet am Fuß einer Hecke; die Leute werden sich fragen, was für eine Hecke das wohl sei, die solch seltsame kurzstielige Blüten trägt, beinahe wie eine Glockenblume mit Ranken. Zum Unterschied von den Glockenblumen vergnügen sie sich jedoch damit, ihre Farbe zu wechseln. Wenn sie erscheinen, sind sie cremeweiß, werden dann apfelgrün, entwickeln einen leichten lila Hauch und enden in tiefem Violett. Die drei verschiedenen Stadien, in einer Schale zusammengestellt, sind wunderhübsch. Wir können die Blüten bis Ende Oktober pflücken.
Wenn Sie nun finden, eine Einjährige wie die Cobaea scandens mache zu viel Mühe, wählen Sie die *Rosa Nevada.* Sie ist ganz neu und deshalb noch wenig bekannt, keine Schlingrose, sondern eine buschige Art mit gebogenen Zweigen, wird zwei bis

zweieinhalb Meter hoch und öffnet große, weiße, einfache Blüten, die goldene Staubgefäße haben. Wer sich für solche Stammbäume interessiert: ein Elternteil war die chinesische *Rosa moyesii*, die bei ihrem Erscheinen eine Sensation hervorrief, der andere Elternteil war *La Giralda*, eine Kreuzung zwischen der großen alten Hybride *Frau Karl Druschki* und *Mme. Edouard Herriot*. Der Kummer mit Moyesii ist allerdings der, daß sie nur einmal, im Juni, blüht; Nevada aber blüht mindestens zweimal: im Juni und ein zweites Mal im August. Die Nevada ist so prachtvoll, daß man sie nicht übergehen dürfte. Ein Schneesturm im Sommer, wie ihr Name verrät. Und braucht so wenig Pflege! Kein Schneiden, kein Anheften, kein Aufbinden, und sie ist fast so dornenlos wie die liebe alte *Zéphyrine Drouhin*. Leider duftet sie nicht, ist für das Auge gemacht, nicht für die Nase.

Dauerblüher statt Staudenbeete

Staudenbeete – ich erwähnte es schon öfters – müssen tadellos sein, um zu wirken; tadellos geplant, tadellos aufgebunden, tadellos gejätet. Die zeitsparende Alternative ist ein Beet mit lauter blühenden Büschen, eingeschlossen die großen Buschrosen. Für solche, die sich trotzdem ein gemischtes Staudenbeet wünschen, läßt sich eines ausdenken, das sich mehr oder weniger selbst erhält, sobald es einmal eingerichtet ist.
Wir können verschiedene Farbenzusammenstellungen versuchen. Hier ist eine Idee für Rot, Violett

und Rosa: Polyantha- und Floribunda-Rosen, und zwar *The Queen Elizabeth Rose, Frensham, Donald Prior;* dauerblühende Strauchrosen wie *Wilhelm, Dirigent, Erfurt, Gay Heart, Halali, Lichterloh* und *Lyric.* Dann die gewöhnliche alte Pfingstrose und vielleicht – je nach Geschmack – Darwintulpen dazwischen. Und eine Einfassung von Zwergastern und Maßliebchen, wie *Bellis Dresden China, Rob Roy, Bellium minutum,* die dicke Teppiche bilden und ewig blühen. Und selbst Veilchen für den Frühling und *Fragaria indica,* die Ziererdbeere, die den ganzen Sommer leuchtend rote Beeren trägt. Dazwischen könnte ich mir *Cotoneaster horizontalis* (Felsenmispel) vorstellen, der mit seinen grätenartigen Zweigen über den Boden kriecht und sich im Herbst feuerrote Beeren ins dunkelgrüne Laub steckt.

Ein anderer Vorschlag, bleich und geisterhaft, ein Mondzwielicht-Beet: im Hintergrund eine *Forsythia,* die Polyantha-Rose *Moonsprite* und die Strauchrosen *High Noon* und *Zitronenfalter;* in der Mitte Nachtkerzen, *Oenothera biennis,* blaßgelbe Irissorten, cremefarbene Stiefmütterchen und ein Vordergrund-Teppich aus silberblättrigen *Artemisia* (Beifuß) und *Stachys* (Ziest).

Wohlverstanden, das sind nur Stichwörter, Umrisse, die ausgeführt sein wollen. Die Hauptsache, scheint mir, ist ein Grundstock von großen, soliden, anspruchslosen Pflanzen und dazwischen Platz genug für Einjährige und Zwiebeln. Die erste Anlage scheint vielleicht extravagant, aber zumindest muß sie nicht erneuert werden und wird außerdem mit jedem Jahr an Schönheit gewinnen.

Die Äpfel beginnen zu reifen, und nach altem Brauch halten wir sie ans Ohr, um festzustellen, ob die Kerne klappern, oder schneiden sie entzwei, um nachzusehen, ob die Kerne schon schwarz sind. Wer hat wohl schon daran gedacht, diese Kerne in einen Blumentopf zu stecken, um einen früchtetragenden Baum daraus wachsen zu sehen? Es wäre eine hübsche Idee, bei einer Geburt oder Taufe mit dem Ziehen eines solchen Bäumchens zu beginnen und sein Wachstum mit dem des Kindes zu vergleichen. Keine sehr seriöse Art des Gärtnerns, ich gebe es zu, doch macht es Spaß, wenn man sich die Zeit dafür nimmt. Eine Freundin berichtet mir, daß sie von einem Baum, den sie vor zwölf Jahren selbst gesät hat, hundert Pfund Äpfel erntete. Sie hat ihren Sämling allerdings nicht im Topf gelassen, sondern ausgepflanzt.

Immerhin ist es möglich, Obstbäume in Töpfen zu ziehen. Feigen beispielsweise gedeihen gut. Sie geben am meisten Früchte, wenn die Wurzeln eingeengt werden; die Grenzen eines Topfes sind also genau das, was die Feige braucht, wenn sie nicht mehr Blätter als Früchte produzieren soll. Eine Feige als Topfpflanze, zwischen den schöngeformten Blättern reich mit Früchten behangen, sieht auf einem Steinplattenweg prächtig aus. Die Früchte kann man natürlich essen.

Auch winterharte Weinreben sind gute Topfpflanzen; in einem quer durchgeschnittenen Faß, über Bambusstöcke gebogen und dicht voll Trauben, sind sie eine Augenweide: der Anblick erinnert an gewisse italienische Malereien, bringt überhaupt einen Hauch vom Mittelmeer in unsere nördlichen Gegenden. Ich würde *Royal Muscadine* mit hellen, grünlich-gelben Trauben versuchen oder *Black Hamburgh* oder auch die Erdbeer-Rebe, die ich vor Jahren schon empfahl. Ihre rötlichen Trauben sehen aus, als habe man sie mit einer Puderquaste zart überstäubt.

Beeren können ebenfalls in Töpfen gezogen werden. Ich kann mich an eingetopfte rote Johannisbeeren erinnern, in Form eines hochstämmigen Bäumchens, etwa 1,30 m, mit einer schirmförmigen Krone, von der die roten Träubchen hingen. Ich sehe keinen Grund, weshalb diese Idee nicht auch auf schwarze und gelbe Johannisbeeren, auf Stachelbeeren, auf alle hartstämmigen Gewächse ausgedehnt werden sollte. Weintrauben und Stachelbeeren müßten jedoch, wie bereits erwähnt, an Bambusgestellen heraufgezogen werden. Ein weites Feld für erfinderische Leute! Als einzige Pflege müßte für jährliche Erneuerung der Erde, am besten durch Kopfdüngung mit Kompost, gesorgt werden, damit die eingeengten Wurzeln nicht verhungern; auch sollte man sie aus dem gleichen Grunde immer genügend gießen.

Herbstschönheiten

Immer wieder vergessen wir über der Pracht des Frühlings und des Sommers die herbstlichen Tage; doch wenn sie dann da sind mit ihrer Melancholie und den Marienfäden, die sich so fein von Strauch zu Strauch spinnen, wie dankbar sind wir dann für

die lodernde Flamme eines Baumes wie des Hahnendorns, *Crateagus crus-galli*, und für die rote Eiche, *Quercus coccinea*, im Oktober/November von wundersamem Rot. Hätte ich Platz genug, würde ich hinter diesen Scharchacheiche *Koelreuteria paniculata* pflanzen; sie wird mit den Jahren zu einem großen Baum, zu einer erstaunlichen Pyramide in Rot, Gelb und Grün, gerade um diese Zeit. Im Vordergrund dann vielerlei Herbstfarben, kleine Bäumchen wie *Cornus kousa* und *rubra* (japanischer Hartriegel und roter Blumen-Hartriegel): *Acer japonicum* (japanischer Fächerahorn), *Nandina domestica* (heiliger Strauch der Japaner), *Evonymus alatus* (Geflügeltes Pfaffenhütchen), leuchtend rosa, *Rhus cotinoides foliis-purpureis*, den amerikanischen Sumach, und den niedrigwachsenden, runden Busch *Berberis thunbergii*, eine Berberitze. Als Bodenbedeckung ganz vorne die charmante, kleine stachlige *Rosa nitida*, die kriechend wächst und einen Teppich aus schwarzroten Blättern und Ästen bildet, von weitem nichts Besonderes, in der Nähe aber hübsch und ungewöhnlich.
Noch habe ich die Zierrebe *Vitis coignettiae* und die größeren Bäume, wie *Cercidiphyllum* (Judasblatt) oder *Parrotia persica* (die persische Parrotie), nicht erwähnt. Doch muß ich erst der einheimischen Wildkirsche gedenken, weil sie eine der frühesten ist, die sich in Rot hüllt. Ihre Lieblichkeit im Frühling zu beschreiben, die weißen Wolken, die wie der Dampf einer Lokomotive in den kahlen Ästen stehen, ist wahrhaftig nicht nötig. Ihre Herbstfärbung ist ebenso bezaubernd, doch beachtet man sie weniger, weil sie sich in den übrigen Bäumen des Waldes verliert.

Wir könnten diese wilde Kirsche ganz bescheiden in eine östliche oder westliche Ecke unseres Gartens setzen. In einer Baumschule sind solche Bäume recht teuer, aber unternehmungslustige Landbewohner mögen in den Wäldern ein paar Sprößlinge in der Nähe eines alten Baumes finden und sie in ihren Garten versetzen, im angenehmen Bewußtsein, daß ihr Wildling die Lebenserwartung von einem Jahrhundert oder mehr hat.

Zum Lernen ist es nie zu spät

Wie oft schon habe ich bedauert, daß ich, als ich mich mit diesem verlockenden, aber verzwickten Zeitvertreib einließ, nicht mehr über die Grundbegriffe des Gärtnerns wußte. Wie viele Irrtümer wären vermieden worden, wieviel kleiner wäre der Behälter, den mein Gärtner »Leichenschauhaus« nennt, weil zahllose Metall-Etiketten von Pflanzen, die uns in zwei Jahrzehnten eingegangen sind, darin aufbewahrt werden. Doch schließlich kann man derartige Betrachtungen über das ganze Leben anstellen: »Si jeunesse savait!« Und besser hält man sich an den andern Spruch: »Zum Lernen ist es nie zu spät.«

Meine erste Lektion bestand in der Einsicht, welche Rolle das kunstgerechte Einpflanzen spielt: ein guter Start ist für Pflanzen ebenso entscheidend wie für Kinder. Sie sollen in einem ihnen entsprechenden Boden kräftige Wurzeln schlagen, sonst wird ihr späteres Wachstum gehemmt. Es ist also wichtig, ja lebenswichtig, jeder neuen Pflanze in diesem Monat einen guten Start zu geben.

Vielleicht wollen Sie ein paar neue Rosen pflanzen? Dann mischen Sie bitte eine Handvoll Knochenmehl unter den Torfmull. Ich tat es letzten Herbst auf die Empfehlung eines Rosenzüchters, und der Erfolg war geradezu überraschend. Als ich sie versetzte, hatten sie ein so kräftiges Wurzelgewirr gebildet, wie ich es – in der kurzen Zeit – nie für möglich gehalten hätte.
Man nimmt allgemein an, daß Rosen lehmige Erde lieben, und ich glaube es auch, nachdem ich in meiner Jugend im klebrigsten Lehm gegärtnert habe, den man finden konnte. Außerdem aber glaube ich, daß sich gewisse Pflanzen, wie Rosen, mit dem unangenehmsten Boden abfinden, es jedoch begrüßen, wenn sie etwas freundlicher behandelt werden. Es hat keinen Sinn, torfliebenden Pflanzen kalkigen Boden zu geben. Jedermann weiß das, aber nicht jedem ist der enorme Vorteil einer gründlichen Bodenvorbereitung bewußt. Heute, da fast jeder Gärtner sein eigener Kompost-Lieferant ist, sollte das keine Schwierigkeiten machen.

Sitzen und denken

»Manchmal sitze ich und denke, und manchmal sitze ich bloß.« Der ausübende Gärtner findet für beides nur selten Zeit. Er oder sie haben fortwährend zu jäten, aufzurichten, anzubinden oder Hekken zu schneiden oder Zwiebeln für das nächste Frühjahr zu legen. Wenn wir einen Garten besitzen und darin arbeiten, nehmen wir uns gar nicht die Muße, über das Gelungene oder oft auch Mißlungene nachzusinnen. Der arbeitende Gärtner ist

immer eine Martha, und es ist Maria, die sich bewundernd zurücklehnt und es hübsch findet!
Um diese Jahreszeit ist das Sitzen-und-Denken von großem Wert. Es ist zu jeder Jahreszeit wertvoll, vor allem aber im Herbst, der Zeit des Verpflanzens und der Neubestellungen. Ich verbringe ziemlich viel Zeit damit, mich in meinem Garten umzusehen und Notizen zu machen über meine Mißerfolge und meine guten Vorsätze für die Zukunft. Ich sitze und denke und schreibe die Resultate in ein großes Notizbuch unter verschiedenen Überschriften, die ich mit einigem Glück später konsultieren werde, eine Gewohnheit, die ich allen Gärtnerkollegen empfehle.
Ein paar Pflanzen müssen ausrangiert werden. Ganz sicher beruht das erfolgreiche Gärtnern zum großen Teil darauf, daß wir jede Pflanze, die uns nicht gefällt, rücksichtslos ausreißen. Mag es auch herzzerbrechend sein, einen Baum, den wir vor Jahren setzten, zu fällen – es ist doch das einzig Richtige, wenn er uns im Weg ist und anderem die Sonne wegnimmt. Auch bin ich sicher, daß jetzt die Zeit ist, Form und Gestalt der Büsche und Bäume genau zu prüfen. Selbst im kleinsten Garten findet sich ein Zweig, der beschnitten, ein Strauch, der korrigiert werden sollte. In einem Garten ist die Form sehr wichtig, wenn wir seine Anlage als erweiterte Architektur, sozusagen als Ergänzung des Hauses, auffassen.
Gärtnern ist ein endloses Experimentieren, deshalb macht es Vergnügen. Wir versuchen und versuchen, und manchmal mißlingt etwas, doch manchmal auch gelingt etwas – und wir vergessen alle Mißerfolge.

Ob wohl andere Amateurgärtner ebenso trostlos und aufgebracht sind wie ich, wenn sie entdecken, daß eine Pflanze, die sie seit Jahren zu sehen gewohnt waren, plötzlich krank wird und stirbt? Es muß doch einen wissenschaftlichen Grund haben! Ich möchte ihn wohl kennen. In meiner tastenden Unwissenheit vermute ich, daß es etwas mit Boden-Erschöpfung zu tun haben könnte, das heißt, eine Pflanze zieht ihre Nahrung aus dem Boden und saugt ihn dadurch aus. Es ist bekannt, daß die Erde, in der allzulange Primeln gezüchtet wurden, von der sogenannten Primel-Krankheit befallen wird. Ähnlich geht es mit anderen Blumen, die Jahr für Jahr am gleichen Platz stehen.

Ein paar Beispiele aus meinem eigenen Garten: Bis vor einem Jahr hatte ich einen Flecken Waldmeister als Einfassung eines Plattenweges unter Haselsträuchern. Da der Waldmeister zu unseren einheimischen Waldpflanzen gehört, dachte ich, er würde unter den Bedingungen, die ich ihm geschaffen hatte, ewig weiterwachsen. Aber nein. Er wurde schwarz und spindeldürr, und schließlich blieb er ganz weg. Ich versuchte, ihm mit reichem Kompost aufzuhelfen. Es nützte nichts, Kompost war es nicht, was er haben wollte. Aber was sonst? Wie oft wünscht man sich, daß Pflanzen sprechen könnten, und wie würden wir erschrecken, wenn sie es täten, genau wie Balaam über seinen Esel erschrak. Vielleicht würden wir uns daran gewöhnen, und wie lehrreich würde es sein: »Könntest du mir etwas Magnesium verschaffen? Ich habe zu wenig Chlorophyll, deshalb werden meine Blätter gelb. Ein paar

Handvoll Magnesium würden mich retten. Du hast zu wenig auf die Spuren-Elemente in meiner Erde geachtet, und es ist höchste Zeit, daß du es lernst.«
Ein anderes Beispiel: seit vielen Jahren pflanze ich Narzissen und Polsterprimeln unter den gleichen Haselsträuchern. Sie waren ein herrlicher Anblick den ganzen April und den halben Mai hindurch, und die Leute kamen von nah und fern, um sie zu bewundern. Im letzten Frühling bemerkte ich zu meiner Bestürzung, daß sie weniger dicht und schön aus der Erde kamen als sonst. Sogar die Jungpflanzen, mit denen ich die Lücken füllen wollte, gediehen nicht. Boden-Erschöpfung, vermute ich. Aber was soll ich nun tun? Ich kann sie doch nicht alle ausgraben und irgendwo anders hinpflanzen – und doch scheinen sie das zu verlangen. Der Waldmeister, der sich an andern Stellen meines Gartens selbst ausgesät hat, wo ich ihn gar nicht haben will, sieht so grün und gesund aus wie die ursprünglichen Pflanzen.
Es deutet alles darauf hin, daß die uralte Theorie des Fruchtwechsels auch auf die Blumen anzuwenden ist, die wir zu unserem Vergnügen pflanzen.

November

Wir nehmen ein Fäßchen

Zwischen den Rosen zu pflanzen

Auf der Suche nach Zimmerschmuck

Der Steingarten in der Ebene

Das Alpinum

Von den Enzianen

Probleme des kleinen Gartens

Wir nehmen ein Fässchen

Wie viele Leute haben nur einen kleinen Garten zur Verfügung, ein Vorgärtchen vielleicht, mit einem Weg zum Haus und auf jeder Seite dieses Weges einen Rasen oder Blumenrabatten. Aber es fehlt der Platz für ein paar ausgesuchte Pflanzen; und deshalb wäre der Versuch mit dem Fäßchen sicher lustig, praktisch und interessant. Sie kaufen sich ein Fäßchen und lassen es quer in zwei Hälften sägen. Anstatt es wie üblich grünlich zu streichen, würde ich es mit Milchkaffeefarbe anmalen, aber die umschließenden Reifen mit Kaffee ohne Milch. Diese neutrale Farbe gibt den Blumen eine bessere Folie als das doch nie zur Natur passende Grün.

Jetzt wird das Fäßchen gefüllt. Guter Wasserabzug ist wichtig, also werden ein paar Löcher in den Boden gebohrt und darüber eine 5 cm dicke Lage Blumentopfscherben gelegt; dann bis auf halbe Höhe durchlässige Lauberde und darüber die gute Gartenerde, in der die Pflanzen jahrelang leben müssen. Gönnen Sie ihnen deshalb eine sorgfältige Diät: von Torf durchsetzter Lehm, etwas Kompost, Knochenmehl und scharfer Sand, alles gut gemischt. Füllen Sie den Behälter bis mindestens 5 cm unter den Rand, denn die Erde wird sich noch setzen. Und nun geht's ans Pflanzen. Und selbstverständlich ans Gießen, wenn es nötig ist. Das ist

vielleicht der einzige Nachteil dieser Pflanzart: wir müssen ständig dafür sorgen, daß die Pflanzen nicht austrocknen.
Jeder wird seine eigenen Ideen haben: einige werden für das Frühjahr Tulpen und sonstige Zwiebeln pflanzen und im Sommer dann violette Petunien, die, im April gesät, reich und prächtig bis in den Herbst hinein blühen; andere werden ausdauernde Gewächse, wie Fuchsien, vorziehen. Was immer Sie wählen, dieses Gärtnern in Kübeln oder Fässern scheint mir die Lösung zu sein für alle, die nicht genug Garten-Raum haben.

Zwischen den Rosen zu pflanzen

Eine Leserin erkundigt sich, was sie als Einfassung ihrer Rosenbeete verwenden könnte. Sie möchte etwas Besonderes, etwas, das den ganzen Sommer blüht und keine Pflege braucht und natürlich dazu noch ausdauernd ist. Ob das wohl zuviel verlangt sei, schreibt sie.
Diese Frage spornte mich geradezu an. Ich wagte nicht, etwas so Selbstverständliches vorzuschlagen wie Katzenminze *(Nepeta mussinii)*, die ihre sämtlichen Wünsche erfüllt hätte, mit der einzigen Ausnahme, daß man sie im frühen Frühjahr zurückschneiden müßte. Sicher ist es schwer, etwas zu finden, das nach der Blüte zumindest noch ordentlich aussieht. Das Ziströschen *(Cistus)* blüht vielleicht am längsten, müßte aber ebenfalls nach dem ersten Blütenrausch (der mindestens zwei Monate dauert) geschnitten werden, und diese Arbeit gehört wohl

in die Rubrik »Pflege«. Die Polsternelke, *Dianthus caesius,* könnte als Einfassung sauber und fröhlich aussehen und dazu den unbeschreiblich süßen Duft aus ihren hellrosa Blüten verströmen. Zwei kleine Ehrenpreissorten, *Veronica repens* und *Veronica rupestris,* würden ihre Teppiche in Delfterblau ausbreiten, und die etwas höhere *Veronica incana* mit dunkler blauen Ähren hätten den Schmuck ihrer silbrigen Blätter anzubieten. *Gypsophila fratensis* (niederes Schleierkraut) und *Tunica saxifraga* (Felsennelke) würden rosig schäumen wie kleine Wolken bei Sonnenuntergang. Oder, wenn es eine kräftigere Farbe sein sollte, käme die niedrigwachsende, purpurviolette *Viola Huntercombe purple* in Betracht: sie glüht so intensiv, daß sie schon von weitem auffällt. Völlig farblos wäre die schöngeformte *Viola White superior,* reinweiß und reichblühend.

Doch weshalb sollten wir unsere Rosenbeete eigentlich nur mit einer Einfassung umgeben? Warum den Pflanzen nicht erlauben, auf das ganze Beet überzugreifen? Es wird den Rosen nichts schaden, im Gegenteil ihnen eine lebendige Bodendeckung geben, die den Grund feucht und die Rosenwurzeln kühl hält. Meines Wissens war es der große Gärtner William Robinson, der diese revolutionierende Idee als erster verfocht und auch praktizierte. Seine Rosen gediehen trotzdem oder gerade deshalb, und wenn man etwas von Düngung murmelte, so schnaubte er und sagte, das sei ganz unnötig. Ich glaube allerdings, daß er heute, in unserem Zeitalter der Komposthaufen, eingewilligt hätte, einige Hände voll davon oder sogar etwas Knochenmehl zwischen die Blumen zu streuen.

Wie schwierig ist es, draußen um diese Zeit noch Blumen zu finden! November und Dezember sind die schlimmsten Monate; wir müssen auf die beerentragenden Pflanzen zurückgreifen und unter diesen finde ich *Cotoneaster rugosa henryii* (die korallenrote Zwergmispel) eine der besten. Von grazilem Wuchs breitet er lange, rotbeerige Zweige aus mit dunkelgrünen, spitzen, ledrigen Blättern von besonderem Reiz. Was den Boden betrifft, ist er nicht heikel und gedeiht in Sonne und Schatten gleich gut, ja, er kann sogar an einer Nordwand gezogen werden, wofür sich nur wenige Pflanzen eignen. Auch *Berberis thunbergii* und ihre Zwergform *B. atropurpurea nana*, beides so bekannte Berberitzen-Sorten, daß sie vielleicht keiner Empfehlung mehr bedürfen, vertragen Sonne und Schatten und hüllen sich jetzt in die blutenden Farben des Herbstes. Wir sollten sie in Gruppen in einem vernachlässigten Gartenwinkel pflanzen und sich selbst überlassen, bis wir sie für unsere Vasen schneiden. Sie haben den Vorzug, im Wasser sehr lange zu halten.

Als ich kürzlich durch den Garten ging, fiel mir eine Samenähre von leuchtendstem Orange auf, die halb von einer Berberitze verdeckt war und ungefähr dieselbe Farbe hatte. Es war unsere heimische *Iris foetidissima* (lila Schwertlilie) in ihrem Herbstkleid. Ihre Blüten, klein und schmutzig-lila, sind unansehnlich und ohne Charme; wir sollten sie auch nicht pflücken, denn nur die Fruchtstände sind wichtig. Die Besitzer schattiger Gärten oder schwieriger Schattenpartien sollten sie sich merken. Die Schoten ergeben einen guten Winterschmuck im Zimmer, denn die Samen haben die ungewöhnliche Eigenheit, nicht herauszufallen, wenn die Kapseln aufspringen; unter der Lampe, an einem unfreundlichen Abend, sehen sie warm und lieblich aus. Mit all dem will ich nicht behaupten, daß die Iris mit ihren orangefarbenen Beeren etwas für raffinierte Blumenliebhaber wäre; sie könnte von einem begeisterten Kind gepflückt worden sein. Doch ihr Leuchten ist willkommen, und ihre Steifheit wäre durch ein paar Zweige der Berberitze aufzulockern. Die Blätter der Rugosa-Rose, *Blanc de Coubert*, in einfacher oder doppelter Form, sind zu dieser Zeit wundervoll gelb und hübsch für Sträuße. Diese Rose besitzt sämtliche Tugenden: die Blüten sind intensiv süßduftend, sie begleiten uns durch alle Sommermonate, verwandeln sich in glänzendrote Hagebutten, rund wie kleine Äpfel, und der ganze Busch wird im November eine goldene Flamme. Der einzige Nachteil für einen kleinen Garten könnte der Raum sein, den der Busch beansprucht. Er ist sehr starkwüchsig, wie fast alle Rugosa-Sorten, und kann bis zu 1,20 oder 1,50 m breit werden und so hoch wie ein großer Mann. Immerhin ist er mit seinem runden Wipfel gut geformt und wird niemals wuchern.

Der Steingarten in der Ebene

Wie, so fragt mich eine angehende Gärtnerin, fülle ich die Ritzen und Löcher zwischen meinen Steinplatten? Sie verrät nicht, ob es unregelmäßige oder quadratische Steine oder Zementplatten sind, die man zwischen Holzgitter einfüllt und hart werden läßt, wobei man zerknitterte Sackleinwand darüberlegt, um ihnen eine rauhe Oberfläche zu geben. Dies ist eine sehr billige Do-it-yourself-Methode; man kann auch Größe und Form der Platten variieren und in den nassen Zement ein paar kleine Steinchen eindrücken. Sobald diese Platten verwittert sind, sehen sie fast so aus wie echte Steine.

Ich nehme an, daß die Platten der Fragestellerin bereits gelegt sind und darauf warten, mit irgend etwas bepflanzt zu werden. Vor allem muß es etwas Trittfestes sein. Viele schwere Schuhe werden über die Steinplatten gehen, und es gibt einige Teppiche, die sich das ohne weiteres gefallen lassen. *Thymus serpyllum*, der kriechende Thymian, freut sich offenbar darüber und wird kriechen und kriechen und allmählich kleine grüne Bächlein und Teichlein bilden, langsam sickernd wie Wasser, bis er alle Spalten und Risse gefüllt hat. Thymian ist ein zuverlässiger Helfer für jeden, der einen Plattenweg bepflanzen will.

Mentha pulegium (Poleiminze oder Flohkraut) nimmt nichts übel und wird um so heftiger duften, je mehr wir es zertreten. *Cotula squalida* (das Fiederpolster) hat farnartige Blättchen, die tief am Boden sitzen; es hat keine Blüten, ist aber dafür leicht zu ziehen und sehr ausdauernd. Alle *Acaena* (Stachelnüßchen) sind brauchbar; *Acaena buchananii*, silbergrün, und *Acaena microphylla*, bronzefarben. Schade, daß so winzige Dinger so mächtige Namen haben, doch sind sie weder schwer zu bekommen noch schwierig zu pflanzen.

Wir könnten natürlich auch originellere Lösungen suchen. Ich stelle mir eine ebene Fläche vor, deren

Größe und Form selbstverständlich von der Beschaffenheit des Grundstückes abhängen. Nur sollte sie nicht zu klein sein. Ob sie rund, oval, quadratisch oder rechteckig wäre, würde keine Rolle spielen. Sie sollte nicht im Bereich tropfender Bäume sein, aber ein Teil dürfte ruhig im Schatten liegen. Die ganze Fläche müßte zuerst gut vorbereitet und über die Erde müßten ein paar Zentimeter scharfer Sand gestreut werden, um Unkraut fernzuhalten oder zumindest das Jäten zu erleichtern. Erst dann legt man die Stein- oder Zementplatten. Es ist nebensächlich, woraus die Platten bestehen, denn sie werden sehr bald überwachsen und fast verdeckt sein. In der Mitte würde man wohl einen Fußpfad frei lassen und dort den Thymian, die kleinen Minzen und die anderen robusten Pflanzen setzen, die ich vorschlug. Im übrigen wäre in diesem imaginären Garten auch Platz genug für alle möglichen Sorten, die geschont werden wollen. Ich denke mir zum Beispiel:

Grüne Kissen von Grasnelken, die reizende Sorte *Armeria corsica* oder die *A. caespitosa;* weiter kleine Gruppen des niedrigen Gänseblümchens *Bellis Dresden China* oder von *Bellium minutum,* so hübsch und rosa wie sein Name; und Sonnenröschen, *Helianthemum,* in den zarten Farben Sämisch, Terracotta, Gelb und Rosa; ferner die kleine kriechende *Gypsophila fratensis* (ein niederes Schleierkraut), eine Wolke von winzigen, muschelrosa Blütchen; ein paar Polster von *Saxifraga* (Steinbrech) und dazwischen die kleinen, irisartigen Sorten von *Sisyrinchium* (Binsenlilie), die sich überall selbst aussäen; ich wünschte mir auch einige Tuffs der niedrigen *Iris pumila* in Blau oder Violett und ein oder zwei Exemplare der buschigen *Aethionema warleyensis* (Steintäschel).

Auch die kleinen Zwiebelgewächse würden hier ihren Platz finden – die leuchtend blauen Scilla, die dunkleren Traubenhyazinthen, Schneeglanz, Miniatur-Narzissen und Krokus, Frühlings- und Herbstblüher. Sie alle lieben den kühlen Wurzelschutz zwischen den Steinen. Die Auswahl ist unendlich, es muß uns nur bewußt sein, daß unser Versuch nichts anderes darstellt als einen Steingarten in der Ebene.

Das Alpinum

Ich persönlich habe für Stein- oder Felsgärten nicht viel übrig, selbst wenn sie großzügig angelegt sind. Sie sehen selten natürlich aus. Wenn jemand allerdings in seinem Garten einen unbenutzten Steinbruch hat, bleibt ihm nichts übrig, als einen Felsengarten daraus zu machen. Doch die meisten von uns besitzen nur irgendeinen Abhang, auf den wir alle gesammelten Steine häufen und mit den gewohnten *Aubrietiea* (Blaukissen) und *Alyssum* (Steinkraut) bepflanzen.

Trotzdem läßt sich dem Steingarten Gutes abgewinnen, wenn wir taktvoll sind und nicht ein Stück der Alpen oder des Himalaja vortäuschen wollen. Das Beste am Alpinum ist, daß es uns erlaubt, den Pflanzen die ihnen entsprechenden Bedingungen zu schaffen. Wir können die Erde zwischen den Steinen nach Belieben mischen; für den Enzian *(Gentiana sino-ornata)* zum Beispiel ein mit Lauberde gefülltes Loch, für die südafrikanische Zwiebel *Ixia* oder die Mexikanerin *Tigridia* (Tigerblume) ein trockenes, mit scharfem Sand gefülltes. Eine »Tasche« kann ausschließlich mit kalkigem Steinschutt gefüllt werden, um den *Dianthus* (Steinnelke) zu erfreuen, und eine zweite mit Torf und Lauberde für die buschige *Daphne* (Seidelbast). So trennt man eine Pflanze von der anderen und bemerkt auch sogleich, wenn ein Nachbar sich einschleicht – ich meine einen grünen Nachbarn, nicht einen aus Fleisch und Blut.

Nicht alle Pflanzen, die ich nannte, sind »alpine«. Ich sehe nicht ein, weshalb wir wie hypnotisiert nur an Alpenpflanzen für unseren Steingarten denken sollten. Die einzige Regel ist hier: was gut aussieht, ist richtig. Natürlich würden Stauden falsch wirken, und auch Einjährige wären fehl am Platz. Aber die Erdlöcher sind ideal für kleine Zwiebeln, und es gibt keinen Grund, weshalb sie nicht zwischen den Teppichen der *Saxifraga* (Steinbrech), der *Androsaceen* (Mannsschild), *Arenaria* (Sandkraut) oder *Dryas sündermannii* (Silberwurz) aufsteigen sollten. Ich finde es hübsch, wenn die Miniatur-Narzissen auf solche Art gepflanzt werden oder die gestreifte *Tulipa clusiana* und die gelbe *T. sylvestris*, die kleine grün und weiße *Tulipa tarda*, manchmal auch *dasystemon* genannt, die liebliche *T. kaufmanniana* und die persische scharlachrote *T. linifolia*, also all die Zwiebeln, die in ihrer Heimat steinige Trockenheit gewöhnt sind. Die Zwerg-Iris beleben den Frühling mit ihren Farben, und ihre graugrünen Blätter sehen das übrige Jahr hindurch sehr ordentlich aus. Einige *Fritillaria* (Schachbrettblume) dürften auch dazwischen stehen, nicht nur unsere einheimische *F. meleagris,* sondern auch *F. pallidiflora* mit ihren blaßgelben Blütenglocken. Und selbstverständlich die kleine *Iris reticulata.* Aber ich muß aufhören. Der Gedanke daran, was man mit einem Steingarten alles tun könnte, hat mich beflügelt und begeistert; ein harmloser Anlaß zur Erregung gewiß. Doch kommt es nicht darauf an, weshalb man sich erregt, sondern daß man auch in reifen Jahren überhaupt nach dazu fähig ist. Gärtnern ist eben ein wahrer Jungbrunnen: man freut sich immer schon auf nächstes Jahr. Oder auf die nächsten fünf!

Von den Enzianen

Die blauen Trompeten der *Gentiana sino-ornato,* von denen bereits die Rede war, haben mich den ganzen September bis Oktober hindurch erfreut. Ich möchte feststellen, daß ich heute, am achtzehnten Tag des November, mindestens zwei Dutzend Blüten von meinem kleinen Fleck gepflückt habe. Sie hatten sich vor den Stürmen geschützt, indem sie sich eng an den Boden schmiegten, aber der Frost hatte ihnen zugesetzt. Sie sahen armselig und geschlossen aus, und ich pflückte sie nur zögernd. Doch nun, seit ich sie ins warme Zimmer gebracht und in einer Schale unter die Lampe gestellt habe, sind sie weit geöffnet und saphirblau wie das Mittelmeer.

Diese November-Schale hat mich so beglückt, daß ich meine Freude anderen Menschen mitteilen muß, in der Hoffnung, daß auch sie daraufhin diese Enziane züchten werden. Wer sie für schwierig hält, hat sich getäuscht. Sie lieben Halbschatten (meine wachsen am Fuß eines Apfelbaumes und scheinen sich dort wohl zu fühlen), sie lieben Feuchtigkeit, wollen also in einem trockenen Sommer jeden zweiten Abend gegossen werden; und sie können Kalk nicht ausstehen. Das bedeutet, daß Leute mit kalkhaltigem Boden besser von vornherein auf Enziane verzichten, es sei denn, sie wären gewillt, ein großes, tiefes Loch auszuheben und es ganz mit Torf und Lauberde auszufüllen.

Es ist eine allgemeine Regel, daß Pflanzen, die in einer lockeren Mischung von Torfmull und Lauberde gedeihen, mit Kalk nichts zu tun haben wollen. Das ist auch bei den Enzianen der Fall. Tatsächlich pflanzte ich die meinen in reine Lauberde und Sand, ohne Torf, und sie scheinen sehr glücklich zu sein. Vielleicht wären sie noch zufriedener mit ein paar Handvoll Torfmull, aber wenn sie so zufrieden sind, bin ich's auch. Sie waren das Geschenk einer Freundin in Schottland, die behauptet, sie müßte sie in ihrem Garten wie Unkraut ausrupfen, und die Schachtel voll, die ich letzten Herbst einsetzte, hat sich so dicht vermehrt, daß ich nächstes Jahr dreimal so viel haben werde. Denn der Enzian hat die liebenswürdige Gewohnheit, sich selbst ohne Hilfe seines Besitzers zu vermehren. Ich entdeckte, daß jeder Ableger mit einem System von kräftigen weißen Wurzeln versehen ist, so daß ich im März Dutzende von kleinen Pflanzen werde loslösen können, ohne die Mutterpflanze zu stören.

Gentiana sino-ornato ist sehr niedrigwachsend, höchstens 10 cm hoch, macht aber ihre Zwerghaftigkeit durch die Leuchtkraft ihrer Farbe wett: das schönste

Stück blauen Himmels, das per Fallschirm auf der Erde gelandet ist. Durch einen jener glücklichen Zufälle, wie sie beim Gärtnern hie und da vorkommen, setzte ich meine Enziane nahe zu einer Gruppe der winzigen Herbstzyklame, *Cyclamen europaeum* (Alpenveilchen), die genau zur gleichen Zeit blüht. Sie sehen so reizend zusammen aus, die blauen Enzian-Trompeten und die rosa Zyklamen mit den ängstlich zurückgeschlagenen Blütenohren: die gleiche Zartheit ist ihnen eigen – eine der glücklichsten Zusammenstellungen.

Probleme des kleinen Gartens

Da gibt es einen Garten hinter dem Haus, zehn auf fünfzehn Meter groß, und sein Besitzer fragt, ob er es über sich bringen sollte, ihn einer einzigen Jahreszeit einzuräumen, oder auch nur eine der vier völlig auszuschalten? Nein, das würde ich nicht. Ich wünschte mir zumindest einen winterblühenden Strauch, vielleicht *Hamamelis*, und wenigstens einen Kirschbaum, *Prunus subhirtella autumnalis*, dessen Zweige wir von November bis März schneiden können, dazu den gelben Winter-Jasmin, *J. nudiflorum*, gegen eine Hausmauer. Gerade in diesem Fall sind Hausmauern günstig, weil sie dem Garten keinen Platz rauben. Ich würde also auf drei Seiten des Hauses schmale Beete anlegen und diese mit verschiedensten Zwiebeln füllen, die sonnenhungrigen auf die Südseite, und die genügsamen, wie *Galanthus* (Schneeglöckchen), *Eranthis* (Winterling) und *Anemona hepatica* (Leberblümchen), auf

die Ost- und Westseite. Auf mein südliches Beet würde ich massenweise Anemonen setzen, die sich alle der Sonne öffnen, die griechische blaue *Anemona blanda*, die italienische blaue *apennina* und die vielfarbige *Anemone de Caen*. Diese schmalen Beete würde ich außerdem mit den verschiedensten niedrigwachsenden Sachen bepflanzen, gegen Süden vielleicht mit kriechendem Thymian, der Ende Mai rote und lila Teppiche bildet; Veilchensorten im Osten und Westen, aber zwischen ihnen würde ich auch Platz lassen, um ausgewählte Einjährige zu säen: die reizenden, farbenfrohen Portulakröschen, die blaue *Lobelia* und andere zwerghafte Einjahrsblumen. Sie alle wären hübsch als sommerliches Bild, nachdem die Zwiebeln verblüht sind, und wenn wir sie spät aussäen, blühen sie sogar bis in den Herbst hinein. Auf der Nordseite wünschte ich mir die schmalen Glocken des Fingerhuts, von dem es heute viele verbesserte Sorten gibt.
Das läßt die Mitte des Gartens frei für Staudenbeete oder blühende Sträucher. Auch für die abschließende Hecke würde ich sicherlich etwas Blühendes wählen, um die Jahreszeiten zu verlängern. Rosen zum Beispiel, wie die schottische Zaunrose, *Rosa rubiginosa*, die uralte Bibernellrose, *Rosa rugosa*, die gestreifte *Rosa mundi*. Es gibt auch immergrüne Arten der Berberitze, die im Frühling blühen und im Herbst Frucht tragen. So wäre es möglich, alle vier Jahreszeiten auch auf kleinstem Raum zu ihrem Recht kommen zu lassen.

Dezember

Von den schönen Christrosen

Trost für dunkle Monate

Weihnachtsgeschenke für Gartenfreunde

Miniaturflieder im Alpengarten

Entdeckungen vor dem Schlafengehen

Der Helfer Jasmin

Der beschauliche Gärtner

Von den schönen Christrosen

Weihnachten rückt näher: das ist die richtige Zeit, über die Christrose *(Helleborus niger)* zu schreiben, die ihren Namen erhielt, »weil sie blühet zur Geburt unseres Herrn«. Ihre weißen Blüten sollten bereits unsere Zimmer schmücken. Die Sorte *altifolius* gilt ihrer längeren Stiele wegen als besser, ist aber leider öfters mit etwas schmutzig wirkenden rosa Flecken behaftet; ich finde die reinweiße ungleich lieblicher.

Weshalb die weiße Christrose lateinisch »schwarz« genannt wird, war mir immer ein Rätsel, bis ich entdeckte, daß sich das Attribut auf die Wurzel bezieht. Unerklärlich bleibt mir aber, daß dieser schöne Winterblüher so selten gepflanzt wird. Er würde doch manch unbenützten Winkel füllen, verlangt wenig Pflege und beschenkt uns mit Blumen zu einer Zeit, da es sonst kaum welche gibt.

Was die Christrose sich wünscht: einen kühlen Standort, zum Beispiel nach Westen, oder ein von Sträuchern beschattetes Versteck; ziemlich schweren Boden, je feuchter, desto besser, auf keinen Fall magere, sandige Erde, die im Sommer austrocknet. Auch will sie in Ruhe gelassen werden; sie sollte also gleich an einen Ort kommen, wo sie bleiben kann. Wenn man Pflanzen kauft, wird man einige Jahre warten müssen, bis sie sich zum Blühen ent-

schließen; doch sie verbessern sich stetig, sobald sie einmal heimisch geworden sind, vor allem bei gelegentlicher Zufuhr von Kompost. Natürlich ist es viel billiger, sie aus Samen zu ziehen; er keimt sehr leicht, wenn er frisch gewonnen ist; vielleicht aus dem Garten von Freunden, im Mai oder Juni.
Um lange Stiele zu bekommen, soll es günstig sein, Sand über die Mitte der Pflanze zu häufen, weil dann die eingerollten Knospentriebe nach oben ans Licht streben. Ich selbst habe diese Methode nie versucht, aber sie leuchtet mir ein. Gleichzeitig könnte eine Glasglocke darübergestülpt werden, damit die Blumen gegen Regen und Schmutz geschützt sind.
Vielleicht haben Sie ein paar alte Christrosen im Garten? Dann graben Sie Teile davon aus, pflanzen Sie sie in tiefe Töpfe, geben Sie einen umgekehrten Blumentopf darüber, lassen Sie sie mehrere Wochen im Dunkeln und warten Sie ab: die Stiele werden dadurch viel länger und die Blüten so makellos weiß, wie es im Freien nie möglich ist, selbst unter der Glasglocke nicht.
Für Pflanzenteile, die mit einem großen Erdballen ausgegraben werden, kann ich garantieren, daß sie sich bald eingewöhnen. Im ersten Jahr geben sie vielleicht noch nicht ihr Bestes, und deshalb ist es ratsam, das Eintopfen der Pflanzen zu staffeln und sie in entsprechender Gruppenfolge wieder ins Freie zu setzen.
Die Annahme liegt nahe, daß wir die Blumen vor allem ihrer Farben wegen bewundern und daß grüne Blüten infolgedessen keine Erfolgsaussichten hätten. Sollte das stimmen, so müßten wir wenigstens unsere beiden einheimischen Christrosen da-

von ausnehmen. Was mich betrifft, so habe ich eine ausgesprochene Vorliebe für die grüne Rose, *Rosa viridiflora*, und ich hoffe schon lange, einmal einer grünen Primel zu begegnen. Grüne Blumen gefallen mir, besonders wenn sie so glänzend apfelgrün sind wie *Helleborus viridis*, gewöhnlich Bärenfuß genannt, und *Helleborus foetidus*, die stinkende Christrose.

Erschrecken Sie übrigens nicht, wenn H. viridis im Herbst abstirbt; sie ist nicht tot, sie ruht nur aus und wird auferstehen. H. foetidus dagegen ist immergrün. Übrigens gehören die Christrosen der gleichen botanischen Familie an wie die Butterblume: den Ranunculaceen. Wer liebte sie nicht!

Trost für dunkle Monate

November und Dezember, die blumenlose Zeit! Wir gewöhnen uns nur schwer daran, im Garten keinen Schmuck fürs Haus mehr zu finden. Ein Raum ohne Blumen ist seelenlos, und schon eine einzige kleine Vase mit einer lebenden Blume macht alles gut. So will ich einiges nennen, was jedermann pflanzen kann, um im nächsten Jahr Trost zu finden.

Viburnum fragrans (früher Schneeball) wird seine ersten Apfelblüten schon im November zeigen und bis in den März–April damit fortfahren, falls nicht ein besonders strenger Frost die Blüte unterbricht. Er ist ein Strauch, der bis zu drei Meter hoch werden kann, ausgesprochen winterhart, zufrieden mit jedem Boden; zudem hat er den Vorteil, einen ganzen Kindergarten von bewurzelten Schößlingen zu produzieren. Im warmen Zimmer verbreiten die im Garten geschnittenen Zweige süße Düfte.

Hamamelis mollis, die vielgepriesene Zaubernuß, ist ein kleiner Baum, der im Januar an seinen kahlen Zweigen zu blühen beginnt. Er ist ein Zähling, wächst überall und schenkt uns schon in seiner Jugend duftende Zweige.

Dann *Prunus subhirtella autumnalis,* die auch schon empfohlene japanische Bergkirsche, die, wie ihr Name sagt, in ihrer Heimat schon im Herbst blüht. Auch hierzulande blüht sie oft schon im November oder Dezember, in milden Jahren sogar den ganzen Winter über. Schneiden Sie die Zweige in der Knospe und bringen Sie diese ins Zimmer, dann werden sie sich zu einem bräutlichen Strauß entfalten. P. subhirtella soll sich auch gut aus Stecklingen ziehen lassen, die man im Frühsommer von den neuen Trieben nimmt. Ich persönlich sehe ihn lieber als Busch, obwohl man ihn auch als Einzelbaum pflanzen kann.

Ein letztes Wort über ein sehr gewöhnliches rotblühendes Gewächs, *Ribes sanguineum,* die Blut-Johannisbeere. Nichts ist leichter zu ziehen, und deshalb stößt sie oft auf Geringschätzung. Doch wer im Januar vorsorglich ein paar Zweige schneidet, sie im Dunkeln ins Wasser stellt und im März ans Licht bringt, wird zwar keinen roten, aber einen schneeweißen Strauß finden, der das wintermüde Herz entzückt.

Darf ich auch nochmals an den Winterjasmin *(Jasminum nudiflorum)* erinnern, an den beerentragenden *Cotoneaster,* an die maiglöckchenduftende winterblühende Berberitze, heute als *Mahonia japonica* bekannt und an eine rosaüberhauchte Abart

des *Prunus subhirtella autumnalis, rosea* genannt? Ich selbst ziehe die reinweiße Sorte vor, doch ist dies eine Geschmacksfrage.
Übrigens nehme ich an, daß alle, die während der dunklen Monate gern etwas Blühendes im Zimmer haben, den guten Rat befolgen, die abgeschnittenen Zweige in fast kochendes Wasser zu stellen. Das weckt sofort ihre Lebensgeister.

Weihnachtsgeschenke für Gartenfreunde

Stadtmenschen werden vermutlich in das nächste Blumengeschäft gehen und mit einer persischen Zyklame (Alpenveilchen) wieder herauskommen, in der Annahme, daß sie bei richtiger Behandlung den Beschenkten jahrelang erfreuen werde. Darf ich die Käufer darauf aufmerksam machen, daß sie manchmal eine duftende Zyklame erwischen können? Es lohnt sich, im Geschäft herumzuschnuppern, um vielleicht eine mit diesem zusätzlichen Charme zu entdecken.
Wollen Sie etwas weniger Alltägliches schenken als eine fertige Topfpflanze, warum nicht einen Miniaturgarten komponieren, ein kleines Alpinum? Sie können ihn selbst zusammenstellen, mit passenden kleinen Gewächsen, die für wenig Geld in jeder Gärtnerei zu haben sind. *Sedum* (Fetthenne) und *Sempervivum* (Hauswurz) sind dank ihrer Unverwüstlichkeit für diesen Zweck sehr brauchbar; aber es gibt noch lieblichere Sachen, wie zum Beispiel *Saxifraga* (Steinbrech) und die kleine Gänseblume, *Bellium minutum*, und das blaue Miniatur-Vergiß-

meinnicht, *Myosotis alpestris,* aus denen kleine Gruppen entstehen, nicht gerade zu Weihnachten blühend, aber immer noch entzückend zu beobachten, lange nachdem die andern Weihnachtsgeschenke ins tägliche Leben übergegangen sind.
Erfindungsgabe und Phantasie können aus einer solchen Alpenschale etwas Wunderhübsches machen. Ein paar flache kleine Steine zwischen die Pflanzen legen oder spitzere Steine, aufrechtstehend wie winzige Dolomiten. (In diesem Zusammenhang verweisen wir auch auf das Kapitel Zimmergarten S. 69).

Miniaturflieder im Alpengarten

Welch tröstliches Gefühl, daß uns noch drei ganze Monate bleiben, in denen wir die Sträucher pflanzen können, die wir vergessen hatten. Diese Nachzügler können ruhig erst im März gesetzt werden, ja die meisten Immergrünen warten sogar lieber, bis der Boden offen ist.
Einer der reizendsten Sträucher für den Alpengarten ist *Syringa palibiniana.* Es ärgert mich, dieses Ding Syringa zu nennen, wenn ich doch Flieder meine, aber ich muß mich dem Diktat der höheren Botaniker fügen. Syringa palibiniana aus Korea ist ein Miniaturflieder, und das Wunderbarste an ihm ist sein Duft. Vergraben Sie Ihr Gesicht im Mai in diesen Busch, dann riechen Sie die Essenz sämtlicher taubesprengter Fliedersträucher, die Sie jemals eingeatmet haben. Dieser Strauch nimmt auf der Liste meiner Gartenlieblinge den obersten Rang ein.

Vielleicht sollte ich den Ausdruck »Miniatur« näher erklären, damit er nicht zu Mißverständnissen führt. In den Pflanzenkatalogen steht meist, ein solcher Busch werde nur 1,20 m hoch. Das ist unrichtig, denn er kann bis zu 2,40 m hoch werden. Ganz gewiß liegt keine bewußte Irreführung vor, ich glaube vielmehr, daß diese Syringa in vielen Fällen so jung und in solcher Fülle zu blühen begann, daß ihre Zwerghaftigkeit zu rasch als erwiesen galt.
Was also sollen wir mit ihr tun? Offensichtlich können wir unseren Alpengarten nicht mit etwas bepflanzen, das größer wird als alle Genossen und sogar größer als wir. Da gibt es nur einen Rat: pflanzen Sie die Syringa trotzdem, erfreuen Sie sich an ihr, solange sie zwerghaft genug ist, um neben den anderen Liliputanern zu bestehen; wenn sie überbordet, graben Sie sie aus und verpflanzen sie an einen freien Platz, wo sie wachsen kann, wie es ihrem koreanischen Herzen behagt.
Ich habe sie vorläufig zu einer Seidelbastgruppe gesetzt und dazwischen einige rotweiß gestreifte Wildtulpen, *Clusiana,* gepflanzt. Wenn mein Plan gelingt, sollten sie hübsch zusammen aussehen. Ach, wie selten gelingen diese kleinen Pläne! Irgend etwas geht immer schief: ein junger Hund vergräbt seine Knochen, eine Maus frißt die Zwiebeln, ein Maulwurf hebt Seidelbast und Flieder aus der Erde. Aber ein Gärtner wäre kein Gärtner, wenn er die Hoffnung nicht hätte.

Entdeckungen vor dem Schlafengehen

Bevor wir den Garten zur Ruhe betten, lohnt es sich unbedingt, sorgfältig nach Jungpflanzen zu fahnden, die unter abgefallenem Laub und totem Gestrüpp verborgen sein könnten. Erstaunlich viele Sträucher produzieren auf diese Weise Nachkömmlinge, oft weit von der Mutterpflanze entfernt. Jetzt sind sie vielleicht nur wenige Zentimeter groß, aber schon im Frühling werden sie zu richtigen Pflanzen heranwachsen, wenn wir sie mit unversehrten Wurzeln ausheben, sie eintopfen und den Topf in unserem Kindergarten entweder in Asche, Sand oder gewöhnlicher Erde versenken. Mit dem Eingraben des Topfes schützen wir sie gegen harten Frost, dem sie sonst nackt und bloß ausgesetzt wären.

Viele bekannte Sträucher, wie Berberitzen, Cotoneaster (Felsenmispel), Ginster, Hypericum (Johanniskraut) und Buddleia (Sommerflieder), vermehren sich in Mengen und sind doch wertvoll genug für diese besondere Pflege.

Gelegentlich bin ich bei meiner Umschau auch schon auf Überraschungen gestoßen: munter gedeihende kleine Kinder der Myrte und des Lorbeers, die graziöse Indigofera (Indigostrauch) und Clerodendron (Losbaum) mit seinen türkisblauen Beeren.

Aber es gibt noch aufregendere Möglichkeiten. Es kommt vor, daß diese verirrten Sämlinge besser oder wenigstens anders sind als ihre Eltern. Ich könnte mehrere wunderschöne Hybriden nennen, die eines Tages in meinem Garten auftauchten. Natürlich braucht es für derartige Entdeckungen einen sechsten Sinn, einen Spürsinn, der ohne eigentliches Suchen findet. Und zu dieser Fähigkeit gehören auch gewisse Kenntnisse, damit die Findelkinder überhaupt als solche erkannt werden können. Vor allem darf die erbarmungslose Hacke nicht schon alle Sämlinge zum Unkrauthaufen gewischt haben, sonst ist es zu spät. Wir müssen wachsamen Auges durch den Garten schlendern, bevor wir den Gärtner auf die Beete loslassen.

Der Helfer Jasmin

Der kürzeste Tag ist vorbei, und was immer wir an bösem Wetter vom Januar und Februar zu erwarten haben – wir können uns jedenfalls darauf verlassen, daß die Tage länger werden. Es dauert ein paar Wochen, bis wir die Veränderung sehen; sie vollzieht sich so unmerklich wie das Wachstum eines Kindes, das wir täglich vor Augen haben: plötzlich aber kommt ein Tag, an dem uns mit entzücktem Staunen bewußt wird, daß wir eine kostbare Viertelstunde länger im Zwielicht draußen bleiben können.

Schon gibt es einiges zu pflücken. Noch nicht viel. Wir müssen uns umsehen, bis wir einen Beerenzweig finden, *Celastrus orbiculatus* (der Baumwürger) etwa, der seine roten und goldenen Früchte aufblitzen läßt und so dekorativ ist, daß ich mich wundere, weshalb er nicht öfter gepflanzt wird, um an alten Bäumen oder rauhen Hecken hinaufzuklettern. Die Christrosen beginnen zu blühen und auch der Winterjasmin, der oft gepriesene gelbe *Jasminum nudiflorum*.

Wir kennen ihn alle. Er ist unser Helfer in den schwierigen Monaten, eine Pflanze, die uns nie im Stich läßt, so schlecht wir sie auch behandeln. So denken wir, aber ich finde, daß wir damit einen hilfsbereiten Freund übervorteilen. Es wird uns zum Beispiel gesagt, wir könnten ihn ruhig an einer Nordwand ziehen; tatsächlich gehört er zu den seltenen Pflanzen, die ohne Einschränkung selbst unter den widrigsten Umständen blühen. Versuchen Sie es aber einmal an einer Südmauer, dann erleben Sie den Ausdruck seiner Dankbarkeit an seinem goldenen Regen. – Weiter werden wir belehrt, ihn nach der Blüte radikal zurückzuschneiden. Ich befolgte den Rat und säbelte ab, was ich nur konnte. Mein Jasmin, der es offenbar besser wußte, hat sich nie von dem Schrecken erholt. – Es wurde uns auch gesagt, er wäre ein Kletterer. Ich glaube das nicht; jedenfalls wird er nicht gern mit Drähten künstlich an eine Mauer geheftet. Wir sollten ihn so pflanzen, daß er sich in losen Massen über ein oben zusammengebundenes Holzgestell ergießen kann. Noch schöner wäre eine ummauerte Terrasse, von wo er wie ein goldener Vorhang herunterhängen wird, was ihm wahrscheinlich am allerbesten gefällt.

Der beschauliche Gärtner

Kürzlich bekam ich einen amüsanten Brief, in gärtnerischer Hinsicht zwar völlig unhaltbar, aber doch mit einigen versteckten Körnchen Wahrheit – eine Art Verteidigungsschrift für bequeme Gärtner. Er rackere sich nicht ab, schrieb der Verfasser, und habe trotzdem viel Freude an seinem vernachlässigten Garten. Seine Hosen würden gelb von Butterblumen-Samen, wenn er durch seinen ungemähten Rasen gehe. Er schaue aus dem Fenster und wundere sich, daß aus einem kleinen Samenpaket so viele Ringelblumen werden. Er habe weder Zeit noch Energie, seine Schlingrosen zurückzuschneiden, und sei entzückt, daß sie dennoch wie wild blühten. Er freue sich an den mehrjährigen Stauden, die der letzte Mieter zurückgelassen habe. Mit einem Wort, er erwarte nicht, daß etwas wachse, und sei begeistert, wenn es doch geschehe.

Da dies meiner eigenen Auffassung vom Gärtnern so gar nicht entspricht, mußte ich zuerst schwer schlucken, aber nach einigem Nachdenken stellte ich fest, daß an seiner Zufriedenheit etwas dran ist. Er hat eigentlich recht, wenn er sagt, der faule Gärtner habe die Muße und den Seelenfrieden, seinen Garten zu betrachten, während der aktive Gärtner nur arbeiten müsse und viel zu emsig beschäftigt sei, um sich an etwas zu erfreuen. Auch trifft es zu – was er allerdings nur durchblicken ließ –, daß man die Ordnung übertreiben kann. Niemand sieht gerne Nesseln, Winden oder Disteln, aber ein gewisses Durcheinander zwischen den Blumen ist sicher einer allzu kasernenmäßigen Ordnung vorzuziehen. Das Aufbinden zum Beispiel verlangt viel Einfühlung. Hohe Astern, die als feuchtes Gewirr am Boden liegen, sind zwar kein schöner Anblick, aber ebensowenig sollten sie steif an einen Stock gebunden sein wie Reisig am Besenstiel. Was das Gras betrifft, so kann nichts die Schönheit eines tadellosen Rasens übertreffen, aber wenn dies bei einer großen Fläche nicht erreicht

werden kann, dann wünsche ich sie mir mit ein paar Gänseblümchen geschmückt – nur bitte keinen Wegerich oder Löwenzahn!
Und in noch einem Punkt findet der Verfasser des Briefes meinen Beifall: er hat die löbliche Gewohnheit, an Winterabenden in Gartenbüchern zu lesen, selbst wenn er nicht daran denkt, ihre Vorschläge auszuführen.

Register

Bitte beachten Sie
die folgenden Seiten

Die Frau in der Literatur
»Lieber glorreich scheitern als schäbig siegen«
Vita Sackville-West
Biographischer Roman
Angelika Glander

Vita Sackville-West
Blumen in meinem Garten
160 Seiten, gebunden
33 Zeichnungen
Ullstein Hardcover
ISBN 3-550-08235-5

Als Schriftstellerin berühmt geworden, hat sich Vita Sackville-West mit Sissinghurst Castle, dem Inbegriff englischer Gartenkunst, einen Namen als passionierte Gärtnerin gemacht. In diesem kleinen Band mit Aufzeichnungen widmet sich die bekannte Autorin nun einer Sammlung von Lieblingsblumen aus ihrem Garten.
Einfühlsame Skizzen zu einigen ausgesuchten Pflanzen verbunden mit fachkundigen Hinweisen über Gartenpflege und Blumenzüchtung rufen gemeinsam mit wunderschönen farbigen Zeichnungen den Zauber viktorianischer Parks und Cottagegärten in Erinnerung.

Econ | Ullstein | List